管理信息系统

黄丽娟　赵阿平　郭磊磊　编著

電子工業出版社
Publishing House of Electronics Industry
北京・BEIJING

内 容 简 介

本书全面阐述管理信息系统的相关概念、理论和技术基础。结合大量综合案例，详细介绍了管理信息系统的应用，主要包括企业资源计划、跨组织的信息系统和电子商务等。以结构化信息开发的方法为主线，介绍管理信息系统的系统规划、系统分析、系统设计、系统实施、系统维护。

全书强调理论与实践相结合，实用性较强，可作为经济管理、信息管理及相关专业的教材。

图书在版编目（CIP）数据

管理信息系统 / 黄丽娟，赵阿平，郭磊磊编著. —北京：电子工业出版社，2019.7

ISBN 978-7-121-36684-0

Ⅰ. ①管… Ⅱ. ①黄… ②赵… ③郭… Ⅲ. ①管理信息系统－高等学校－教材 Ⅳ. ①C931.6

中国版本图书馆 CIP 数据核字（2019）第 103096 号

责任编辑：胡辛征　　　　特约编辑：田学清
印　　刷：三河市华成印务有限公司
装　　订：三河市华成印务有限公司
出版发行：电子工业出版社
　　　　　北京市海淀区万寿路 173 信箱　　邮编：100036
开　　本：787×1092　1/16　印张：16.25　字数：416 千字
版　　次：2019 年 7 月第 1 版
印　　次：2019 年 7 月第 1 次印刷
印　　数：3000 册　定价：48.00 元

凡所购买电子工业出版社图书有缺损问题，请向购买书店调换。若书店售缺，请与本社发行部联系，联系及邮购电话：（010）88254888，88258888。

质量投诉请发邮件至 zlts@phei.com.cn，盗版侵权举报请发邮件至 dbqq@phei.com.cn。

本书咨询联系方式：（010）88254361。

前言

管理信息系统是以计算机技术、网络通信技术和信息处理技术为工具和手段，运用系统管理的理论和方法，对信息进行加工处理、存储和传递，同时具有预测、控制、组织和决策等功能的人机系统。它的主要任务是最大限度地利用现代计算机及网络通信技术加强企业信息管理，通过对企业的人力、物力、财力、设备、技术等资源的调查了解，建立正确的数据库，将数据进行加工处理并编制成各种信息资料，及时提供给管理人员，以便他们进行正确决策，进而不断提高企业的管理水平和经济效益。

本书共 11 章，具体包括管理信息系统概述、管理信息系统的理论基础、管理信息系统的技术基础、云计算与大数据、企业资源计划、跨组织的信息系统、电子商务、管理信息系统总体规划、管理信息系统开发、结构化信息系统的开发过程、信息系统的管理。本书注重基本概念和原理的阐述，同时引用大量案例，有利于开阔学生的视野，并配备配套的实验教材，以培养学生应用管理信息系统的能力。

本书由华东交通大学理工学院黄丽娟、赵阿平、郭磊磊编著，各章节编写任务分配如下：黄丽娟负责第 3 章、第 4 章、第 5 章、第 9 章、第 10 章的编写，赵阿平负责第 1 章、第 2 章、第 7 章、第 8 章的编写，郭磊磊负责第 6 章、第 11 章的编写。全书由黄丽娟统稿。

由于编者能力有限，书中难免存在不足之处，敬请广大读者提出宝贵意见和建议。

编　者

目 录

第1章 管理信息系统概述

学习目标

了解管理信息系统的定义、特征、功能与分类；掌握管理信息系统的结构；了解管理信息系统的类型及其与其他相关学科的关系；熟悉管理信息系统的发展现状和趋势。

内容提要

1. 管理信息系统的定义、特征和功能
2. 管理信息系统的结构
3. 管理信息系统的类型及管理信息系统与其他相关学科的关系
4. 管理信息系统的发展现状和趋势

随着信息技术的不断发展，管理信息系统对现代企业管理的影响日益深远。当前，拥有高效、完善的管理信息系统已经成为企业管理现代化的关键因素之一。同时，管理信息系统在政府、事业单位和一些非营利组织中的应用也日益广泛和深入。从数据处理到管理统计和决策分析，管理信息系统发挥着不可替代的作用，成了社会各类组织中不可或缺的管理平台和工具。

1.1 管理信息系统的定义、特征和功能

1.1.1 管理信息系统的定义

早在 20 世纪 30 年代，柏德就强调了决策在组织管理中的作用。20 世纪 50 年代，西蒙提出了管理依赖于信息和决策的概念。同一时代，维纳在其著作《控制论》中指出，管理是一个控制过程，控制则依赖于信息。1958 年，计算机已应用于会计领域。盖尔提出，管理将以较低的成本得到及时、准确的信息，做到较好的控制。这些都是管理信息系统的思想萌芽。

由于管理信息系统是一门正在发展的以信息科学、管理科学和行为科学等为基础的新兴边缘学科，关于管理信息系统的定义同样也在逐渐发展和成熟。随着人们认识的不断加深，先后给出了不少关于管理信息系统的定义或解释，其中比较重要的有如下几种。

（1）1970 年，瓦尔特•肯尼万（Walter T. Kennevan）给管理信息系统下了一个定义：管理信息系统是以书面或口头的形式，在合适的时间向经理、职员及外界人员提供过去的、现在的及预测未来的有关企业内部及其环境的信息，以帮助他们进行决策。

（2）1985 年，管理信息系统的创始人，明尼苏达大学卡尔森管理学院的高登•戴维斯（Gordon B. Davis）教授给出了管理信息系统一个较完整的定义：管理信息系统是一个利用计算机硬件和软件，进行分析、计划、控制和决策的管理模型及数据库。它能提供信息，支持企业或组织的管理和决策功能。

（3）1985 年，《中国企业管理百科全书》给出的管理信息系统的定义：管理信息系统是一个由人、计算机等组成的能进行信息的收集、传递、存储、加工、维护和使用的系统。它能实测企业的各种运行情况，利用过去的数据预测未来，从全局出发辅助企业进行决策，利用信息控制企业的行为，帮助企业实现其规划目标。

定义（1）出现在 20 世纪 70 年代，当时计算机还未广泛用于企业管理。该定义强调了管理信息系统的本质是面向企业管理，没有强调管理信息系统必须使用计算机和数学模型，但是提出了利用信息支持决策的管理理念。

定义（2）出现在 20 世纪 80 年代中期。该定义指出了管理信息系统是一个人机系统，强调了计算机、管理模型及数据库是管理信息系统的组成要素，它们综合作用，提供信息，支持企业管理决策。

定义（3）也出现在 20 世纪 80 年代中期。该定义强调了管理信息系统的预测功能，同样指出管理信息系统是一个人机系统，面向企业管理。

综上所述，目前学术界对管理信息系统较为统一的定义：管理信息系统是一个以人为主导，以计算机硬件、软件、通信网络及其他办公设备为基本信息处理手段和传输工具，进行管理信息的收集、传递、加工、存储、使用、更新和维护，为企业高层决策、中层控制和基层运作提供信息服务的人机系统。

以上定义反映了管理信息系统的内涵是在不断扩展的。由此可见，随着信息技术的发展和管理理念的更新，人们对管理信息系统的认识会不断深化，管理信息系统的定义也会得到不断完善。

1.1.2 管理信息系统的特征

管理信息系统是在数据处理系统的基础上发展起来的，其特征是面向管理的一个集成系统，它覆盖了整个管理系统，对管理信息进行收集、传递、存储与处理，是多用户共享的系统，直接为基层和各级管理部门服务。管理信息系统不仅具有系统的一般特征，而且具有其特定的特征。管理信息系统具有以下特征。

（1）它是一个人机系统，目的在于辅助决策，而决策只能由人来做，各级管理人员既是系统的使用者，又是系统的组成部分。在管理信息系统中，需要充分发挥人和计算机系统的长处，一些工作由计算机系统处理，一些工作要由人进行处理，使人和计算机系统和谐工作。正确界定人和计算机在系统中的地位和作用，可以充分发挥人和计算机各自的长处，使系统整体性能达到最优。

（2）管理信息系统是一个综合系统。从广义上来说，管理信息系统是一个对组织进行全面管理的综合系统。一个组织在建设管理信息系统时，可根据需要逐步应用个别领域的子系统，然后进行综合，最终达到应用管理信息系统进行综合管理的目标。管理信息系统综合的意义在于产生更高层次的管理信息，为管理决策服务。从狭义上来说，它是人和信息技术的综合体，也是计算机硬件与软件的综合体。它不仅包括了管理人员、系统分析人员、系统设计人员、程序员和工作人员等，还包括了计算机、通信工具、网络设备等各种硬件设备；它不仅包括了各种系统软件、应用软件，还包括了组织的规章制度和岗位职责等具体的管理制度。

（3）管理信息系统作为一门新兴学科，产生较晚，其理论体系尚处于不断完善的过程中。研究者从计算机科学与技术、应用数学、管理理论、决策理论、运筹学等相关学科中抽取相应的理论，构成管理信息系统的理论基础，从而使其成为一个有着鲜明特色的边缘学科，管理信息系统为多学科交叉的边缘学科。

（4）它是一个动态系统。管理信息系统是一种软件产品，具有其他软件产品所具有的生命周期的特点。随着组织外部环境和内部条件的变化，我们可以通过对系统的不断维护，以尽可能延长其生命周期，但管理信息系统的生命周期仍将会终结，需要在新的条件下开发新的管理信息系统。

1.1.3　管理信息系统的功能

1. 从数据处理的角度看

从数据处理的角度看，一个完整的管理信息系统应具有数据的输入、传输、存储、加工处理和输出等功能。这些功能可根据具体情况，分别由计算机和人工来完成。

（1）数据输入功能

管理信息系统要求对分散在各地的数据进行收集并记录，整理成信息系统要求的格式和形式。在大多数情况下，这项工作由人工完成（也有直接通过仪器自动输入数据的）。整理好的数据可直接通过键盘输入系统进行处理，也可以先录入存储设备，待需要时再统一输入系统进行处理。

（2）数据传输功能

数据主要有两种传输方式：一种是数据通信，即以计算机为中心，通过通信线路与其他设备连接，形成联机系统，或通过通信线路将计算机联网；另一种是介于人工传输与计算机传输之间的磁盘传输，如下级企业向上级主管部门报送各类报表等，将数据录入存储设备上报，上级部门可直接利用存储的数据进行汇总处理。

（3）数据存储功能

管理中的大量数据需要被今后的数据处理过程共享，需要保存下来多次调用。这些数据通常保存在磁盘等存储设备上，以便随时进行存取和更新。

（4）数据加工处理功能

数据加工处理功能是管理信息系统的一项重要功能，原始数据只有经过适当的方法进行加工处理，才能成为可供各层管理者使用的信息资源，起到辅助决策的作用。数据处理的基本方式大致可分为核对、变换、分类、合并、更新、检索、抽出、分配、生成和计算等。

（5）数据输出功能

管理信息系统应能够根据不同的需要，将加工处理后的数据以不同的方式进行输出。

例如，输出报表、图形等供管理人员使用，输出存储文件等供计算机进一步处理。

（6）查询功能

管理信息系统应具有各种查询功能，方便用户进行单项查询、组合查询和模糊查询，并将查询结果打印输出或以文件方式存储。可供查询的信息应既包括本地信息，也包括通过网络系统得到的远程信息。

（7）统计分析与预测决策功能

管理信息系统一般都具有运用统计理论和概率理论对大量数据进行统计分析的功能。它们根据统计分析的结果和历史数据，应用数学模型对业务活动进行预测，并建立决策支持系统，对某一问题提供一个或多个方案供使用者参考。

（8）系统管理功能

系统管理功能主要包括系统维护、数据恢复和备份。系统维护包括系统参数设置功能和数据字典维护功能。数据恢复和备份是指对数据进行有条件的备份和截取，防止数据意外丢失，或损坏时能迅速、有效地进行恢复。

2. 从管理者的角度看

从管理者的角度看，管理信息系统的功能大体体现在以下五个方面。

（1）数据处理功能

数据处理功能是指管理信息系统能对各种类型的数据进行收集录入、加工处理、存储检索和传输等处理工作。这是管理信息系统首要的任务和基本功能。

（2）预测功能

预测功能是指管理信息系统运用一定的数学方法和预测模型，利用历史数据对未来进行预测的工作。预测是管理计划和管理决策工作的前提。

（3）计划功能

计划功能是指管理信息系统对各种具体工作进行合理的计划与安排，如生产计划和销售计划等。计划是指导各个管理层次高效率工作的依据。

（4）控制功能

控制功能是指管理信息系统通过反馈的信息可以对企业生产经营活动的各部门、各环节的运行情况进行监督、协调和控制，保证系统的正常运行。

（5）辅助决策功能

辅助决策功能是指管理信息系统运用运筹学的方法和技术，为合理地配置企业的各项资源、做出最佳决策提供有力的支持。

1.2　管理信息系统的结构

管理信息系统作为一个系统必然有其结构，所谓结构就是固定形式的框架。不同的企业或组织，不同的行业或领域，管理信息系统本身可能不尽相同，但管理信息系统的大致结构应是趋同的、相似的。当我们研究一个系统时，可以通过系统的结构来认知系统。

管理信息系统的结构是指管理信息系统各个组成部分所构成的框架结构，就像一座高山，“横看成岭侧成峰”，角度不同，所看到的事物也会不同，我们也可以从不同的角度来观察管理信息系统的结构形式。

管理信息系统主要有概念结构、层次结构、功能结构、综合结构和物理结构。

1. 管理信息系统的概念结构

管理信息系统的概念结构高度概括抽象化，它由信息源、信息处理器、信息用户和信息管理者四部分组成，它们之间的关系如图 1-1 所示。

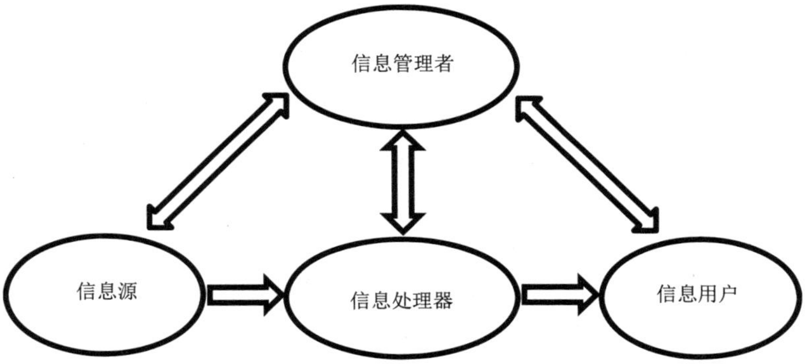

图 1-1　管理信息系统的概念结构

- 信息源：产生信息的对象，如员工考勤系统（电子或机械打卡机）、销售订单、发票、装箱单、产品计数器、质量监控装置等。
- 信息处理器：负责信息的收集、传输、加工、存储、维护和查询等任务。
- 信息用户：信息的运用者，他们使用信息进行决策和完成业务活动。
- 信息管理者：负责信息系统的建设、实施、运作维护等工作。

2. 管理信息系统的层次结构

由于管理信息系统是为管理决策服务的，我们知道管理是分层次的，纵向上可以分为基层（操作控制）、中层（管理控制）和高层（战略规划）三个管理层次，因此，管理信息系统可以在纵向上分解为三层子系统。另外，管理又可按职能分类，因而在每个层次上又可分为财务管理子系统、制造子系统、营销管理子系统、人力资源管理子系统和办公自动化子系统等。每个子系统都支持从基层管理到高层管理的不同层次的管理需求。

基层管理处理的数据量很大、加工方法固定，基层管理是信息系统赖以存在的基础，它是中层、高层管理最主要的数据来源；而高层管理处理的数据量较小、加工方法灵活，但比较复杂，如图 1-2 所示。

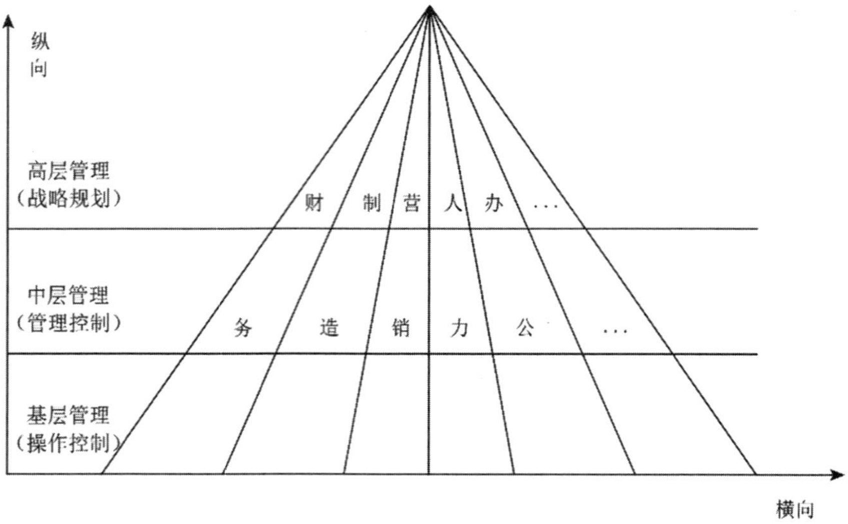

图 1-2　管理信息系统的层次结构

3. 管理信息系统的功能结构

从信息技术的角度看，管理信息系统具有信息的输入、处理和输出等功能。因此，从信息技术角度看管理信息系统的功能结构可以表示为如图 1-3 所示的形式。

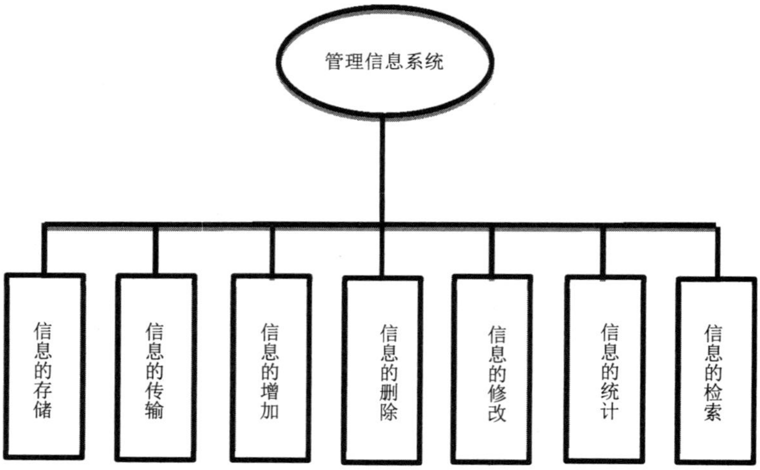

图 1-3　从信息技术角度看管理信息系统的功能结构

从业务角度来看，管理信息系统应该支持整个组织在不同层次上的各种功能。各种功能之间又有各种信息联系，构成一个有机的整体及系统的业务功能结构。如图 1-4 所示为一个企业的内部管理信息系统，该系统划分为七个职能子系统。

4. 管理信息系统的综合结构

由于各职能子系统有不同层次的信息处理结构，如果把前面介绍的管理信息系统的横向结构与纵向结构加以综合，就是管理信息系统的综合结构，如图 1-5 所示。

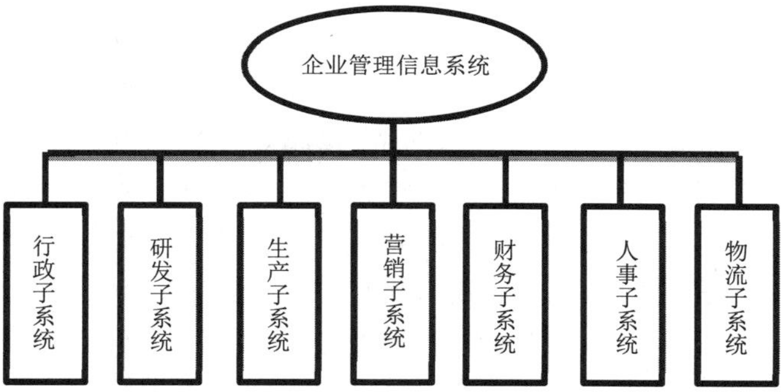

图 1-4　从业务角度看管理信息系统的功能结构

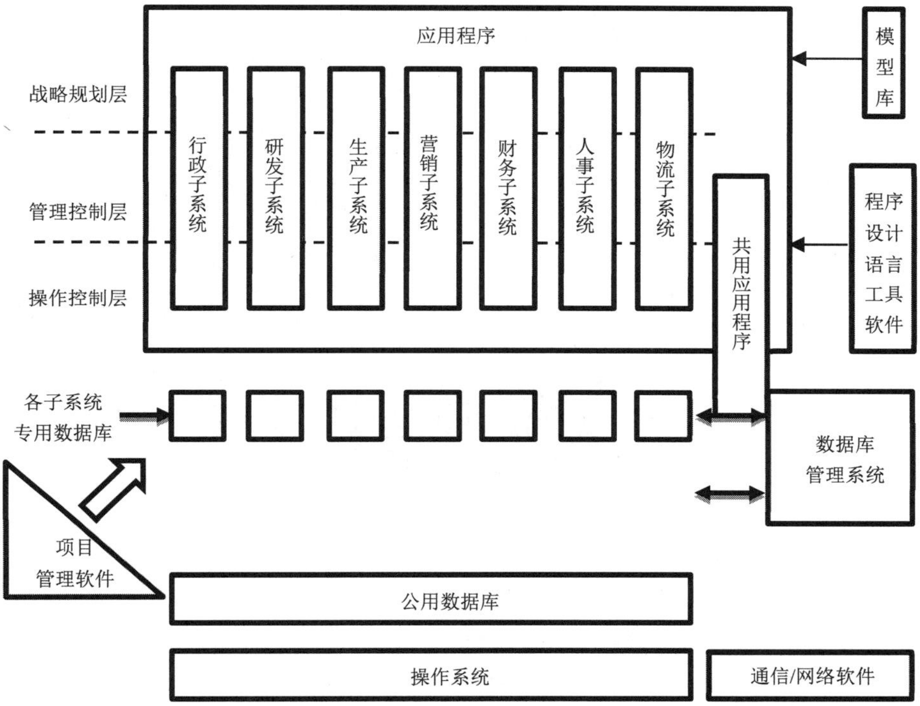

图 1-5　管理信息系统的综合结构

管理信息系统的综合结构是基于组织职能的各个职能子系统的联合体，而且每个子系统又分为三个层次，即战略规划层、管理控制层和操作控制层。每个职能子系统都有自己的专用数据库、模型库和专用的应用程序，此外，还有各个职能子系统使用的公用数据库、模型库和共用应用程序。

5. 管理信息系统的物理结构

管理信息系统的物理结构是指系统的硬件、软件、数据等资源在空间的分布情况，是避开管理信息系统各部分的实际工作，只抽象地考察其硬件系统的拓扑结构。管理信息系统的物理结构一般有三种类型：集中式、分布式和分布-集中式。

这三种结构是随信息技术的发展而产生的。早期由于受计算机设备和通信设备所限，都采用集中式的系统，如图 1-6（a）所示。集中式系统是资源在空间集中配置的系统。单机系统是典型的集中式系统，将软件、数据和主要外部设备集中在一套计算机系统之中。20 世纪 80 年代，由于微型计算机和计算机网络系统的出现，加之当时微机的功能又有限，故多采用由小型机或超级小型机所组成的分布-集中式的系统，如图 1-6（b）所示。20 世纪 80 年代中期，微机的功能甚至超过了几年前的中小型机，分布式计算机系统和分布式数据库也已出现，于是管理信息系统的结构又朝着分布式的方向发展，即以一台或几台高档微机作为网络服务器，用总线结构的网络连接网络服务器的各个网络工作站，如图 1-6（c）所示。分布式系统通过网络把不同地点的计算机硬件、软件、数据等资源联系在一起，服务于一个共同的目标，实现不同地点的资源共享。

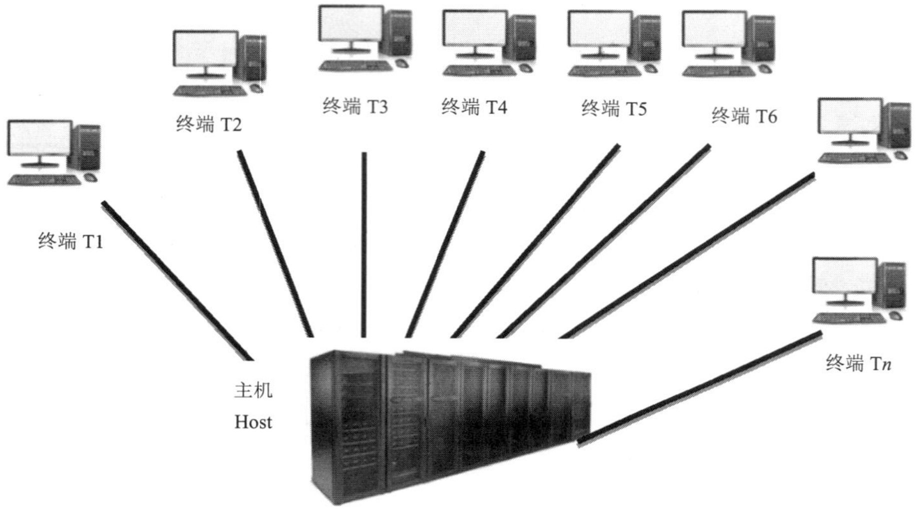

（a）集中式

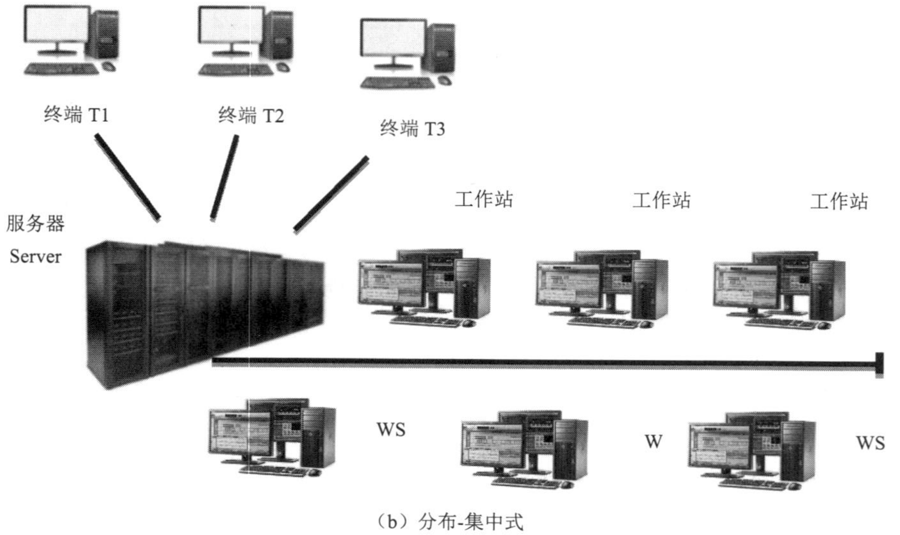

（b）分布-集中式

图 1-6　管理信息系统的物理结构

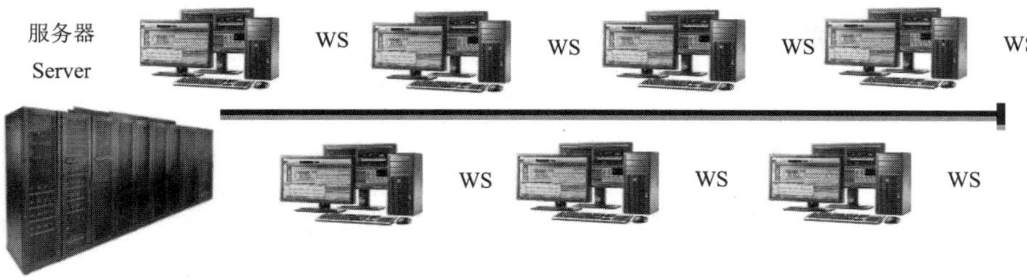

（c）分布式

图 1-6　管理信息系统的物理结构（续）

1.3　管理信息系统的类型及管理信息系统与其他相关学科的关系

1.3.1　管理信息系统的类型

随着基于计算机的信息系统在组织中的应用和发展，计算机在企业中的应用越来越深入，IT 厂商特别是信息系统开发商各显神通，他们研发的信息系统推动了组织信息系统的应用和发展，几十年来信息系统经历了由单机到网络，从低级到高级，由事务处理系统到管理报告系统、决策支持系统的演变。

管理信息系统按功能分类，归纳为六种类型的系统，即运行在战略层的主管支持系统，运行在战术层的决策支持系统和管理报告系统，运行在知识层的知识工作系统和办公自动化系统，以及运行在运作层的事务处理系统。它们各司其职，互相配合，在每个层级以构件形式对各种职能系统形成支持，构成了当前组织中现实的信息系统。表 1-1 和图 1-7 呈现了它们在组织中各管理层级的特点和作用。

表 1-1　管理信息系统六种类型的特点

系统类型	信息输入	信息处理	信息输出	用户
主管支持系统	集合数据 外部、内部	图形、模拟 交互式应用	预测信息 查询回应	高级主管
决策支持系统	少量数据 大型、用于分析的优化数据库 分析模型	交互式应用 模拟 分析	特别报告 决策分析 查询回应	专家 管理人员
管理报告系统	概要业务数据 大量数据 简单模型	日常报告 简单模型 低层分析	概要报告 异常报告	中层管理者
知识工作系统	设计规范 知识库	模型构造 模拟	模型 图形	专家 技术人员
办公自动化系统	文档 进度安排	文档管理 安排进度 通信	文档、邮件 进度安排	办公室人员
事务处理系统	业务 事件	分类、列表 合并、更新	详细报告 数据清单 总结报告	主管 操作人员

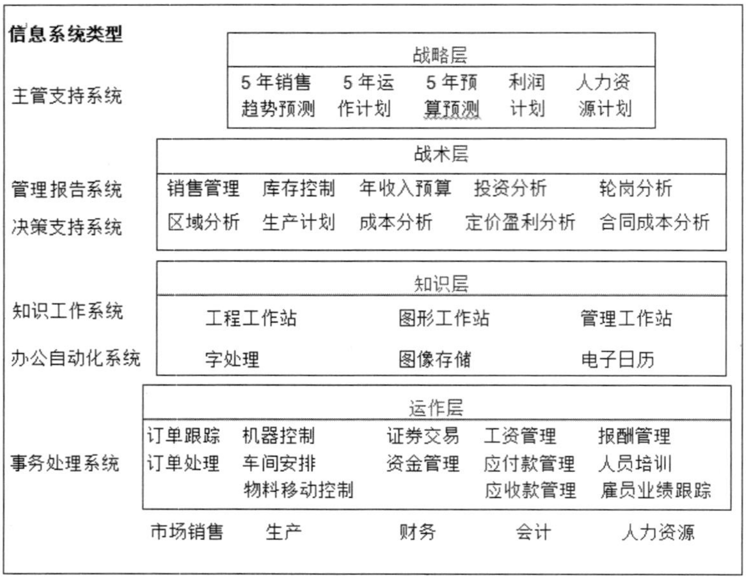

图 1-7　组织中各管理层级的六类系统

1. 主管支持系统

主管支持系统（Executive Support System，ESS），是高层管理者用来辅助决策的信息系统，它运行在组织的战略层，用于解决非结构化问题和创建非具体化的计算和通信环境，而不用于任何固定的应用和解决专门问题。

ESS 的主要功能如下。

- ESS 整合来自外部的数据，也使用来自其他系统的概括性的内部数据。
- ESS 为高层主管提供了从不同的视角观察信息的工具和计算能力，以便他们更好地了解问题和机遇。
- ESS 过滤、压缩和跟踪关键数据，减少高层管理者为获得有用的数据而付出的时间和努力，从而提高获得数据的效率，这是 ESS 强调的目标。
- ESS 使用最先进的图形处理软件并且能够将来自多个数据源的图形和数据立即送往高层主管的办公室。

与其他的信息系统不同，ESS 不是解决特定的问题，而是提供一般的计算和通信能力，较少使用分析模型。它回答这样一些问题：我们的竞争者在做什么？我们应该做什么事情？我们要做什么才能保持业务的稳定？ESS 的使用模型如图 1-8 所示。

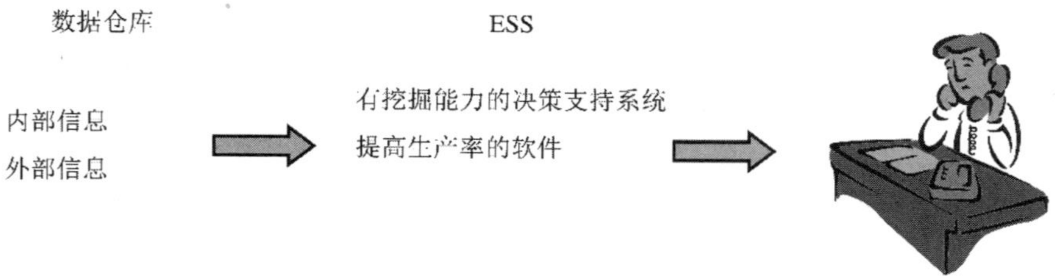

图 1-8　ESS 的使用模型

ESS 的主要特征：

- 利用数据仓库；
- 挖掘能力；
- 灵活的数据提供能力；
- 指出信息响应的来源；
- 运用决策支持系统，进行假设分析；
- 存取各种信息。

2. 决策支持系统

决策支持系统（Decision Support System，DSS）是在人的分析与判断能力的基础上，借助信息技术与科学方法支持决策者对半结构化和非结构化问题进行有序决策，以获得尽可能令人满意的客观解决方案。决策支持系统是一个人机交互的计算机系统，由人机对话系统和数据库、模型库、知识库等基本构件组成。

DSS 具有较强的分析能力，内部建有各种数据分析模型，或者浓缩大量的数据转换成能够被决策者分析使用的形式。它们被设计成用户能直接使用的形式，如友好的用户界面、能够交互操作、可以改变假设、提出新问题和输入新的数据。

决策支持系统的基本结构如图 1-9 所示。

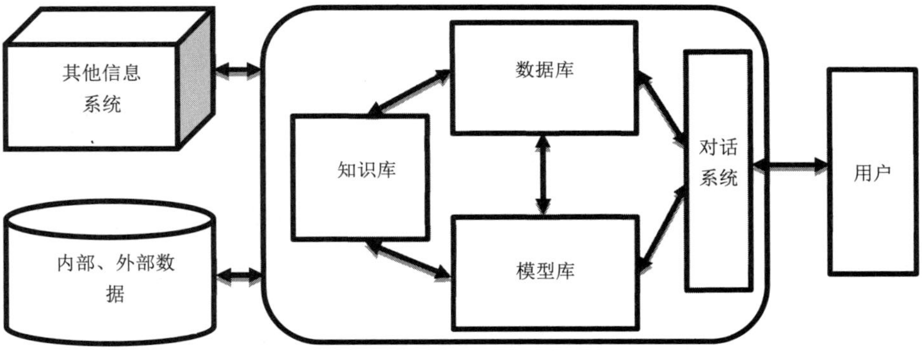

图 1-9　决策支持系统的基本结构

决策支持系统的输入信息来自管理信息系统或其他内外部信息源。决策支持系统是面向决策的，如果说事务处理系统以数据为焦点，管理报告系统以信息为焦点，则决策支持系统是以知识为焦点，利用知识来进行分析、选择的。

① 决策支持系统的特点。

- 决策支持系统是支持决策的一种信息系统。
- 决策支持系统解决半结构化和非结构化的决策问题。
- 决策支持系统支持决策而不是代替决策。
- 决策支持系统具有良好的人机交互界面，使人们能够非常方便地使用。
- 决策支持系统具有充分的灵活性和适应能力，能够跟踪用户的决策方法和决策环境的变化。

- 决策支持系统能够围绕决策问题组织数据和模型，即具有数据生成和模型生成功能。
- 决策支持系统由用户启动和控制。

② 决策支持系统和管理信息系统之间的区别和联系。

- 在一个企业和组织内部，决策支持系统和管理信息系统可以并存，它们所要解决的问题不同。管理信息系统主要解决结构化的决策问题，而决策支持系统主要解决半结构化或非结构化的决策问题。
- 决策支持系统和管理信息系统提供的信息和决策支持都需要大量的输入信息。这些输入信息主要来自事务处理系统、管理信息系统和企业外部环境。
- 一个管理信息系统往往支持人们解决多个决策问题，而一个决策支持系统往往是针对一个特定的半结构化或非结构化的决策问题开发的。因此，如果把管理信息系统看成是在一个面上辅助决策的话，那么决策支持系统可以看成是在一个点上支持决策的。
- 管理信息系统进行决策支持时，往往只使用各种数学模型。但是，决策支持系统进行决策支持时不仅要使用各种数学模型，而且还使用各种知识模型，能把数学模型和知识模型有效地结合起来。

由于决策支持系统的实用性，给社会和企业带来了巨大的社会和经济效益，因而引起了许多专家和企业界人士的极大兴趣和关注，使之很快得到了长足的发展和应用。随后又出现了群体决策支持系统（Group Decision Support System，GDSS）、智能决策支持系统（Intelligence Decision Support System，IDSS）等。

3. 管理报告系统

管理报告系统（Management Reporting System，MRS）是指那些能从内部和外部收集数据，经过加工处理，形成有用信息，以预定的形式提供给各管理层次（中层为主）使用的信息系统。

管理报告系统为管理者提供各种报告，在某些情况下在线访问组织的当前和历史数据。这类信息系统几乎完全面向组织内部而不是外部环境和事件。

管理报告系统输入的是内部与外部的有关数据，内部数据有的来自事务处理系统或其子系统（它是整个管理报告系统的有机组成部分），有的来自其他数据源（如生产现场），经过管理报告系统程序处理后可以存入数据库，当用户有请求时，系统能够打印出书面形式的报表，也可在用户终端屏幕上显示，或在其他显示设备上显示。

管理报告系统可以为各层次、各部门服务，它常常是由多个子系统构成的，各子系统有自己的功能与输入输出设备。在管理报告系统发展的初期，数据与信息是集中保存的，管理报告系统还有管理信息资源的任务，所以它的数据库及其管理系统比较完备。

管理报告系统与事务处理系统相比较，有许多不同的地方，这些不同之处体现了管理报告系统的特点。这些不同之处表现在：

① 管理报告系统为各管理层提供信息。

② 管理报告系统能定期输出各类报表和报告，能使用户得到及时的信息。

③ 管理报告系统涉及各个职能部门，具有综合性。

④ 管理报告系统是建立在计算机网络基础上的。

管理报告系统使企业的信息获得了系统地开发和合理利用，将企业的管理水平提高到了一个新的层次。然而，最初的管理报告系统还不能利用信息来满足企业中的半结构化和非结构化问题的决策支持要求。人们也慢慢意识到对于复杂问题，不能用管理报告系统来取代决策者做出决策，而是要设法支持决策者。在此背景下，人们寻求能有效解决这些问题的新方法，进而去研究针对特定人员与特定领域进行决策支持的系统，这就引出了在 20 世纪 70 年代研究开发的决策支持系统。

4. 知识工作系统和办公自动化系统

知识工作系统（Knowledge Work System，KWS）和办公自动化系统（Office Automation System，OAS）在组织中的知识层。KWS 辅助知识工作者工作，而 OAS 则主要辅助数据工作者工作，当然其他人员也需要 OAS。

知识工作者一般是受过正规教育的被视为专家的人士，诸如软件工程师、医生、律师、科学家等。他们的工作主要是知识创新。KWS 促进新知识的建立并将新知识和专门技术整合到组织的业务中，如使用 CAD 工作站系统辅助设计汽车，使用 GIS 帮助城市规划部门建立城市规划。

知识工作系统的三个关键作用：

- 确保组织知识的及时有效更新；
- 促进组织内部知识的产生和运用；
- 为内部专家提供咨询和建议。

知识工作系统应具备的三个特点：

- 支持外部知识的快速获取；
- 足够的计算能力；
- 友好的用户界面。

数据工作者，如秘书、会计、文件管理员和那些使用、操作和发布信息的管理者具有较低的要求。他们一般趋于处理信息而不是创造信息。OAS 是一种信息技术应用系统，通过支持协同工作和交流活动，该系统能够提高数据工作者的生产率。OAS 能够将各种信息工作者、地理上分布的组织单元及职能部门协同起来工作。

典型的 OAS 可以处理和管理文档（通过字处理和桌面发布系统）、进行计划安排（通过电子日历）和使用通信系统（通过电子邮件、声音邮件、视频会议系统）。

5. 事务处理系统

20 世纪 50 年代初期，计算机开始应用在经营管理工作中的数据处理上，主要是在会计和统计工作上，代替算盘、手摇计算机、现金出纳机等，形成了所谓的电子数据处理系统。其特点是数据处理的计算机化，目的是提高数据处理的效率。由于它是用来处理一些具体事务的，所以也叫作事务处理系统。

事务处理系统（Transaction Processing System，TPS）是基于计算机的、服务于运作层的基本业务系统。TPS 完成每天的记录和必要的日常事务，如订单输入、旅店登记、工资计算、雇员考勤等系统。运作层的任务、资源和目标都是既定的并且是高度结构化的。管理者需要利用 TPS 监控组织内部运行状态和与外部环境的关系。TPS 也是其他类型信息系统信息的主要提供者，例如，工资系统将数据提供给总账系统以提供各种会计报表。

TPS 有时称为数据处理系统（Data Processing System，DPS），有时称为电子数据处理系统（Electronic Data Processing System，EDPS）。TPS 主要用于支持组织作业层的日常操作事务，所以可以在各个具体业务部门构成独立系统或子系统，如工薪系统、订货系统、库存系统、计价系统、货运系统、销售系统、收支账目系统、数据统计系统等。对组织来说，TPS 是非常重要的系统，如果 TPS 产生几个小时的故障，将会导致组织停转。例如，航空公司和铁路的订票系统、银行前台系统、商店的 POS 系统产生故障，将会造成极大的损失。

事务处理系统的特点：

- 支持每日的运作；
- 有很高的效率，能完成对大量数据的处理；
- 逻辑关系简单；
- 重复性强；
- 能支持许多用户。

事务处理系统是面向数据的，对日常往来的数据进行常规处理，所处理的问题结构化程度高、处理步骤固定，它充分利用了计算机对数据进行快速运算和大量存储的能力，可以减轻业务人员大量重复性的劳动。因此，它是基层业务人员的得力助手，无论是大企业、大机关，还是中小企业或单位，甚至是个体从业者或其他组织都可以使用。

6. 集成一体化信息系统

上述系统都是解决企业内部的信息收集、分析、处理、传递和信息资源共享问题的。这些系统的建立在为企业内部的各级管理和决策人员提供信息和决策支持和提高企业的经营管理水平方面发挥了极其重要的作用。但是，随着企业面临的市场环境的变化，为了谋求生存和发展，企业必须具有快速响应市场变化的能力，要能及时提供适应市场需要的高质量、低价格、服务好的产品或服务。

为此，企业在处理内部信息的同时必须及时、准确、完整地收集、分析、处理和传递大量的外部信息。信息系统在企业中的应用不仅要解决企业内部各部门之间的信息快速、准确地传递和信息资源共享问题，还要实现企业与其合作伙伴之间的信息快速、准确传递和资源共享。

在这种企业内部需求的拉动下，在迅猛发展的计算机网络技术的推动下，出现了一种新型的管理信息系统——集成化信息系统。企业资源计划（Enterprise Resource Planning，ERP）、计算机集成制造系统（Computer Integrated Manufacturing System，CIMS）就是典型的集成化信息系统。

ERP 是当前最先进、最科学的企业管理信息系统。ERP 将企业内部各个部门，如财务、会计、生产、物料管理、质量管理、销售与分销、人力资源管理、供应链管理等部门，利用信息技术集成连接在一起，它实现了企业内部资源和与企业相关的外部资源的信息集成。ERP 不仅扩充了企业的人力资源、产品研制、服务等信息，实现了企业内部全部信息的集成，而且把管理信息系统拓展到企业的外部，实现了包括供应商和客户资源的信息集成。ERP 展现出的是一个完全开放的信息集成的态势，它适应的是世界经济一体化的要求，将满足全球化市场变化的需求。企业管理人员通过 ERP 系统可以避免不必要的浪费，高层管理者也可以根据这些信息及时准确地做出最好的决策。

计算机集成制造系统是借助计算机软硬件，综合运用现代管理、制造、信息、自动化、系统工程等技术，将企业生产经营全过程中的人力、技术和管理三要素及有关的信息流、物流和资金流有机地集成并优化运行，以实现产品的高质量、低成本、短交货期，提高企业的应变能力和综合竞争能力，从而使企业赢得竞争优势。

CIMS 是工厂自动化的集成模式，它面向整个工厂，覆盖工厂的各种经营活动，包括生产经营管理、工程设计和生产制造各个环节，即从产品报价和接受订单开始，经计划安排、设计、制造直到产品出厂及售后服务等的全过程。CIMS 包括四个功能子系统——管理信息子系统、产品设计子系统、生产制造子系统、质量保证子系统。

管理信息系统是一个不断发展的概念。TPS、MRS 和 OA（Office Automation）等技术在商贸中的应用已发展成为电子商务系统（Electronic Business Processing System，EBPS），这种系统以通信网络上的电子数据交换（Electronic Data Interchange，EDI）标准为基础，实现了集订货、发货、运输、报关、保险、商检和银行结算为一体的商贸业务，极大地方便了商贸业务和进出口贸易。此外，还出现了不少新的概念，诸如总裁信息系统、供应链管理系统、客户关系管理系统和基于其他知识的信息系统等。

1.3.2 管理信息系统与其他相关学科的关系

管理信息系统不仅是一个应用领域，而且是一门学科，它涉及社会和技术两大领域，是介于经济管理理论、统计学与运筹学以及计算机科学之间的一个边缘性、综合性、系统性的交叉学科。它运用这些学科的概念、方法，融合提炼组成一套新的体系和方法。

管理信息系统是在管理科学的基础上发展起来的，即管理科学向管理信息系统提出了要求，而现代技术尤其是计算机和数据通信技术为管理信息系统提供了最有力的支持，同时数学和运筹学的方法和模型为管理信息系统提供了预测和决策的功能。

我国已把管理信息系统列为管理科学与工程一级学科下的二级学科。它引用其他学科的概念，把它们综合集成为一门系统性的学科。它面向管理，利用系统的观点、数学的方法和计算机的应用三大要素，形成自己独特的内涵，成为系统型、交叉型、边缘型的学科。图 1-10 显示了本学科与其他学科之间的关系。

管理信息系统首先是管理科学的发展，换句话说，管理科学向管理信息系统提出了要求，它是产生本学科的直接原因，我们从前面所讨论的管理科学的发展历史中已了解。当然，如果不了解管理科学，管理信息系统的研究和开发将缺乏明确的目标和评价的基本原则。

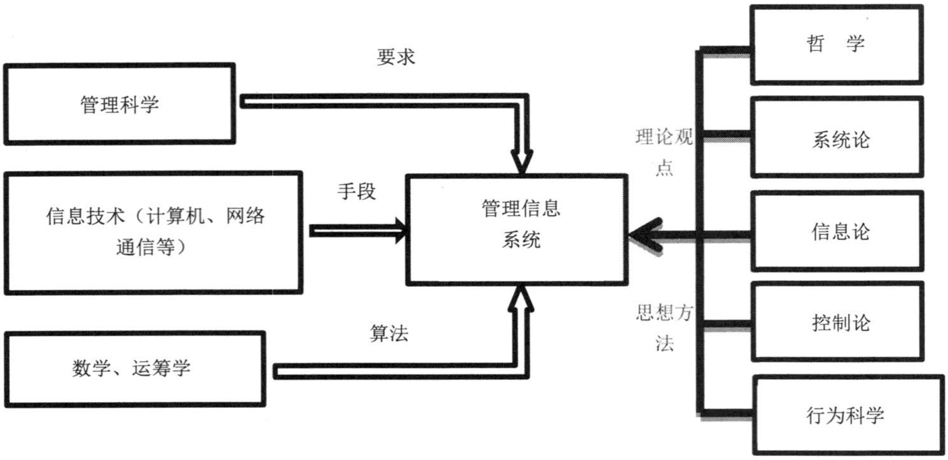

图 1-10　管理信息系统与其他学科的关系

管理信息系统同时又是依赖于现代技术而形成的。面对现代化管理活动中大量的、复杂的数据，没有现代技术的支持是难以完成数据的加工处理的，更谈不上对管理进行预测、控制和辅助决策了。

管理信息系统中的预测和决策功能，必须运用数学和运筹学的方法和模型来解决。此外，管理信息系统还从哲学、系统论、信息论、控制论和行为科学等学科吸取了有用的观点、概念和方法。

管理信息系统是一门综合性学科，所涉及的知识广泛，需要研究的问题很多，我们可以用图 1-11 来描述管理信息系统的知识体系结构。

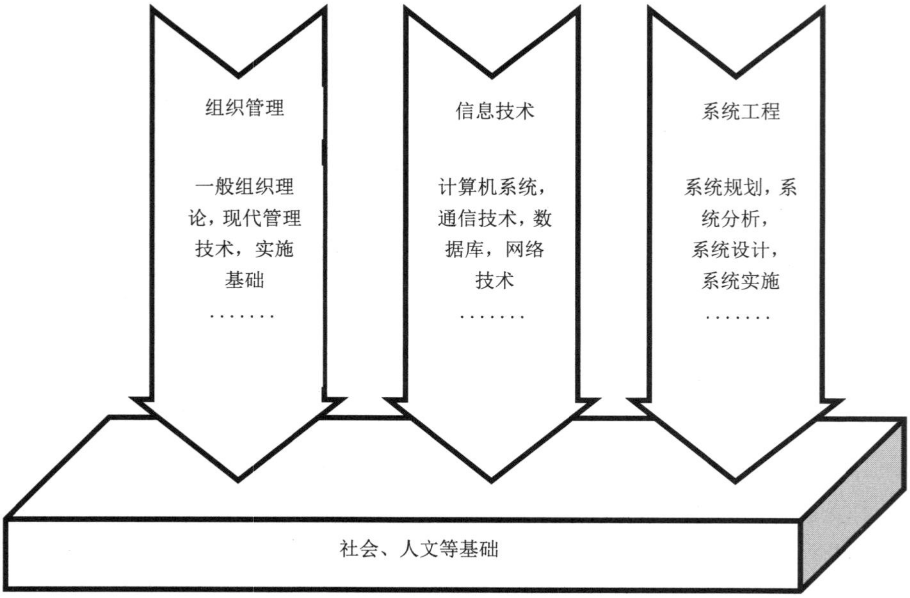

图 1-11　管理信息系统知识体系结构

1.4　管理信息系统的发展现状和趋势

近半个世纪以来，随着管理理念的不断创新和以计算机技术、通信技术为代表的信息技术的飞速发展，管理信息系统的概念也在不断发展，其内容与作用在深度与广度上都有了很大的发展，出现了许多新的概念。20 世纪 50 年代，当计算机应用刚开始时，管理信息系统主要用于会计领域，继而在生产方面发展为 MRPⅡ（制造资源计划）、ERP（企业资源计划）和 SCM（供应链管理）；在商务方面，则发展为 ATM、网络订票和电子商务系统。目前，管理信息系统正在进一步向家庭、教育和娱乐方面渗透。这一过程说明，信息技术在管理中的应用日趋广泛，正在对管理、组织和社会产生深刻的影响，引发管理制度与管理模式的重大变革。与此相适应，管理信息系统的发展趋势表现为系统发展的网络化、云化和智能化。

1.4.1　管理信息系统发展的网络化

管理信息系统发展的网络化，一方面是管理信息系统本身发展的需要，在客观上，管理信息系统要求信息实现有机集成；另一方面，计算机和通信技术的发展，特别是互联网技术的发展，为管理应用与网络化的结合创造了必要条件。1991 年，互联网对社会开放。1993 年，WWW 在互联网上出现，为信息系统的网络化创造了前所未有的条件。近年来，管理信息系统依托互联网正从企业内部向外部发展，出现了电子商务和供应链管理系统等许多新的概念。

① 管理信息系统网络化的企业可以将业务扩展至全球，有可能建立世界性销售网点或跨国公司，可以跟踪订货、运货和结算，参与世界市场的竞争。

② 管理信息系统网络化为企业营销方式的发展提供了新的渠道和机遇。企业开展网络营销能够有效降低成本、提高效率、提升客户满意度和市场知名度。

③ 管理信息系统的网络化促使企业管理由面向内部资源的管理转变为面向整个供应链的管理。供应链管理覆盖了从供应商到生产企业，再到客户的全部过程，是实现全球范围内的多工厂、多地点跨国经营运作的重要条件。

④ 管理信息系统的网络化为上下游企业建立虚拟企业创造了条件。企业可以通过互联网，借助于分布在世界各地的其他企业的资源来实现一体化管理，快速响应客户个性化的需求。

1.4.2　管理信息系统发展的云化

1. 云计算与管理信息系统

云计算作为一种基于互联网的计算模式，是分布式计算、并行计算的发展，是计算机科学在商业领域的应用。2006 年，Google 正式提出了“云计算”概念。随后，IBM、Amazon 和 Microsoft 等公司纷纷提出了“云计算”战略。云计算是把存储于服务器、个人计算机、移动电话及其他设备上的大量信息资源集中在一起，协同工作，使计算分布在大量的分布式计算机上，用户所需的应用程序并不需要运行在用户的终端设备上，而是运行在互联网的大规模服务器集群中。

云化的管理信息系统是一个集硬件设备和管理数据为一体的资源池，能够有效地降低客户购置、使用管理信息系统的成本，大幅度减少信息系统维护的工作量，并能提供功能更为强大的高质量的管理信息系统软件平台。

2. 云计算在管理信息系统中的应用

（1）云计算为管理信息系统提供云存储服务

云存储是指通过集群应用、网络技术或分布式文件系统等功能，将网络中各种不同类型的存储设备通过应用软件集合起来协同工作，共同对外提供数据存储和业务访问功能。云存储具有性能高、容量大等特点。企业级云存储应用将成为未来的趋势，将为企业用户提供空间租赁服务及远程数据备份服务。

（2）云计算为管理信息系统提供搜索引擎服务

在互联网环境下，搜索引擎是为解决在海量信息中找到有用信息这一问题而诞生的，搜索服务是管理信息系统平台常见的基础服务。云计算使管理信息系统的搜索能力朝着智能化和多样化的方向发展。云计算能够提供强大的网页搜索服务，全面地为客户和消费者提供商品及其相关信息。云计算还可以提供语言机器翻译服务，帮助企业解决管理信息系统发展过程中的语言障碍，也可以对音频、视频、图片等文件进行理解。

（3）云计算为管理信息系统提供综合云服务

企业应用云计算能对互联网上的海量信息进行分析处理，形成对企业有用的信息。云服务根据企业要求提供交易信息、客户分析、产品推荐和物流优化等多项服务内容。例如，企业利用云计算的计算能力挖掘消费区域特征和消费者的行为习惯，提供有针对性的网络营销。例如，美国 ThinkNear 电子商务平台会自动搜索商家的“空闲时段”并生成优惠券，提前告知消费者空闲时段及可以在空闲时段提供的优惠。

3. 云计算对管理信息系统的影响

（1）降低管理信息系统运营成本

一个组织构建管理信息系统时，必须考虑硬件、软件、网络和系统架构等因素，因为建立管理信息系统成本高，短期内难以取得高效益。如果采用云计算模式，那么组织不必单独开发应用软件和程序，只需要访问云服务提供商建立在云上的软件库，即可获得企业所需的管理程序和数据资料等，组织按需支付一定的租金，极大地降低了系统建设的成本。云计算降低了组织规模所导致的优劣差距，让每个组织都能以较低的成本接触到顶尖的信息技术。

（2）规范管理信息系统应用模式

云计算可以通过云应用平台衍生出各种云服务，云计算可以将各个行业的传统优势充分挖掘。组织所需的管理程序和资源存储在云端，组织只需要从云服务提供商提供的云平台中调用相关应用到本地计算机上，就可以实现对功能的应用。资源的获取方式与使用方式都采用标准接口与规范化的管理模式，提高了沟通效率。

（3）改善管理信息系统的安全性

用户最关心的还是安全问题。管理信息系统中存在大量的信息资源，这些信息很多是企业的机密信息。网络病毒与黑客行为的日益增多，必然要求企业在信息安全上加大投入。云计算提供了较为可靠的数据存储中心。企业使用云计算服务，将数据存储在云端，可以高效、安全地存储数据，快速地进行数据加密/解密，并及时启动防御攻击的软件和硬件辅助保护功能，有效提高系统安全性。

4. 云计算技术解决大数据问题

组织的数据可以分为三种类型，即结构化数据、半结构化数据和非结构化数据。其中，大部分数据属于广泛存在于组织内部、组织之间和互联网之中的非结构化数据。大数据通常用于形容一个组织创造的大量非结构化数据和半结构化数据，涉及的资料规模巨大，无法通过目前的主流软件工具进行处理。大数据难以在短时间内汲取、管理、处理并整理成为用于帮助企业进行经营决策的资讯。

大数据和云计算的关系在很大程度上是相辅相成的，大数据的兴起是信息化发展的必然。

大数据的分析通常与云计算联系在一起，云计算技术是目前解决大数据问题最重要、最有效的手段。实时的大型数据集分析需要数十、数百甚至数千台计算机分配工作，云计算提供了集成架构平台，大数据应用可以在该平台上运行。以云计算为基础的信息存储、分享和挖掘手段为知识生产提供了工具，其对大数据的分析、预测会使决策更加精准。

1.4.3　管理信息系统发展的智能化

20 世纪后期，计算机在管理中应用的重点逐渐由事务性处理转向企业管理的高层决策方面，出现了决策支持系统。随后，随着决策支持系统与人工智能相结合，又出现了智能决策支持系统。智能决策支持系统是将人工智能引入决策支持系统而形成的一种信息系统，其最初由专家系统和决策支持系统结合而成，在结构上比原来的决策支持系统增加了知识库与推理机。它在管理方面已应用于产品选择、定价、信贷风险顾问、作业计划、仓库管理和成品发运路线的确定等方面。

智能决策支持系统正在为满足系统运行智能化的要求而实现智力放大。管理信息系统的这种发展过程充分体现了人们对系统运行智能化的要求。其中，智能化技术主要体现在以下四个方面。

1. 基于决策模型的智能技术

模型管理是智能决策支持系统的核心部分，也是近年来系统智能化研究中十分活跃的领域。在管理中，模型选择是决策问题求解的重要问题。理想的模型选择仍应采取人工模型选择与自动模型选择相结合的方式。当系统经验不足或知识较少时，人工选模可充分体现决策者的智慧与风格。当系统积累了一定的经验或知识较多时，自动选模可以减轻决策者的负担。模型自动选择的实现需要一个探索的过程，目前正在使用的方法有规则推理方法、人工神经网络方法、机器学习和遗传算法等。

2. 基于知识的智能技术

知识是对信息进行深加工，经过逻辑或非逻辑思维，认识事物的本质而形成的经验和理论。人们获得知识，会形成或改变其对事物的认识，这要比仅仅获得信息更加深刻。在管理领域，信息的不完全性和数据个体的不确定性使数据集中，只有部分数据具有比较明显的规律性，还有一些数据体现出比较弱的规律性或根本不存在规律性，这就决定了隐藏在这些数据中的一些具有一定置信度级别的不确定性知识。近十多年来，在工业、商业等领域的关系数据库中积累和管理着大量的数据。这就产生了一个新的需求，即从海量的数据库中提取有用信息的技术。许多大公司已经开始在某些领域采用一些数据挖掘的工具，从数据仓库的历史数据中挖掘出隐含的、未知的、对决策有潜在价值的知识，用于支持管理决策和营销计划。

3. 基于智能体的智能技术

智能体是一种在特定环境下感知环境后自动工作从而实现预定目标的程序。在管理中，它能对问题进行查询、决策，与其他智能体协作或控制其他智能体的行为。

智能体技术与人工智能技术有所不同。人工智能中的智能主要运用了推理功能，而智能体则能根据环境因素决定下一步要执行的动作。智能体与面向对象技术也有所区别。面向对象技术仅仅实现了对对象内部状态的封装，但并没有封装自己的行为；而智能体则具有完全自治的能力，它不仅封装了内部状态，还封装了行为。

智能体可以具有学习功能，也可以不具有学习功能。新一代的生产力是智能生产力，新一代的生产力系统是人机智能系统。管理信息系统和决策支持系统运行的智能化正是符合新时代多系统发展的迫切要求。

4. 基于物联网的智能技术

物联网（Internet of Things，IoT）被誉为继计算机、互联网和移动通信网之后的“信息产业第三次浪潮”，逐渐受到各国政府、企业和学术界的广泛重视。

物联网是在管理信息系统的基础上发展起来的，需要互联网和传感网传递感知层的数据。

敏锐的感知、广泛的互联互通、有效的智能分析处理是物联网的优势，这些都是互联网无法比拟的。物联网现在已是综合的管理信息系统。物联网在物品上嵌入电子标签、条形码等能够存储物体信息的标识，通过无线网络的方式将其即时信息发送到后台信息处理系统，而各种管理信息系统可互联形成一个庞大的网络从而达到对物品进行实时跟踪、监控等智能化管理的目的。

本章小结

本章首先讲述了管理信息系统的定义、特点、功能及分类，然后分别阐述了管理信息系统的结构、管理信息系统的类型及管理信息系统与其他学科的关系，最后介绍了管理信息系统的发展趋势。其中，在管理信息系统的结构中详细介绍了其概念结构、层次结构、功能结构、综合结构和物理结构。

综合案例

12306 搭载阿里云

2015 年春运火车票售卖量创下历年新高，而铁路系统运营网站 12306 一直正常运行。这是 12306 与阿里云合作的结果。

2015 年春运售票最高峰日出现在 2014 年 12 月 19 日，12306 网站访问量达到破纪录的 297 亿次，平均每秒网站访问量超过 30 万次，当天共发售火车票 956.4 万张。其中，互联网售票 563.9 万张，占比约为 59%，均创历年春运新高。

12306 这次扛住了大规模集中请求的密集轰炸。其具体原因在于 12306 把余票查询系统从自身后台分离出来，在“云上”独立部署了一套余票查询系统。余票查询环节的访问量几乎占 12306 网站访问总量的 90%，这也是往年网站拥堵的主要原因之一。

把高频次、高消耗、低转化的余票查询环节放到云端，而将下单、支付这种“小而轻”的核心业务留在 12306 自己的后台系统上，这样的思路为 12306 减负不少。

高峰时期的 12306 号称世界上最繁忙的网站。一位云计算行业资深人士对记者说，电商网购的订单、球赛门票、演唱会门票和机票等比较类似，自身维度较少，系统处理的难点在于大规模的集中暴发，但火车票不同，一条线路从起点到终点，中途任意站点均可生成一张票，维度的增加带来了复杂度的几何级数增长。独立的云服务机构正在试图从中找到商机，阿里云捷足先登，其自身的云服务已经历过“双 11”购物节考验。“两者的共性：第一是大暴发，第二是都需要弹性计算。”该人士对记者说。这就构成了 12306 搭载阿里云的契机。

借用阿里云内部一个形象的比喻：云计算好比一群小牛拉一架车，车上的货装多了，就多加几头小牛来拉，某头小牛不听话了，就用其他同伴替换它，云计算弹性、灵活、可调度；原来的 IT 架构是一头大牛拉这架车，大牛买来后，能拉多少货是一定的，货突然多了，或大牛生病了，车也就走不动了。

12306 是一个覆盖了全国各个分局系统的庞然大物，这次单把余票查询业务与其他业务在逻辑上进行独立，使用云计算来处理余票查询业务，不需要对整个网站的业务架构做颠覆性改造，这对 12306 来说是可接受的。

一位业内人士对记者说，余票查询是一个相对独立的模块，容易迁移到云端，而且它是高峰时段最吃紧的业务环节，因此，先把余票查询独立出来是顺理成章的。

据记者了解，12306 和阿里云双方的技术团队在一起沟通了已有 1 年时间，至于今后在技术（支付环节等）和业务层面（火车票能否在淘宝网上购买等）上是否还会有更进一步的合作，阿里云内部人士并未向记者透露。

业内人士猜测：12306 和阿里云的合作只是第一步，毕竟已运转多年的 12306 系统不是在云计算上原生的架构，有很多细节还不适应云计算平台。而阿里云提供的是一整套解决方案，未来像数据库、安全防御等领域也可能会与阿里云合作。

在 12306 之前，类似政府层面的系统“上云”已有不少案例。例如，2014 年 11 月，运行在阿里云上的“中国药品电子监管网”通过了信息安全等级保护三级测评。这是全国首例部署在“云端”的部委级应用系统。

上海交通大学安泰管理学院教授王理平称，云计算是在一个远远高于原来规模的数量级上配置IT资源的，展示了IT资源云计算方式整体配置的巨大应用潜力。对于许多在局部IT资源配置下不能完成的难题，我们在云计算时代都将一一克服。

在眼下这轮去IOE（IT系统，摆脱对IBM的小型机、Oracle数据库、EMC存储这一“黄金三角”的过度依赖，转而用弹性计算方式满足IT需求）、推行国产化系统的顶层设计声势下，工业和信息化部针对云计算的“十三五”规划已经启动，政府采购云服务方案近期有望试点。在试点推进的过程中，未来政府机关将逐步降低对国外厂商的依赖，提高本土企业的市场占有率。

可以说，中国庞大的用户群是云计算的最佳检验工具。之前有专家表示，美国的云计算系统移植到中国不一定成功，但能在中国运行的云计算系统推广到全球，一定会成功。

案例思考题

1. 案例中12306系统是哪种类型的管理信息系统？
2. 我们身边还有哪些管理信息系统？

复习思考题

1. 试比较管理信息系统几个定义的不同之处。
2. 简述管理信息系统的组成。为什么说人是管理信息系统的主导？
3. 简述管理信息系统的特点与功能。
4. 简述管理信息系统的学科特点。
5. 管理信息系统的结构是如何划分的？
6. 简述管理信息系统的发展阶段。
7. 管理信息系统有哪些发展趋势？
8. 云计算在管理信息系统中的应用表现在哪些方面？
9. 管理信息系统智能化技术分为哪几种？

第2章 管理信息系统的理论基础

学习目标

了解信息、系统、管理与管理信息系统学科之间的关系；掌握信息的定义、属性及其度量；理解信息资源及信息资源管理的定义；了解信息化和企业信息化的概念和意义；掌握系统的定义、特性及其分类；掌握信息系统的定义、功能、类型及发展阶段；掌握管理的基础知识；理解管理信息系统对管理的意义和作用。

内容提要

1. 信息、信息资源及企业信息化
2. 系统与信息系统
3. 管理与管理信息系统

2.1 信息、信息资源及企业信息化

2.1.1 信息

当今时代信息无处不在、无时不有。信息在现代经济生活中的作用越来越大，已经成为市场竞争的重要手段。对于企业来说，信息就是企业的生命力。缺乏信息，即使有了资金、物资和能源，办企业也十分困难。信息同物质和能源一起被称为人类社会生产与生活不可缺少的三大资源。

1. 信息的含义

（1）数据、信息的概念

数据是可以记录、通信和能识别的符号，它能表达客观事物的性质、形态、数量特征，如文字、数字、图形、声音等。数据本身不能确切地给出具体意义。

一般常见的数据类型：

数值型数据，用数字表示；

字符型数据，用字母和其他字符来表示；

图表数据，用图形和图片表示；

音频数据，用声音或音调表示；

视频数据，用动画或图片表示。

当原始事实按照具有一定意义的方式组织和安排在一起时，它就成了信息，信息是按一定的规则组织在一起的数据的集合，是对数据进行处理而产生的。这种组织规则和方式具有超出数据本身以外的额外价值。

信息是经过加工处理的具有一定意义的有价值的数据。

数据是信息的素材，是信息的载体。数据和信息既有区别又可相互转换，它们之间的关系是相对的，如图 2-1 所示。某一系统的信息可能成为另一系统的数据，这些数据经过加工成为新的信息。例如，一个客户的订货单，对销售部门来说，它是信息，但对库存管理来说，它是数据；当销售部门在计算销售额和销售量时，这个订货单则是数据了。天气预报，从卫星上传下来的关于大气变化的数字、图形等称为数据，而分析这些数据所反映的天气情况则为信息。

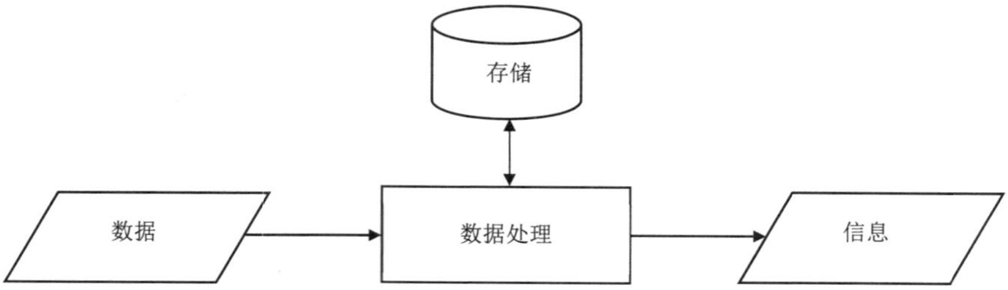

图 2-1　数据与信息转换

数据代表真实世界的简单的客观事实，除它本身以外没有什么价值。就数据与信息的关系而言，Ralph M.Stair 等所著《信息系统原理》一书给出一个绝好的比喻（见图 2-2）。我们可以将数据比作一块块木头，除了作为一个单独的物体而言，木头本身没有什么价值。如果在各个木头之间定义了相互的关系，按一定的规则将它们组织在一起，它们就具有了价值。

例如，将木头以图 2-2（a）的方式堆积在一起，它就可以被用来作为一个台阶使用，也可以做成一个如图 2-2（b）的结构，作为某种物体的一种基座支撑。信息就是这些定义了关系的木头。

规则和关系能够将数据组织起来，成为有用的、有价值的信息。信息的类型视数据间所定义的关系而定。增加新的或不同的数据，意味着可以更新所定义的关系或规则，从而生成新的信息。这就是数据处理和信息加工。例如，若再添加几个钉子，就可以制作一部梯子，如图 2-2（c）所示。这大大提高了以木头为原料的最终产品的价值，梯子可以比台阶登得更高。同样，我们的决策者可以依据销售额的时间序列数据，建立企业产品的市场需求函数模型，不仅能看到市场需求规律，还能做出产品的市场需求预测，如果再增加一些居民的收入数据，从所构建的模型中还可以得到更有价值的消费者偏好信息。

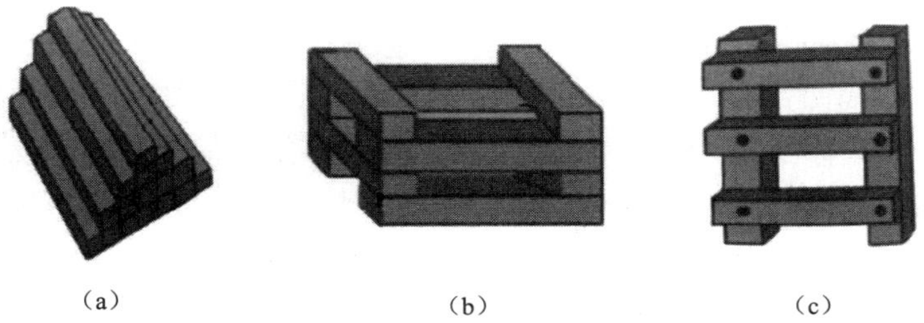

图 2-2　数据和信息的关系

我们认为，信息是从记录客观事物的运动状态和运动方式的数据中提取出来的，对人们的决策提供帮助的一种特定形式的数据。

物质、信息、能量三者构成丰富多彩的世界。对应构成世界的三种基本资源，还有三大基本定律：物质不灭定律、能量守恒定律和信息不对称定律。正是因为大千世界存在着人与人之间的信息不对称，人们为了避免自己因信息不完全、不准确而造成的生产率低下和决策失误，才大量开发、采用管理信息系统，从而使作业效率提高、决策正确。

（2）信息的特征

所谓信息的特征，就是指信息区别于其他事物的本质属性。信息的基本特征有以下几点：

① 信息具有普遍性、客观性、主观性。

信息是事物运动状态和方式的反映，它所表征的、传送的是关于某一客观系统、某一事物中的某一方面的属性。运动的绝对性表明信息是普遍存在的，这是信息的普遍性特征。只要有物质存在，就会有信息存在，这是不以人的意志为转移的。

信息是客观事物的反映，反映是以客观存在为前提的，即使是主观信息，如决策、指令等，也有它的客观内容。这对信息提出了最低的要求，就是信息所反映的内容要符合客观实际，即准确、真实，这是信息的客观性特征，也是正确认识客观事物对人们提出的最基本的要求。

然而，信息同时还具有主观性特征，信息是人们认识的来源，又是认识的结果，认识的过程实质上又是信息分析与处理的过程。如果只强调信息的客观性，面对汹涌的信息浪潮，就会茫然不知所措、不得要领。我们可以从各种不同角度、不同方面对信息进行分析探讨，但不分主次地谈论信息，是没有实际意义的。现实中，对信息的评价和处理等，是由人们所要达到的目的来确定的。

② 信息具有整体性、层次性、不完全性。

信息的整体性又称为系统性。作为客观事物的属性，信息是多方面的、相互补充的。信息只有在作为表达客观系统的完整描述中的一个环节时，才有意义。零碎的、片段的信息不仅没有价值，而且会造成误导，无益而有害。用系统的观点考察信息、收集信息、整合信息，将那些零碎的、片段的、零散的信息集成后，形成对客观事物的完整概念时，它们的作用才真正得以发挥。

信息的层次性是系统层次性的反映。系统、决策、管理、控制等都涉及层次问题。例如，组织机构的管理层次可分为：战略管理层——为组织确定战略计划和目标；策略管理层——负责设计实现战略计划的方式或策略；操作管理层——处理日常操作的管理层。相应地，各层次的管理有各自的信息需求，有战略信息、策略信息、操作规范信息，它们就像一个金字塔（见图 2-3），自下而上，信息的价值越来越大。实践中，只有合理地确定了信息的层次，才能正确地确定信息需求的范围、信息的处理方法，建立既相互区别又相互联系，具有不同结构与功能的信息系统，来有效地完成相应的工作。

从认识论角度来看，信息的层次性还体现在语法、语义、语用三个方面。语法信息是认识过程的第一个层次，只是事物形式上的单纯描述，只表述事物的现象而不深入揭示事物发展的内涵和意义，涉及符号、数据、编码系统，是信息传输中所关心的问题。语义信息是认识过程的第二个层次，是认知主体所感知或所表述的事物存在方式和运动状态的逻辑含义，揭示了事物发展的内涵及其意义，是信息检索要考虑的问题。语用信息是认知过程中的最高层次，是认知主体所感知或所表述的事物存在方式和运动状态相对于某种目的所具有的效果和作用，是信息管理所关注的信息层次。语法信息、语义信息、语用信息这三者综合在一起就构成了认识论上的全部信息，即全信息。

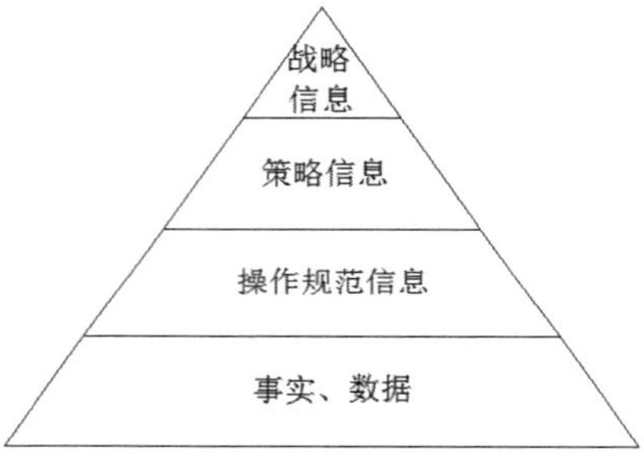

图 2-3　组织的信息需求层次

信息的不完全性是指客观事物的信息是不可能全部得到的。客观事物的复杂性和动态性决定了信息的无限性，我们知道信息的获取是与人们认识事物的程度有关的，人们认识事物本身的局限性导致信息总是不完全的，所以在信息处理工作中，信息的完整性是相对的，信息的不完全性是绝对的。

③ 信息具有动态性、时效性。

人们获取信息的目的在于利用信息服务于管理与支持决策，但信息的内容及效用会随时间的推移而改变，这是信息的动态性特征，它表现为信息在信源、信道（媒介）、信宿之间的循环过程。客观事物本身在不断运动变化，信息也在不断发展更新，及时把握有效的信息将获得信息的最佳价值。事前的预测、及时的反馈对主体的决策能产生直接的影响，而使用滞后的信息就会降低效率甚至对工作造成危害。

因此，在获取和利用信息时，必须树立信息具有时效性的观念，注重时间这个因素对于信息“寿命”的影响。时间可以使信息部分地或完全失去效用，成为“过时的”或“老化的”信息。

例如，关于某学科的基础知识可能会使你受益终生，它的老化速度相对慢一些，而商业信息的老化速度则比较快，但完全过时仍要经过一段较长的时间。历史数据中的信息是累积信息，其中有过时的部分，也有有效的部分。

④ 信息具有依存性、可传递性、可共享性。

信息本身是看不见、摸不着的，它必须依存于某种载体（如声波、纸张、磁性材料、网络等）才能存在和传递。信息离开语言、文字、图像、符号等记录手段便不能存在。但同一信息可以使用不同的载体、不同的记录手段而不影响其性质和功能，这说明信息依附于载体而存在，又独立于载体之外。信息可以通过多种渠道、采用多种方式进行传递，比如口头交流、通信、电话等个人传递方式，以及电台、电视、报纸、互联网等大众传播方式。每一个信息的接收者都可以成为一个新的"信息中心"，向其周围的次级信宿发布信息，形成信息传递的指数增长效应。信息交换的双方不会失去原有的信息，而且还会增加新的信息。信息的可传递性特征使信息能够突破时间和空间上的限制，促进信息的开发和利用。同时，信息内容可以供多人同时使用，这是信息的可共享性特征。

⑤ 信息具有可生产性、经济性。

信息是一种经济资源，并具有影响力。市场经济的不确定性、科学研究乃至日常生活的决策等，均对信息资源产生迫切的需求。通常，信息是零散的、分散的、无规则的，不进行信息的处理加工，就无法进行信息的存储、检索、传递和应用，更无法满足人们的信息需求。信息的生产性就体现在信息的加工处理上。信息可以被分析或综合、扩充或浓缩，可以从一种形式变换成另一种形式。信息的获取、生产与利用都是需要支付费用的，是有成本的。与信息的生产成本相比，信息的传递成本要低得多，这种高固定成本、低传播成本的成本结构，为信息产品的生产交流带来了许多与物质商品不同的特征，需要加以注意。信息可以作为产品被消费、作为商品被出售或作为资本进行投资，能够给人们带来使用价值和价值，但信息的价值和使用价值会因人而异，面对同一事物客体，不同的人会有不同的感受，取得不同的使用价值。由于人的知识素质与思维方法的不同，以及理解处理问题的能力的不同，同一信息将产生不同的价值。在 20 世纪 50 年代中期，美、英两国的皮鞋厂各派推销员到太平洋某岛屿开辟新的市场。当发现当地无人穿鞋时，英国推销员的反应是该地无人穿鞋，没有市场；美国推销员则深究其不穿鞋的原因，发现该岛地处热带雨林，普通鞋不防潮、不透气，从而得到"此地没有合适的鞋可穿，是最具潜力的市场"的信息。改进的美国鞋销售十分成功，获利巨大。而那家英国鞋厂一年后倒闭。信息的价值在此得到了充分体现。

2. 信息的类型

信息的外延特征就是信息的各种类型，是对信息概念进一步的形象化认识。按不同的分类标准，信息可以划分为不同的类型。如图 2-4 所示是信息的两分分类图，这一分类方法对我们从总体上理解信息的类型是有益的，世界上确实存在着我们理解不了也无法描述的现象。

根据我们的专业与教学目的，按以下标准进行的几种分类是值得我们注意的。不同级次的信息有不同的价值，不同形式的信息有不同的管理开发方式，不同内容的信息有不同的目的，同时它们又是相互联系、相辅相成的。

- 信息
  - 社会的
    - 语义的
      - 科学的
      - 非科学的
    - 非语义的
  - 非社会的(自然的)

图 2-4　信息的两分分类图

（1）按信息产生的先后或加工深度划分

① 一次信息。

一次信息是客观事件的第一记录，即现实中所发生事件的原始记录。它可能来自政府的调查与评论、新闻报道与广播、公共机构的内部信息源、营利性公司的市场调查等。政府的决议或专家的报告，一段出自某个人心得的直接引语，由收音机、电视机或其他视听系统记录的一次谈话、图片都是一次信息。一次信息可能是图片、图解或数字形式的，也可由表格、清单、公式等组成。一次信息是大量的、零星的、分散的、无规则的，在存储、检索、传递和应用方面存在困难，依据人们的能力和需求，其质量与价值有多重表现。为了更有效地利用信息，需要对其进行加工处理形成二次信息、三次信息。

② 二次信息。

对一次信息加工处理后得到的信息就成了二次信息。典型的二次信息是文摘期刊、文摘报、索引期刊和简报等，这种信息已呈现有序的、有规则的特征。文摘或摘要提供一个主题的清晰轮廓，它是简要地把事实压缩成关键概念的信息，并清除或减少无关概念。索引是将一类相关的主题以标题或关键字的形式提供给使用者，通过它，人们可以方便地检索到所需要的内容。经过加工后的二次信息易于存储、检索、传递和使用，有较高的使用价值。例如，《世界经理人文摘》《管理科学文摘》《经济参考报》等提供了大量的二次信息。

随着计算机技术与互联网技术的应用和普及，网上信息是信息管理与信息开发者的重要信息来源，像百度、搜狐等门户网站都提供了丰富的经过加工处理的信息及其索引服务，其中大量的信息均是经过多次处理与加工的结果，属二次以上级次的信息。

③ 三次信息。

三次信息是系统地组织、压缩和分析一次信息和二次信息的结果，是通过二次信息提供的线索对某一范围的一次信息和二次信息进行分析、综合研究、核算加工所生成的信息，是人们深入研究的结晶。三次信息包括综述、专题报告、词典、年鉴等。

（2）按信息的表现形式划分

① 文献型信息。文献型信息主要包括各种研究报告、论文、资料、刊物、书籍、汇编，以及它们的二次文献（如索引、目录）、三次文献（如综合评述、评论等）。文献型信息的特点是以文字为主，有明确的专业或学术领域，可以通过编目、分类等进行整序处理生成二次文献，还可根据具体的研究需要进行二次加工形成专题研究报告等三次文献。

② 档案型信息。档案型信息同文献型信息有很多相同之处，以文字为主，内容结构比较清晰。主要不同之处是档案型信息主要反映历史的事实和演变过程，是“事后”的，经

过整理、筛选的文献。它的生命周期相对来说较长、较稳定，按时间序列贯穿始终。档案型信息包括行政、技术、财务、人事等各方面内容。但档案法规定在工作中继续使用的、未经整理归档的资料不算档案。

③ 统计型信息。这是信息管理工作者接触的最重要的一类信息。统计型信息是数字信息的集合，是反映大量现象的特征和规律的数字资料，包括以数据为基础的情况分析、趋势分析等内容。以数据、图表为主要表现形式是统计型信息区别于其他类型信息的主要特点。

④ 图像型信息。图像处理技术是当今信息技术的重要领域。数字化信息技术的发展，使图像信息成为信息管理的一种重要类型。照片、电影、遥测遥感图像、电视、录像等图像信息所传递的信息量远远大于文字所传递的信息量，是一种十分有效的记录信息的方式，其管理的方式需要适应图像信息的特点。

⑤ 动态型信息。动态型信息主要是行情、商情、战况等瞬息万变情况的反映，它的特点是生命周期很短，强调时效性，需要进行积累加工，才能产生有价值的信息。动态信息的收集、加工、存储和传递都与其他类型的信息不同，对接受主体的要求很高。人们需要丰富的知识和分析能力，才能利用和判别动态信息。

（3）按信息记录内容与使用领域划分

① 经济信息。经济信息是在经济活动过程中形成的，在生产、流通、分配的各种经济活动中，必然伴随着大量经济信息的收集、处理和利用。在原始的物物交换中，经济信息还只是隐含在各种具体商品中。随着经济生活的发展，经济信息逐渐脱离了其具体载体，成为抽象的一般等价物。首先是货币，然后是各种有价证券，最后是现代的电子货币。在各种经济管理与经济活动中，还有繁多的其他形式的经济信息，国家经济政策法规信息、新技术开发与应用信息、生产经营信息、劳动人事信息、商业贸易信息、金融投资信息、市场需求信息等都是经济信息。

② 管理信息。管理信息是指各行业管理与决策活动所需要的信息，如人事、工资、计划、财务、统计、经济和政治等多方面的内容和外部信息。经济与管理是“孪生兄弟”，有明确目的的管理活动，离不开诸如经济信息等多方面的相关信息。

③ 科技信息。人类的科学研究积累了大量的信息，包括各种理论、学说、发明、专利，以及大量的资料数据，与科学、技术等有关的信息称为科技信息。从内容性质上看有两部分，一部分是科学技术成果与科研方法等知识内容，另一部分是科学研究计划管理等工作活动的内容。科技信息较多地使用各种形式的文献，如通过报刊、电视网络等媒介传递。知识经济时代，科学技术构成经济发展的重要因素，经济分析离不开科技信息。广义上讲，科技信息是信息的子集。

④ 政务信息。政府机关活动产生的信息，如方针政策、法规条例、政府决议、公报条约、国际往来、社会状况及日常活动等。政务信息多以文件形式传播。政务活动对人类的其他活动都有影响，经济管理决策离不开政务信息，这是信息管理与信息开发人员不容忽视的事实。

⑤ 文教信息。文化是个含义广泛的行业，包括人类创造的物质文明和精神文明的总和。

这里指教育、体育、文学、艺术等有关信息。教育是产业，体育是产业，文学和艺术更是产业，知识产业是今天的热门话题，是经济发展的有生力量。

⑥ 军事信息。国防、战争等与军事活动有关的信息，如国防与军队的现代化建设、战略战术研究、武器发展研制、部队管理及作战等有关的信息。总之，不管我们如何对信息进行分类，目的只是便于加强对信息的管理，各种类型的信息是相互交融、相互关联的。工作中，应把握住信息的特征，尤其是信息的整体性特征，用系统思想指导我们的信息管理工作。

3. 信息的度量

我们常使用信息量这个词汇来说明数据资料包含信息（知识）的多少，实际上信息量的多少是由消除某事物“不确定程度”来决定的，在得到资料之前，对事物认识模糊不清，即存在着不确定性；获得资料后，这种不确定性可能大为减少。那么如何度量信息量呢？可以用概率度量信息量。

例如，甲到有1000人的学校找乙，甲可能要寻找到第1000个人才能找到乙；如果传达室告诉甲，乙是经济管理学院的，经济管理学院有100人，甲获得的信息为1/10，不确定性空间缩小到原来的1/10。如果用1/10的负常用对数来表示，可以表示为$-\lg(1/10)=\lg 10$。如果经济管理学院的人告诉甲，乙是管理科学与工程系的，管理科学与工程系有10人，则第二个信息的不确定性又缩小到原来的$(100/1000)\times(10/100)=10/1000$，即$-\lg(100/1000)+[-\lg(10/100)]=-\lg(10/1000)$。

不确定性缩小了，获得的信息量总是正的；不确定性无变化，$-\lg 1=0$，信息量为零；不确定性范围扩大，信息量变为负值，对事物的认识就变得更模糊了。

信息量的度量单位为比特（bit）。比特的信息量是指含有两个独立均等概率事件所具有的不确定性能被全部消除所需的信息。其公式如下。

$$H(x)=-\sum P(x_i)\lg 2P[(x_i)] \qquad i=1，2，3，\ldots，n$$

其中，x_i为第i个状态，$P(x_i)$为出现第i个状态的概率，$H(x)$就是消除这个系统不确定性所需的信息量。

例如，硬币下落可能有正反两种状态，出现这两种状态的概率都是0.5，这时消除硬币下落正反两种状态不确定性所需的信息量为

$H(x)=-\{P(x_1)\lg[2P(x_1)]+P(x_2)\lg[2P(x_2)]\}=-(-0.5-0.5)=1$ 比特，也可以计算出均匀正六面体骰子的$H(x)$为2.6比特。

计算信息量的公式与热力学第二定律中熵的公式相似。从分子运动学的观点看，在无外界干预的情况下，一个系统总是从有序到无序的方向发展的，这时系统的熵总是在增加的，熵是系统无序状态（不确定性）的量度。信息量和熵所反映的系统运动过程和方向相反，信息量增加，表明系统不确定性减少，有序化程度增加。信息量可看作负熵，信息量越大，负熵越大。所以，信息是任何一个系统组织性和复杂性的度量，是有序化程度的标志。

2.1.2　信息资源

1. 信息是一种资源

在人类社会中，一切活动都离不开信息。信息很早就存在于客观世界中，不过人们首先认识了物质，在工业化以后认识了能量，后来才逐渐认识到客观世界除物质、能量外，还存在着另一个要素——信息。信息具有实用价值，能够满足人们某些方面的需求，可以用于为社会服务。确认信息为一种独立的资源还是近年来的事。近年来，信息继物质、能量之后日益被人们重视，并通过开发和利用而成为重要的资源。作为资源，物质为人们提供着各式各样的材料，能量则提供各式各样的动力，信息向人类提供无穷无尽的知识。如果说物质、能量是硬资源，那么信息就是一种软资源。

从根本上说，物质、能量和信息是人类社会资源的三大支柱。物质、能量和信息“三位一体”，相辅相成，缺一不可。美国哈佛大学的研究小组给出了著名的资源三角形，如图 2-5 所示。

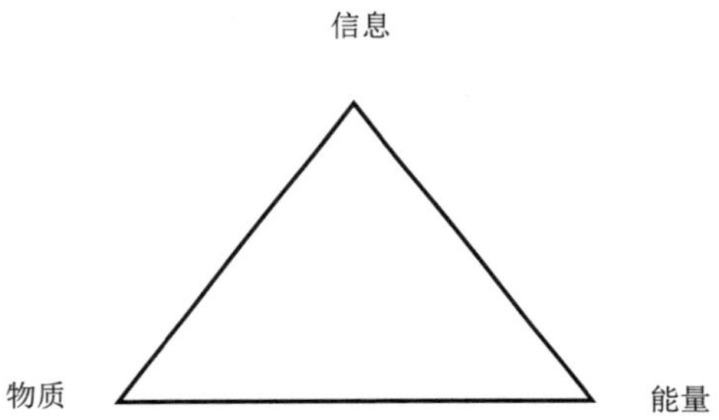

图 2-5　资源三角形

他们认为，没有物质，什么也不存在；没有能量，什么也不会发生；没有信息，任何事物都没有意义。

信息、物质、能量三大资源在不同的社会所发挥的作用是不同的，如图 2-6 所示。在生产力不发达的农业社会和早期工业社会，人们活动范围小、节奏慢，对资源的获取与利用，主要集中在土地、材料等物质资源方面，信息的获取和利用主要靠手工、凭经验，信息活动在社会经济活动中不占主导地位。工业革命凸显了能量资源的作用。随着新技术革命和社会经济的快速发展，人类社会活动的深度和广度不断增加，各项活动涉及的信息量也在急剧增长。信息资源发挥的作用、创造的财富在当前信息社会已跃居首位。如果说工业革命使人类在生产过程中利用物质和能量这两种资源上取得了巨大成功，那么计算机技术和通信技术的结合，使信息资源的开发利用走上了高效率、多样化的道路。

与其他资源相比，信息资源具有特别重要的意义。这种意义在于信息资源是人们借以对其他资源进行有效管理的工具，无论是物质资源还是能量资源，其开发和利用都依赖于信息的支持。当今世界已被视为信息世界，人类社会已经进入信息社会，信息不但成了现代管理的基本要素和重要手段，而且正在作为生产力的关键因素和社会发展的战略资源发挥着日益重要的作用。

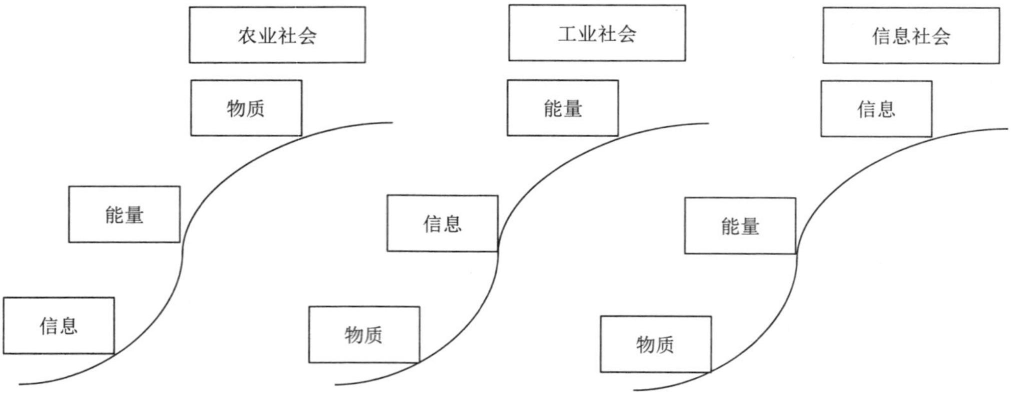

图 2-6　不同社会三大资源的作用

2. 信息资源的概念

信息资源与自然资源不同，信息资源是人工生成的资源。没有信息的生产者就没有信息。信息的开发与利用还要借助于信息技术。因此，信息资源的三要素为信息本身、信息生产者和信息技术。根据信息资源三要素重要性的不同，信息资源的定义有狭义和广义之分。

狭义的信息资源是指人类社会经济活动中经过加工处理有序化并经大量积累后的有用信息集合，如科技信息、政策法规、市场信息和金融信息等。从信息资源的三要素来看，狭义的信息资源只强调信息本身。广义的信息资源不仅包括信息，还包括信息生产者——人，以及信息技术和信息设备。

狭义的信息资源定义强调了信息资源的核心和本质。信息之所以能成为资源，并受到人们的青睐，是因为信息内容本身能够消除经济活动中的不确定性，帮助人们正确决策，从而减少经济活动中的物质和能量的损耗，降低成本。广义的信息资源定义指出，信息价值的实现离不开信息生产者、信息技术和信息设备等其他相关资源的配合。人们只有从系统的角度出发，将各种信息活动要素按照一定的规则加以配置并组成一个有机的信息系统，才能实现信息要素的价值，才能使信息资源得到更好的开发与利用。

对于国家和企业来说，信息资源都是十分重要的。

一个国家综合国力的提高与信息资源开发、利用的程度密切相关。越是发达的国家，通常越重视信息，因为信息是促进社会、经济和科学技术发展的一项重要资源。充分开发信息资源、科学管理信息资源和有效利用信息资源是国家信息化建设的主要内容，也是提高社会生产力、促进经济发展和推动社会进步的重要保障。信息产业越来越成为整个经济结构的基础产业，信息活动对经济增长的贡献也越来越大。

企业的竞争力是由众多因素决定的，其中信息是极重要的因素。在传统的企业管理理论中，学者们曾提出人力、财力、物力、技术和机器是企业的五种资源，管理就是对这五种资源的管理。但是，在现代企业中，信息已经与人力、财力和物力等资源一样成为企业的一种资源。在一些经济发达国家，人们甚至把信息看作决定企业兴衰存亡的生命线。企业忽视了对信息的管理，就不能提高效率，就难以保持企业的竞争力，难以提供良好的产品和服务，也就谈不上现代化管理。

3. 信息资源管理

信息资源管理（Information Resources Management，IRM）是指对人类社会信息活动的各种因素进行计划、组织、控制和协调，以实现信息资源的合理开发与有效利用。“信息资源管理”一词最早出现于 20 世纪 70 年代末到 80 年代初的政府部门，随后迅速扩展到了工商企业和科研机构。信息资源管理在企业领域更多地体现了信息资源管理的经济特征。信息资源管理在企业管理领域继续发展，其规模之大，影响之深，远远超过了在政府部门的相关管理活动。

信息资源管理的核心是整合，即在兼顾信息资源配置与管理的条件下，对分散的、异构的信息资源实现无缝整合，并在新的信息交换与共享平台上开发应用，实现信息资源的最大增值。通常认为，信息资源管理由信息源、信息服务和信息系统三个部分组成，其组成架构如图 2-7 所示。信息服务位于三角形的顶端，表明信息资源管理的目的是提供信息服务。收集信息资源、建立信息系统都是为了实现信息服务的目标。信息源代表信息资源的来源；信息系统是进行信息处理的方法和工具，用于实现信息的有序化。

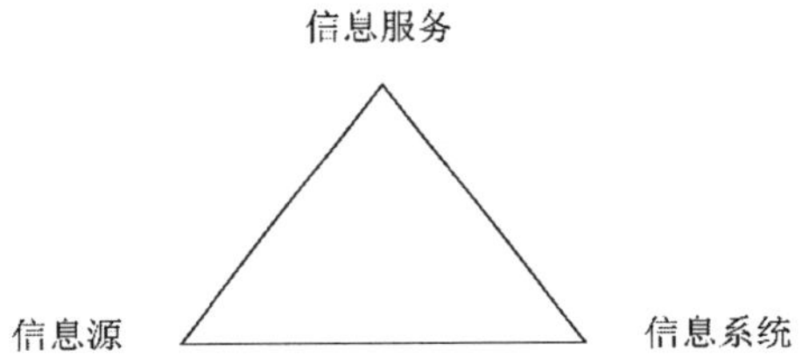

图 2-7　信息资源管理的组成架构

2.1.3　企业信息化

1. 信息化与企业信息化的定义

信息化是由工业社会向信息社会演化的动态过程，反映了从有形的物质产品起主导作用的社会到无形的信息产品起主导作用的社会的转型。在此过程中，整个社会通过普遍地采用信息技术和信息设备，更有效地开发信息资源，使信息资源创造的价值在国民生产总值中的比例逐步上升。信息化加快了世界范围内的产业结构调整和升级，加速了经济全球化的进程，有力地推动了经济增长，提高就业率，降低通货膨胀率。信息化水平已成为衡量一个国家或地区现代化水平和综合实力的重要标志。

企业信息化是指企业利用现代信息技术，通过对信息资源的深入开发和广泛利用，使企业资源合理配置，不断提高企业生产、经营、管理、决策的效率和水平，进而提高企业经济效益和企业市场竞争力的过程。

2. 企业信息化的内涵

（1）以信息技术为基础

从某种角度来说，企业信息化就是信息技术的广泛应用过程。从 20 世纪 50 年代到 90 年代，企业信息化大致经历了三个阶段。第一阶段（20 世纪 50 年代到 60 年代）：以计算机技术为基础的各种信息技术应用系统。第二阶段（20 世纪 70 年代到 80 年代）：产生了全面生产作业管理信息化系统和企业制造资源计划等。第三阶段（20 世纪 90 年代至今）：随着计算机技术和通信技术的飞速发展，经济全球化的出现，信息资源越来越重要，单纯的信息设备和信息技术的应用已经不能满足企业的需要，企业需要的是对信息资源的整合、开发和利用，因而产生了 ERP 以及客户关系管理、供应链管理、电子商务等。

（2）以信息资源开发为核心

信息资源是企业最重要的资源之一，开发信息资源既是企业信息化的出发点，又是企业信息化的归宿，在企业信息化体系中处于核心地位。许多企业已经认识到，未来的竞争是人才的竞争，是信息（知识）资源创造、扩散和使用效能的竞争，信息资源战略成为企业超常规发展的机会。

（3）信息化涵盖企业经营活动的所有方面

从企业信息化的内容看，它包括产品信息化、生产信息化、管理信息化、市场经营信息化。除了涵盖上述经营活动的全过程，企业信息化还引起了企业组织结构、企业文化和企业经营理念的巨大变革。

（4）信息化的目的是增强企业核心竞争力

信息技术对企业生产、管理和组织结构等具有很强的渗透力，通过形成差异产品或服务、改变竞争方式、扩大竞争领域、减少交易成本、促进产品和技术创新、提高管理效率、增强抗风险能力等，可以大大提高企业竞争力。

（5）企业信息化是一个过程

企业信息化发展的速度取决于两个因素。一个是随着企业业务的发展而发展，而信息系统的发展，企业信息化水平的提高反过来又促进企业业务的发展。另一个是随着员工对数字化工具使用水平的提高而提高。企业信息化同时也是一个学习的过程。企业信息化是随着企业发展而逐渐深入的，其发展过程呈现出螺旋式上升趋势，如图 2-8 所示。

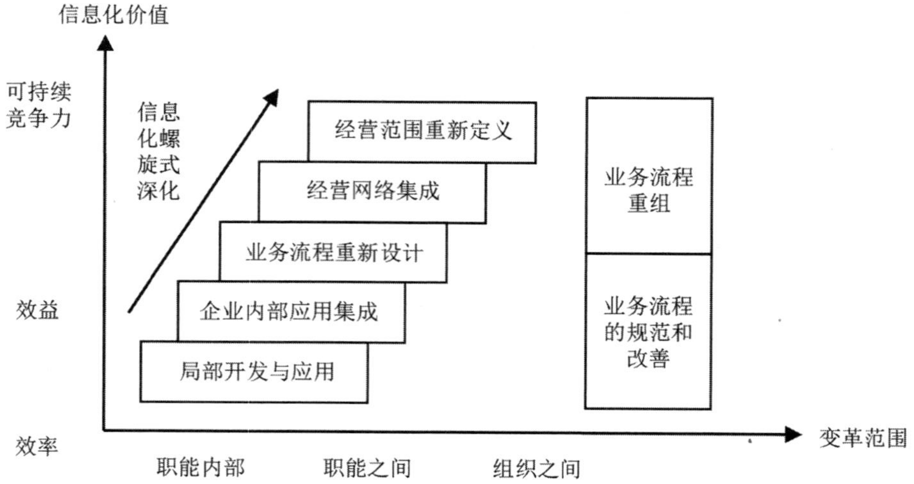

图 2-8　企业信息化螺旋式深化发展过程

通过图 2-8 可见，企业信息化是一个复杂的概念，它涉及企业生产、运营、管理、营销等各个方面的内容，需要企业给予高度重视。同时，企业信息化也是一个新生事物，没有太多的经验可以去借鉴，需要摸着石头过河，需要在实践中依据自身企业的实际情况不断总结经验和教训。

3. 企业信息化的内容

企业信息化涉及企业经营活动的全过程，不同性质和类型的企业，其信息化的过程所包含的内容可能会存在一些差异。以制造企业为例，其信息化的内容主要包括生产过程信息化、流通过程信息化、管理决策信息化和组织结构信息化四个方面。

（1）生产过程信息化

生产过程信息化即形成以产品创新为核心、技术创新为动力的企业自动化生产信息运作系统，实现物质生产过程的优化和诸生产要素高效利用集成，主要具体体现：产品设计自动化、生产过程自动化、设备智能化。

（2）流通过程信息化

流通过程信息化主要就是建立能够迅速响应外部市场变化的企业营销信息化系统，形成以市场应用为核心、市场创新为动力，企业内外部相互沟通的市场信息体系，不断利用和整合这些有用的数据和信息，创造更多的市场机会，从而提高企业的竞争优势。具体来讲，主要体现在以下几个方面：第一，形成及时搜集、处理、反馈原材料市场变化信息，保证原材料、能源供应渠道畅通，使采购工作有效进行的网络体系；第二，形成及时向外传播本企业产品市场销售信息及相关市场信息，保证产品销售渠道畅通和销售工作有效进行的网络体系；第三，建立本企业产品售后服务和有关技术服务信息网络。

（3）管理决策信息化

任何活动的开展都需要大量的数据和信息进行决策。如果企业能够引入管理信息系统，便能够为企业的管理决策的过程提供及时、全面、准确的数据和信息，提高企业的各项经营活动的效率。

（4）组织结构信息化

随着企业外部经营环境越来越复杂，企业需要利用信息化的技术和手段，改变企业的组织结构模式和运作机制，使得企业的组织结构更加灵活、柔性、扁平化，能够实现信息迅速传递、决策准确及时，充分调动人员的积极性，提高管理效率，从而提高企业的适应能力和竞争力。

4. 企业信息化的意义

信息化对国民经济的推动主要表现在管理、科学技术、计算和生产控制等领域大力应用信息技术，其中又以管理领域应用信息技术最为突出。管理领域应用信息技术已发展成为专门的“管理信息系统”。在信息化推进阶段，生产资料、生产工具和劳动对象都在发生质的变化，信息技术成为生产工具，作为劳动对象的信息资源则成为经济和社会发展的主要战略资源。

企业信息化是企业现代化的一个重要标志。当今世界正处在由工业社会向信息社会转变的时期，信息化是企业现代化的重要内容和实现手段。

企业信息化能够加快国家经济发展，增强国家的综合实力，实现企业全部生产经营活动的运营自动化、管理网络化和决策智能化，还可以增强企业间的技术流通，总体提升整个行业的技术水平。企业信息化有利于增强企业的核心竞争力，提高企业的管理水平，实现管理的规范化。企业信息化可以提高设计效率，缩短设计周期，降低企业的库存，节约资金和生产材料，并可及时地获取客户需求，实现按订单生产。企业信息化可以保证信息流和资金流畅通。

2.2　系统与信息系统

2.2.1　系统的定义与特性

系统的概念，人们并不陌生。我们经常说到各种系统，诸如农业灌溉系统，人体的消化系统、呼吸系统，计算机操作系统、数据库管理系统，教育系统等。我们无时无刻不与一定的系统相接触，也无时无刻不处于一定的系统之中。透过这些系统的具体形式，我们可以归纳出系统的一般概念。

系统是由若干元素（如组织中的人力、设备、资金、信息等）为达到某种特定目标，遵循某种法则组合而成的一个整体。

下面以汽车自动清洗系统为例进行说明。

这个系统的输入包括一辆脏的汽车，水，清洗剂，时间，人的精力、技能和知识。需要时间、精力和技能来操作系统，需要知识来确定系统运行的步骤及先后次序。

系统的处理机制包括客户首先选择需要的服务项目（清洗、清洗打蜡、干燥等）并将选择告诉汽车清洗操作员，操作员操作系统，系统按程序负责清洗汽车。

系统的反馈、控制机制是“对汽车干净程度的判断”。

系统的输出是一辆干净的汽车。

从案例系统的结构，可以把系统分成五个基本要素：输入、处理、输出、反馈和控制。其结构如图 2-9 所示。

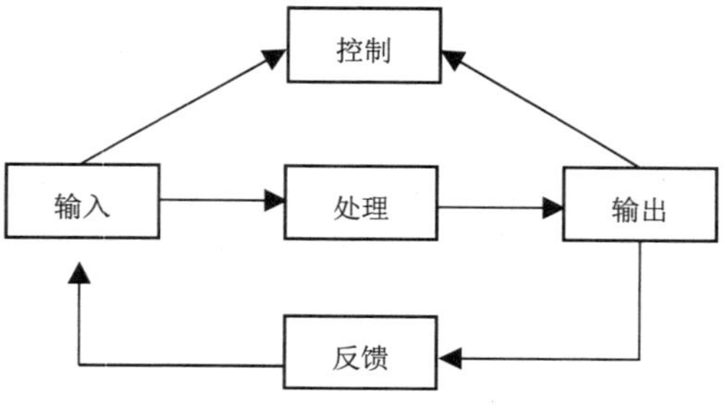

图 2-9　系统的组成

这个系统有下列特点。第一，系统是由部件组成的，部件处于运动状态。第二，部件之间存在着联系。第三，系统行为的输出也就是对目标的贡献，系统各部分和的贡献大于各部分贡献之和，即系统的观点 1+1＞2。第四，系统的状态是可以转换的，在某些情况下系统输入和输出的转换是可以控制的。

根据上述系统的介绍可以得出系统的如下特性：

① 整体性。组成系统的各元素不是简单集合在一起的，而是一个有机的整体，每个元素都要服从整体，追求整体最优，而不是每个元素最优。

② 层次性。系统是有层次的，系统中的每个元素可以成为一个系统，这个系统被称为子系统。例如，可以把一个企业看成一个系统，它可以分解为财务管理子系统、行政管理子系统、营销管理子系统、服务管理子系统、生产管理子系统等。系统的层次性示意图如图 2-10 所示。

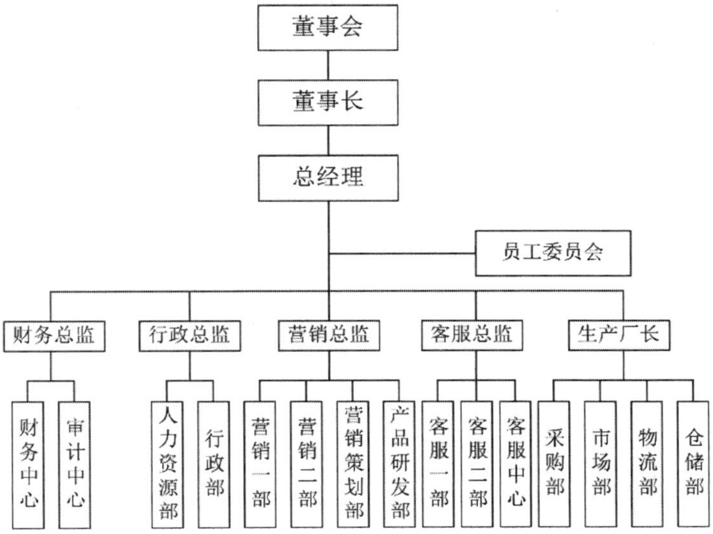

图 2-10　系统的层次性

③ 相关性。系统内各元素是相互作用和相互联系的。例如，工业系统和农业系统之间互有联系并且相互作用，工业系统给农业系统提供生产用的设备及其他工业品，而农业系统要向工业系统提供工业生产用的原料和粮食，这种系统之间的支援和制约是相互的，它们之间有机地结合在一起形成一个具有特定功能的社会经济系统。

④ 目的性。任何系统都有一定的目标或目的，而且通常有多个目标。系统都是为了完成某一特定目标而构造的。例如，学校的目标是培养经济建设人才和做出科研成果。工厂的目标是生产高质量、适销对路的产品，提高企业的经济效益。

⑤ 界限性。系统之外是环境，系统与环境之间是有界限的，换句话说就是，系统要被界定范围。

⑥ 适应性。环境的变化对系统会产生影响，系统与环境要进行物质和能量交换，系统必须适应环境的变化才能获得生命力。

2.2.2　系统的分类

系统可以根据不同的特点来分类。

1. 按系统的复杂程度分类

从系统的复杂程度方面考虑，我们可以把系统分为三类九等，如图 2-11 所示。

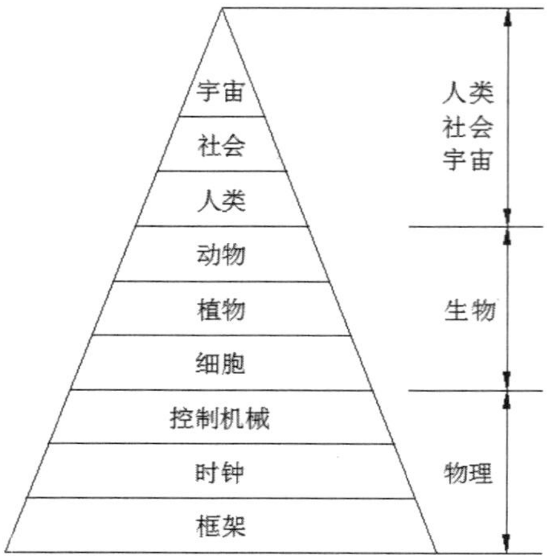

图 2-11　系统分类

由图 2-11 可以看出，系统的复杂性由下向上不断变化。

① 框架。它是简单的系统，如桥梁、房子，其目的是交通和居住，其构件是桥墩、桥梁、墙、窗户等，这些构件有机地结合来提供服务。

② 时钟。它按预定的规律变化，什么时候到达什么位置是完全确定的。

③ 控制机械。它能自动调整，如把温度控制在某个上下限内或者控制物体沿着某种轨道运行。

④ 细胞。它能新陈代谢、能自繁殖，有生命，是比物理系统更高级的系统。

⑤ 植物。这是细胞群体组成的系统，它显示了单个细胞所没有的作用，是比细胞复杂的系统，但其复杂性比不上动物。

⑥ 动物。动物的特性是可动性。它有寻找食物、寻找目标的能力，它对外界是敏感的，也有学习的能力。

⑦ 人类。人类有较大的存储信息的能力，人类还能懂得知识和善于学习。

⑧ 社会。这是人类政治、经济活动等上层建筑的系统。

⑨ 宇宙。不仅包含地球以外的天体，而且包括一切我们所不知道的东西。

2. 按系统的抽象程度分类

按系统的抽象程度分类，可把系统分为三类：概念系统、逻辑系统和实在系统。

① 概念系统是最抽象的系统，它是人们根据系统的目标和以往的知识初步构思出的系统雏形，它在各方面均不很完善，有许多地方很含糊，也有可能不能实现，但它表述了系统的主要特征，描绘了系统的大致轮廓，从根本上决定了系统的成败。

② 逻辑系统是在概念系统的基础上构造出的理论上行得通的系统，它考虑到总体的合理性、结构的合理性和实现的可能性。它确信现在的设备一定能实现该系统所规定的要求，但它没有给出实现的具体元件。所以逻辑系统是摆脱了具体实现细节的合理的系统。

③ 实在系统也可以叫物理系统，它是客观存在的并可以实际运行的系统，是按照逻辑系统进行加工生产而成的具体系统。如果是计算机系统，那么机器是什么型号，用

多少终端，放在什么位置等，应当完全确定。这时系统已经完全能实现，所以叫实在系统。

如果说概念系统回答的是“干什么”的问题，逻辑系统回答的是“怎么干”的问题，那么物理系统回答的就是“用来干什么”的问题。

3. 按系统的功能分类

按系统的功能分类，可把系统分为社会系统、经济系统、军事系统、企业管理系统等。不同的系统为不同的领域服务，有不同的特点。系统工作的好坏主要看这些功能完成的好坏，因此，这样的分法是最重要的分法。

4. 按系统和外界的关系分类

按系统和外界的关系分类，可把系统分为封闭式系统和开放式系统。封闭式系统是指我们可以把系统和外界分开的系统，如我们在超净车间中研究制造集成电路。开放式系统是指不可能和外界分开的系统，如商店，若不让进货，不让顾客来买东西就不成为商店。或者是可以分开的系统，但分开后系统的重要性质将会变化。封闭式系统和开放式系统有时也可能相互转化，如我们说企业是个开放式系统，但如果我们把全国甚至全球都当成系统以后，那么总的系统就转化为封闭式系统。

5. 按系统内部结构分类

按系统内部结构分类，可把系统分为开环系统和闭环系统。一个没有控制机制、反馈环和目标要素的系统称为开环系统。开环系统如图 2-12 所示。例如，一个小型电子空间加热器，从通电、开启、释放热量直到被关闭，系统输出是不受控制的。

图 2-12　开环系统

一个由目标、控制机制和反馈环三个控制要素组成的系统称为闭环系统。如图 2-13 所示的系统是一个闭环系统，如图 2-14 所示则是企业系统的通用模型。

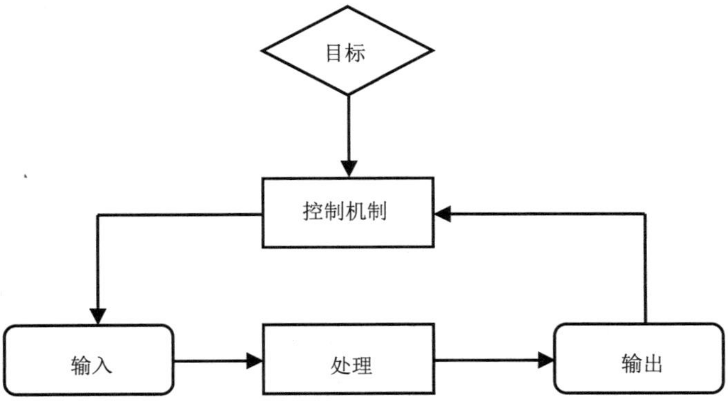

图 2-13　闭环系统

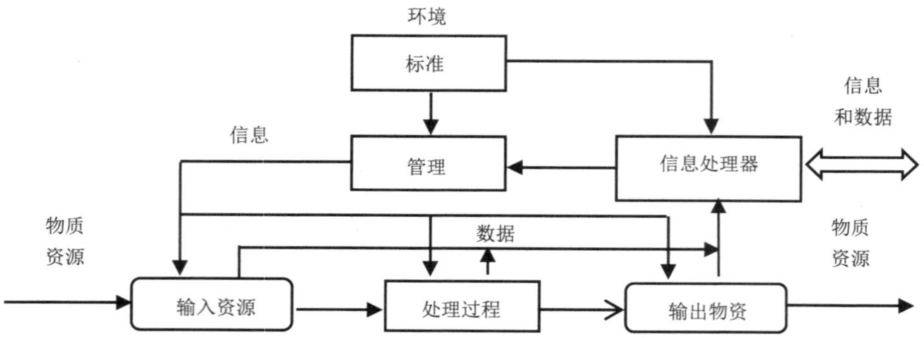

图 2-14　企业系统的通用模型

2.2.3　系统方法

所谓系统方法，就是按照事物本身的系统性把对象放在系统的形式中加以考察的一种方法，是一种立足整体、统筹全局、使整体与部分辩证地统一起来的科学方法。

在运用系统方法考察客体对象时，一般应遵循整体性、历时性和最优化的原则。

整体性原则是系统方法的出发点。历时性是系统方法的又一个基本原则。最优化原则是指从许多可供选择的方案中挑选出一种最优方案，以便使系统运行于最优状态，达到最优效果。

2.2.4　系统工程

系统工程是系统思想和系统方法的具体应用过程，是在系统论的指导下，以数学、运筹学及计算机技术为手段来研究一般系统的规划、设计、组织、管理、评价等问题的科学方法。

1. 系统工程的产生与发展

系统工程的思想方法是人们在漫长的社会实践中逐步形成的。随着现代科学技术的发展，特别是系统论、信息论、控制论以及运筹学和计算机技术的诞生和进步，系统工程作为一种崭新的科学方法逐渐得到了广泛的运用。一般认为，1940 年，美国贝尔电话公司为统筹安排微波通信网而提出了“系统工程” 这一术语。在第二次世界大战中，运筹学和系统工程在军事活动领域发挥了应有的作用，在美国空军支持下于 1945 年成立的兰德公司还提出了系统分析的方法。1957 年，古德（H.Goode）和迈克尔（R.E.Machol）出版了《系统工程》这一专著，标志着系统工程这门新兴学科的诞生。此后，系统工程被广泛地运用到宇航、环境、人口、经济管理等方面。比较著名的例子有 1961—1972 年美国实现宇宙飞船载人登月的“阿波罗计划”、1970—1974 年墨西哥进行农业改造的“绿色计划”等。

2. 系统工程方法

系统工程的实质，就是用系统的观点来分析和解决问题。这种方法的特征如下。

① 观察、测定、研究系统中各组成要素或子系统间以及系统内部与外部环境间的复杂关系，从而认识系统所特有的机制。

② 分析、发现各组成要素或子系统的性质、构造与系统整体性质、功能间的固有关系，

从而巧妙地利用要素或子系统间的联系来大大提高整体的水平。

③ 根据共同的目标和评价尺度确定各要素或子系统的重要程度，分配相互制约的资源，特别是重点资源的有效分配，做到充分共享。

用系统工程方法解决问题主要分为以下几个步骤。

第一步，定义问题：列出一个或一组希望达到的目标。

第二步，列出资源和约束：供选择的技术或手段以及每个系统所需的“成本”或资源。

第三步，给出方案：一个或一组数学模型。

第四步，评估被选方案。

第五步，选择最佳方案并实施。

第六步，总结解决方案的有效性。

2.2.5　信息系统

1. 信息系统的基本概念

信息系统（Information System），简称 IS，其定义很多，大同小异。简言之，信息系统是一个进行信息处理的系统。信息系统可以不涉及计算机等现代技术，甚至可以是纯人工的。现代基于计算机技术的信息系统，是指以提供信息服务为主要目的的数据密集型、人机交互的计算机应用系统。它是一系列相互关联的可以输入、处理、输出数据和信息，并提供反馈、控制机制以实现某个目标的元素或组成部分的集合。

信息系统是一个专门的系统，它通常是一个为组织或企业的各级领导管理决策提供服务的系统。

从技术层面上讲，基于计算机技术的信息系统有四个特点。

- 涉及的数据量大。数据一般需存放在辅助存储器中，内存中只暂存当前要处理的一小部分数据。
- 绝大部分数据是持久的，即不随程序运行的结束而消失，而需长期保留在计算机系统中。
- 这些持久数据为多个应用程序所共享，甚至在一个单位或更大范围内共享。
- 除具有数据采集、传输、存储和管理等基本功能外，还可向用户提供信息检索、统计报表、事务处理、规划、设计、指挥、控制、决策、报警、提示、咨询等信息服务。

2. 信息系统的模式

首先，信息系统是一个系统，具有输入、处理、输出、反馈和控制这五个基本组成部分。其次，信息系统又是一个由人和机器共同组成的系统。其中，人是系统的核心，人既可以是系统的管理者、操作者，也可以是系统的服务对象，为人们服务是各种信息系统构成的意义所在。而机器的含义较为广泛，它包括在信息的收集、存储、加工、检索和传递等过程中所采用的一切物理设备。图 2-15 显示了一般信息系统的模式。

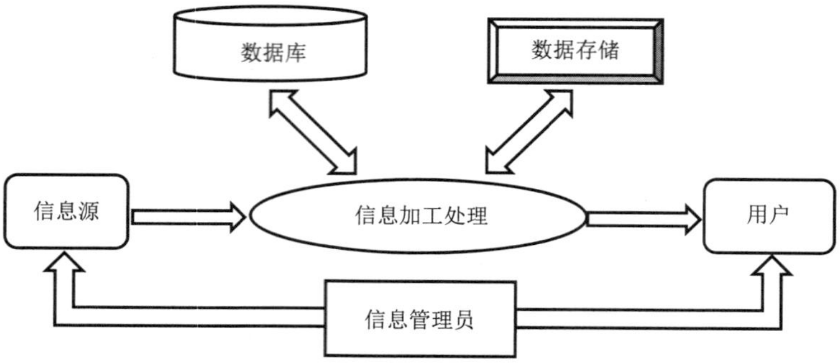

图 2-15　信息系统模式图

3. 信息系统的分类

按照处理对象的不同，信息系统可分为作业信息系统和管理信息系统。

（1）作业信息系统

作业信息系统的任务是处理组织业务、控制生产过程、支持办公和更新有关的数据库。作业信息系统又包括业务处理系统、过程控制系统和办公自动化系统。

（2）管理信息系统

管理信息系统是对一个组织进行全面管理的人和计算机相结合的系统。它不仅是一个技术系统，还是一个社会系统。

2.3　管理与管理信息系统

2.3.1　管理的基础知识

现代意义上的管理科学源自企业管理，诞生于大工业时代。1911 年，被称为“科学管理学之父”的美国机械工程师弗雷德里克·温斯洛·泰勒（Frederick Winslow Taylor）出版了《科学管理原理》一书，提出了科学管理的思想，奠定了现代管理的基础。1916 年，法国实业家亨利·法约尔（Henri Fayol）的《工业管理与一般管理》一书，进一步发展了现代管理学理论。他定义了管理的职能，提出了十四条一般管理原则。

一般认为，管理是为了某种目标，应用一切思想、理论和方法去合理地计划、组织、领导、控制和决策，调度各种资源，如人力、财力、物力、设备、技术和信息等，以求以最小的投入获得最好或最大的目标产出。管理的定义强调了管理的目的是用最小的投入获得最大的产出。

管理的职能是计划、组织、领导、控制和决策。其中，计划是指管理者为了实现预期目标，预先进行的行动安排。计划工作给组织提供了通向未来目标的明确道路，给组织、领导和控制等一系列管理工作提供了基础。组织是指管理者合理地使用人力、财力、物力和信息等资源，协调各工作环节，以保证计划的实现。领导是指领导者指挥、带领、引导和鼓励下属为实现组织目标而努力的过程。领导的作用主要有指挥作用、协调作用和激励作用。控制是指管理者在组织的实际进展情况与原定计划发生偏差时进行及时纠正，以保证组织计划和目标的实现。控制是保证企业计划与实际作业动态相适应的管理职能，是管理工作最重要的职能之一。而决策就是为了解决现实中出现的问题，实现某个特定的目标，在充分搜集并详细分析了相关信息后，提出解决问题和实现目标的各种可行方案，并依据评定准则，选定方案并实施，是解决问题，达到目标的一种方法和途径。决策的含义实际上包含了以下内容：决策需要有问题和目标，决策需要有可行方案，决策是一个方案的取舍过程，决策必须有效。因此，相对管理的其他职能，决策显得尤为重要和复杂。

1. 决策活动的三要素

在决策活动中有三个要素：决策者、决策对象、决策环境。决策者是决策的主体，可以是一个人或一个集体。决策对象是决策者施加选择和决定的对象。决策环境是决策者与决策对象所处的环境，它可以作用于决策对象，但决策者不能对它施加影响。

2. 决策过程

决策过程实际上是一个提出问题、分析问题、解决问题的过程。广义上说每个决策大致需要经过四个阶段：情报阶段、设计阶段、选择阶段和执行阶段。这四个阶段并不是相互分离的，而是一个循环往复的过程，如图 2-16 所示。

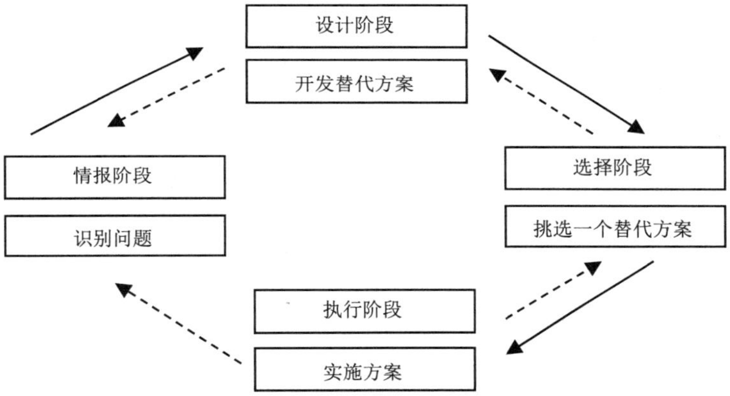

图 2-16 决策过程流程图

3. 决策的类型

（1）按制定决策的组织层次分

通常把组织中的决策类型分为三类：战略决策、管理决策和业务决策。战略决策是指企业适应时刻变化的外部环境的一种决策，具有全局性、长期性与战略性的特点。管理决策是指对企业的人力、资金、物资等进行合理配置，以及改变经营组织机构的一种决策，具有局部性、中期性及战术性的特点。业务决策是建立在一定的企业运行机制基础上的，是有关日常业务的决策，具有琐碎性、短期性与日常性的特点。

（2）按问题的结构化程度分

按照问题的结构化程度可将决策分为结构化决策、半结构化决策和非结构化决策。结构化决策问题相对比较简单，目标明确，容易理解，决策过程、方法有规律，可依据一定的通用模型和决策规则实现其决策过程的基本自动化，如客户订单、定价。非结构化决策问题决策过程复杂，目标不明确或不同的目标相冲突，无规律可循。往往是决策者根据掌握的情况和数据并依经验临时做出决定，如厂址选择、新市场开发、新产品研发等。半结构化决策问题介于两者之间。一般可适当建立模型，但难以确定最优方案，如设备的维修。表 2-1 大致说明了各类决策问题的结构化程度，表中越靠右边的决策问题，其结构化程度越低，也越难实现决策的程序化。通常认为，管理信息系统主要解决结构化的决策问题，而决策支持系统则以支持半结构化和非结构化问题为目的。

表 2-1　不同结构化程度的决策问题

结构化程度	结构化 ——→ 非结构化		
战略性	生产计划	资金分配计划	厂址选择
战术性	作业计划	作业调度	广告部署
业务性	库存补充	奖金分配	选择销售对象

4. 决策者的属性

决策者的属性包括洞察力、信息容量、风险偏好和渴望程度。洞察力是指决策者观察决策问题的方法。信息容量是指决策者从大量浩繁的信息中提取有用信息，找出解决问题的方法或线索。在有风险的情况下，决策者对结果和可能的资源损失更加难以确定。渴望程度影响决策者认识问题、评价可选项和做出选择的效果。

5. 决策的策略

决策的策略分为最大化、满意和渐进三种。决策问题的类型和决策者的属性均会对决策的策略产生影响。

（1）最大化

当决策的结果是清晰的并且其他可选项已经建立时，决策者应该选择使他期望的结果最大化的策略。

例如，1%的机会获得 20 000 元/月，50%的机会获得 500 元/月，需要在两者中做出选择。

方法：$0.01\times 20\,000=200$（元）

$0.50\times 500=250$（元）

最大化方法的基本假设是决策者是理性的，并知道每个可选项的概率。

（2）满意

按照西蒙的说法，决策者只能在自身的经验、背景和给定条件下的可选方案等的限制下表现出理性。一个决策者会建立一个合理的愿望标准，并且寻找可能的备选方案，直到找到符合这个标准的方案。西蒙称这种行为为满意，因为决策者一旦发现一个满意的结果，就会停止搜索。

（3）渐进

在渐进的策略中，决策者试图从现实状态向期望的状态迈进一小步。这种方法可能会忽视重要的结果，因为决策者考虑的方案大多是自己熟悉的。

从管理的发展过程来看，现代管理科学的发展约经历了七个阶段，如表 2-2 所示。

表 2-2　现代管理科学的发展阶段

年　份	代 表 人 物	发 展 阶 段
1911	泰勒	科学管理
1933	迈约	行为科学学派
1939	康特洛维奇	数学管理学派
1950	维诺	计算机管理学派
1970	卡斯特	系统工程学派
1980	西蒙	信息学派和管理信息系统学派
1990	哈默	企业流程再造

第一阶段：科学管理。1911 年，泰勒在其著作《科学管理原理》中论述了职能制、动作时耗研究、分工、劳动定额和计件工资制。泰勒首先将科学原理引入经济管理。

第二阶段：行为科学学派。1933 年，美国人迈约发表著作《工业文明中人的问题》。他主张激励人的积极性，主张工人参加管理。

第三阶段：数学管理学派。1939 年，苏联数学家康特洛维奇发表著作《生产组织与计划中的数学方法》，把数学引入管理，提出生产指挥的主要问题是数学问题。

第四阶段：计算机管理学派。20 世纪 50 年代，计算机广泛用于管理。继 1954 年计算机用于工资管理后，20 世纪 50 年代末 60 年代初形成了计算机用于管理的第一次热潮。

第五阶段：系统工程学派。1970 年，华盛顿大学教授卡斯特所著的《组织与管理——从系统出发的研究》出版，他提出用系统的理论和方法研究管理。

第六阶段：信息学派和管理信息系统学派。20 世纪 80 年代，这一时期出现了信息革命，信息被视为重要的资源用于管理。同一时期又产生了控制论，于是控制论、信息论和系统论三种理论在管理中的有机结合产生了管理信息系统学科。管理信息系统学科的出现极大地推动了管理科学的发展。

第七阶段：企业流程再造（Business Process Reengineering，BPR）。BPR 是 1993 年由美国的迈克尔 • 哈默（Michael Hammer）和詹姆斯 • 钱皮（James Champy）在《企业再造》（*Reengineering the Corporation*）一书中提出的。他们给 BPR 下的定义是，为了飞跃性地改善成本、质量、服务、速度等现代企业的主要运营基础，必须对工作流程进行根本性的重新思考并彻底改革。BPR 的提出在美国、西欧和日本引起了很大的轰动。

2.3.2　管理信息系统对企业管理的影响

1. 管理体制合理化

决策理论学派基本的观点认为，管理就是决策，而决策需要及时、准确、全面的信息。从这个角度来讲，企业就是一个信息的集合体，企业的各项管理活动都需要在大量信息的基础上进行决策，企业管理的过程实际上也可以看作对信息的处理过程。而现在大部分企业的管理体制仍然是传统的人工分散处理的方式，中间层次过多，不利于组织内部的横向交流，降低了信息的利用率，并且也不利于综合利用和深度挖掘有价值的信息为企业决策所用。信息系统的引入，能够使企业改变原来的方式，减少中间环节，更加有利于横向交流，并且使信息能够集中控制利用，从而适应现代市场经济体制下的管理决策要求，使企业的各层管理人员能够及时地获得有用的信息和知识。

2. 管理方法科学化

企业引入管理信息系统后，可以对企业内外的大量数据进行搜集和加工处理，为企业各层次管理者决策所用。管理信息系统有良好的数据存储和快速提取传递功能。一方面，可以利用信息系统的优势，利用各种方法进行定量分析，提高管理决策的准确性，避免其主观随意性，使管理工作更加精确客观有效；另一方面，可以利用企业管理信息系统存储的大量数据进行分析和总结，从中找出有用的信息和知识，找出规律，可以对未来进行预测，减小决策的风险性和不确定性，使管理工作更加具有科学性，也可以使管理工作由原来的被动事后管理变为主动实时管理。

3. 加强企业管理的基础工作

管理信息系统的引入必然导致企业管理人员工作方式上的变革。管理信息系统是对企业内外的大量数据进行搜集和加工处理，为企业各个层次管理者决策提供有用信息和知识服务的。它要求录入系统的数据准确、客观、完整、实时更新。企业的管理混乱、不科学，原始数据不全面、不准确等都会造成录入信息系统的数据对于企业管理活动的各项决策没有任何价值和意义。因此，引入管理信息系统必然会促使企业管理的基础工作更加完善、合理、有序。

4. 提高管理人员的素质和管理水平

管理信息系统的引入不仅仅是计算机各种硬件系统的引进，它必然导致企业经营活动的各个环节的业务流程、信息处理方式、工作方式和方法的变革。在引入建设期，管理者要从重复繁杂的事务性工作中解脱出来，变革思想、认真思考并分析企业的各项管理活动流程，从中发现存在的问题，并进行变革和创新，制定改变和提高管理工作效率的措施，即从事信息分析、判断和决策等信息管理工作，充分发挥信息在管理工作中的重要作用；在建成使用期，各个层次的管理者需要不断学习，转变思想，提高自身的管理水平，从而提高企业管理活动的效率和效果。

5. 提高企业的经济效益和社会效益

管理信息系统的引入无疑会带来管理理念和管理方式的变革与创新，能够为企业的决策提供有效、及时的信息，可以促使企业各项经营管理活动系统优化、更加有效合理，减少企业库存积压，加快资金流动，从而提高企业经营绩效，同时也能够带来更好的社会效益。

2.3.3 管理信息系统对企业管理的支持

法约尔认为，管理就是实施计划、组织、指挥、协调和控制。西蒙认为，管理就是通过计划工作、组织工作、领导工作和控制工作的诸过程来协调所有的资源，以便达到既定的目标。通过以上内容可以看出，管理活动最主要的目的便是通过协调各种资源，最终有效实现企业的目标。下面重点讨论管理信息系统对管理各项职能的支持和作用。

1. 管理信息系统对计划职能的支持

在管理的职能中，计划具有首要性和先导性。计划是组织对于未来行动的安排。它包括确定组织的使命和目标，制订组织实现这些目标的计划，以及如何科学地将计划层层展开、落实、具体化，协调组织按时完成各项任务和目标。管理信息系统对计划职能的支持主要包括以下几个方面。

（1）对计划编制工作的支持

信息是制定计划和实施计划的基本依据。为了使计划切合实际，必须收集历史的和当前的数据，通过分析，研究变化的趋势并预测未来，同时还要围绕计划目标进行大量的计算，拟定各种方案，设计一些计划模型，用不同的输入变量的值反复计算。

（2）对计划数据快速准确存取的支持

对于现代组织来讲，要实现计划和目标的有效地制定和实施，重要的是要建立各类与计划相关的数据库，如各类定额数据库、各类计划指标数据库、各种计划表格数据库等。充分利用和不断完善上述数据库，为组织的各种计划和目标的制定和实施提供相关的数据和信息，使得企业的生产经营指挥系统得到大大地加强。

（3）为预测提供支持

预测是计划的前提和基础，良好的预测能够为组织决策者制定有效的计划和目标提供支持和依据。预测的方法有很多类型，主要分为定性预测的方法和定量预测的方法。比如很多定量预测的方法便需要大量客观准确的数据，利用计算机软件和模型进行加工处理，这些大部分都需要借助计算机和信息系统来进行。

（4）对计划优化的支持

对于编制计划时的某些约束条件，可列出数学模型，然后在计算机上通过人机交互方式求解。

2. 管理信息系统对组织职能的支持

管理中的组织职能主要是建立企业组织的物质和社会的双重结构。它包括明确组织所要承担和需要完成的任务，如由谁去承担工作、组织机构的设置、信息指令传递渠道的建立、权力的划分与组织、任务和工作的协调等。从本质上来讲，组织是建立组织内部人员有效的分工和协作模式，使组织能够灵活高效地实现组织目标的过程。管理信息系统的发展和应用，使得组织的分工与协作模式发生了巨大的变化，主要体现在以下几个方面。

① 信息技术的发展促使企业组织重新设计、企业工作重新分工和企业职权重新划分，促使组织改变了原有机械的“金字塔式”结构模式和运作机制，使组织的管理幅度相对越来越大，管理层次越来越少，使组织的结构向扁平化方向发展，组织的结构更加灵活，具有更大的柔性和弹性。

② 通过使用管理信息系统，使企业组织的经营和生产冲破了原有地理位置的限制，可以在全世界范围内运作和扩张，大大降低了组织的事务性工作处理成本和协作成本。例如，美国的麦当劳已在全世界建起了连锁店。日本的花王公司 80%的产品是靠在世界各地设立的近 30 万个零售点销售出去的。德国的西门子公司已在 190 个国家和地区建起了商务代表处。

3. 管理信息系统对领导职能的支持

领导职能的作用在于指挥、协调、激励个人和组织按照计划的方向去实现目标。按照明茨伯格的管理者角色理论来讲，管理者在组织中经常扮演的角色主要包括三类：人际关系方面的角色、决策制定方面的角色、信息传递方面的角色。管理者在人际关系方面的职责是领导、组织和协调；在决策制定方面的职责是对组织的战略、计划、预算等重大问题做出决定；在信息传递方面的职责是作为信息汇合点和神经中枢，对内、对外建立并维持一个信息网络，以沟通信息，及时处理矛盾和解决问题。管理信息系统的应用和建立对于组织的指挥、协调、沟通、激励等领导职能的实施和实现起到重要的影响和改变作用。

4. 管理信息系统对控制职能的支持

控制的实质就是使组织进行的各项工作尽可能地符合计划和目标，按照计划正常有序地运转，并完成计划所确定的各项目标和任务。一切管理内容都有控制问题。控制职能是指对管理业务进行计量和纠正，确保计划得以实现。计划是为了控制，是控制的开始，控制的一切标准来自计划和目标。为了实现管理的控制职能，就应随时掌握反映管理运行动态的系统监测信息和反馈信息，而管理信息系统可以提供这些信息。

5. 管理信息系统对决策职能的支持

决策的类型与组织的层次之间形成了如图 2-17 所示的方阵。一般来说，操作层人员面对的是结构化问题，相反，战略层人员面对的是非结构化问题。管理层人员也会遇到一些非结构化问题，但主要还是处理半结构化问题。

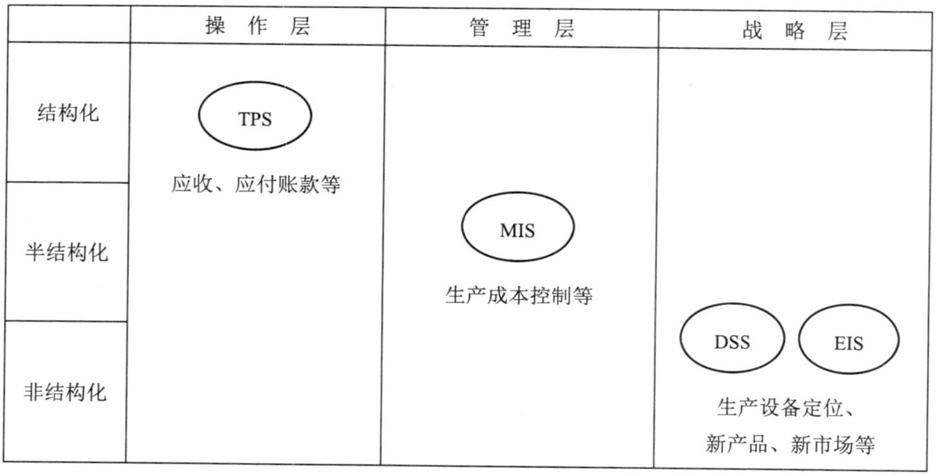

图 2-17 信息系统与决策类型

现代企业管理中需要科学的决策，而决策需要及时、准确、全面的信息，更加需要在较长时间内对有关信息的积累，以便从中发现事物之间的关联和变化规律。企业的管理信息系统的最重要的一个功能便是为各个层次的管理人员决策提供信息，并辅助决策。其主要任务就是及时搜集与组织目标和管理决策相关的有用数据和信息，并通过分析找出可能存在或出现的问题，发现可能存在或出现的市场机会。管理信息系统可以利用各种数学模型，进行必要的优化和仿真，形成各种有关问题的解决方案，并对这些方案进行客观合理的评价和预测，为各个层次的管理人员决策提供科学的较为客观实际的参考依据。以往企业的管理信息系统大多是用来处理结构化问题的，但随着联机分析处理、数据仓库、数据挖掘技术和知识管理等技术在信息系统中的应用，现在许多管理信息系统出现在战略管理领域。这些领域的问题和决策大多数是半结构化和非结构化的，如决策支持系统、智能信息系统、专家系统和模拟系统等。

综上所述，管理信息系统对管理具有重要的辅助和支持作用，现代组织的管理要依靠管理信息系统来实现其管理职能、管理思想和管理方法。

本章小结

本章主要介绍了管理信息系统的理论基础。

信息理论部分介绍了信息的定义、属性、度量，以及信息资源和信息化的相关知识；系统理论部分介绍了系统的定义、特性及分类，以及信息系统的定义、功能、类型等；管理理论部分介绍了管理的基础知识，以及信息对管理的重要作用和管理信息系统对管理基本职能的支持等。

综合案例

戴尔：用信息代替库存

戴尔成功的奥秘究竟在哪里呢？专家们研究后发现，戴尔的竞争优势主要体现在低库存上：戴尔的库存时间比联想少 18 天，但效率却比联想高 90%。正因为如此，很多人一提起戴尔，首先想到的便是“零库存”。

戴尔的运作模式并不神秘，它的成品管理完全采取订单模式，即用户下单，戴尔组装送货；在零部件管理上，戴尔采取了以供应商管理库存（Vendor Managed Inventory，VMI）等信息技术为基础的订单制度，供应商的工厂就相当于戴尔的车间。以信息代替库存，正是戴尔实现“零库存”的秘诀。

一般情况下，客户通过 800 电话或戴尔网站下单，销售人员依据客户的个性需求提供配置，这些信息被存储到戴尔的数据中心。数据中心每隔 1.5 小时会自动运行一次，统计这段时间内的清单，列出所需零部件，采购部门会根据这张清单采购，通过互联网和企业间的信息网分派给上游的配件制造商。各制造商按电子订单进行配件生产组装，并按控制中心的时间表供货。为了方便给戴尔送货，供应商会在戴尔工厂附近租赁仓库存储配件，以保证及时完成送货。这样，戴尔的零库存是建立在供应商的库存或精确配送能力的基础上的。

戴尔通过对供应商库存的充分利用来降低自己的库存，并把主要精力放在订单上。从理论上来说，在客户没有下单之前，戴尔工厂的车间里是没有工料的，而每个能被拉进来的零部件早就已经确定了买主，一旦整机组装完成，马上就可以发货运走。这就解释了戴尔为什么除能做到成品零库存外，零部件几乎也达到了零库存的水平。对于戴尔，如果非要找出库存，那么只能是在公路上高速行驶的大型货车里。

但是，戴尔并非完全不做预测。事实上，对于大多数供应商来说，它们每周都会收到来自戴尔更新的未来 3 个月的生产预测；对于那些需求变化比较大的零部件，戴尔一天就要更新一次数据。这保证了戴尔在无限接近零库存的同时，也能拥有足够的产能应付突发事件。

案例思考题

1. 从案例中得到哪些启示？
2. 信息在现代企业中还有哪些作用体现？

复习思考题

1. 什么是信息？信息有哪些属性？信息如何度量？
2. 狭义的信息资源与广义的信息资源有何区别？信息资源管理的组成框架是什么？
3. 信息化及企业信息化的重要作用是什么？
4. 什么是系统？系统有哪些特性？系统分为哪几类？
5. 什么是信息系统？信息系统包括哪两类？举例说明企业的信息系统。
6. 什么是管理？管理的基本职能有哪些？
7. 简述管理信息系统如何支持管理的各项职能。
8. 简述决策问题的类型。

第3章 管理信息系统的技术基础

学习目标

掌握计算机系统的软件、硬件结构。了解计算机网络的概念、组成及分类。了解数据库的基本概念、特征及分类。了解数据库应用系统的概念、结构组成及应用方式。

内容提要

1. 计算机系统
2. 数据通信与计算机网络
3. 数据库技术

随着信息技术的迅猛发展，信息系统也得到了飞速的发展和广泛的应用。同时，信息系统在各个领域的广泛应用，也促进了信息技术的迅速发展，因此，信息系统与信息技术之间存在一种相互促进的关系。信息技术是一个外延很广的概念，一般来说，信息技术是计算机技术、网络通信技术、数据库技术的总称。

3.1 计算机系统

下面介绍计算机系统的相关知识。

3.1.1 计算机的发展

20 世纪，电子技术的飞速发展为电子计算机的诞生创造了必要的技术条件。1943 年，美国开始实施“电子数字积分计算机”(Electronic Numerical Integrator And Computer，ENIAC)工程，中文译名为“埃尼阿克”工程。整个工程吸收了大约 200 名科学家。经过两年多艰苦的创造性劳动，1945 年年底，一台标志着人类智力解放的巨大机器宣告竣工。这台电子计算机是个笨重的庞然大物，它占地约 170 平方米，每小时耗电达 150 千瓦。它约有 18 000 个电子管、7200 根晶体二极管，1500 个中转，70 000 个电阻器，10 000 个电容器，1500 个继电器，6000 多个开关。埃尼阿克的计算速度是无与伦比的，它每秒钟可进行 5000 次运算，比当时已有的最快的继电器式计算机要快上 1000 倍，可以胜任广泛的科学计算。若让继电器式计算机来计算当时最复杂的问题，需要花 1 个月以上的时间；若让人工手算，则要花上几年时间；而埃尼阿克仅用了 1 小时。

埃尼阿克是真正意义上的电子数字计算机，针对它的不足，数学家冯·诺依曼提出了改进的设计方案，这些方案奠定了计算机的基本体系结构。

冯·诺依曼的理论思想包括三部分：第一，计算机由运算器、控制器、存储器、输入设备和输出设备组成；第二，在计算机中程序和数据用二进制数表示；第三，采用存储程序方式控制计算机的操作过程。所谓存储程序控制方式是把要执行的指令和要处理的数据按照一定的顺序编制成程序存储到计算机的内部，然后让它自动执行，这种设计思想一直延续至今。

从电子计算机诞生至今，计算机的发展经历了半个多世纪，一般将现代计算机的发展归纳为四个阶段，其对比如表 3-1 所示。

表 3-1　计算机四个发展阶段的特征比较

发展阶段	第一代	第二代	第三代	第四代
时间	1946—1957 年	1958—1964 年	1965—1969 年	1970 年至今
主要元件	电子管	晶体管	中、小规模集成电路	大规模、超大规模集成电路
软件特征	机器语言和汇编语言	高级程序设计语言	操作系统逐步成熟、结构化程序设计	数据库系统，分布式操作系统，分时、实时数据处理
应用领域	军事和科研部门	工程设计、数据处理	文字处理、企业管理、自动控制	社会生活各个方面

3.1.2　计算机系统的构成

一个完整的计算机系统由计算机硬件系统和计算机软件系统两部分组成。硬件系统是计算机的实体，是所有固定装置的总称，它是计算机实现其功能的物质基础；软件系统是指挥计算机运行的程序集。在计算机技术的发展过程中，计算机硬件系统和计算机软件系统相辅相成，缺一不可。计算机系统构成的示意图如图 3-1 所示。

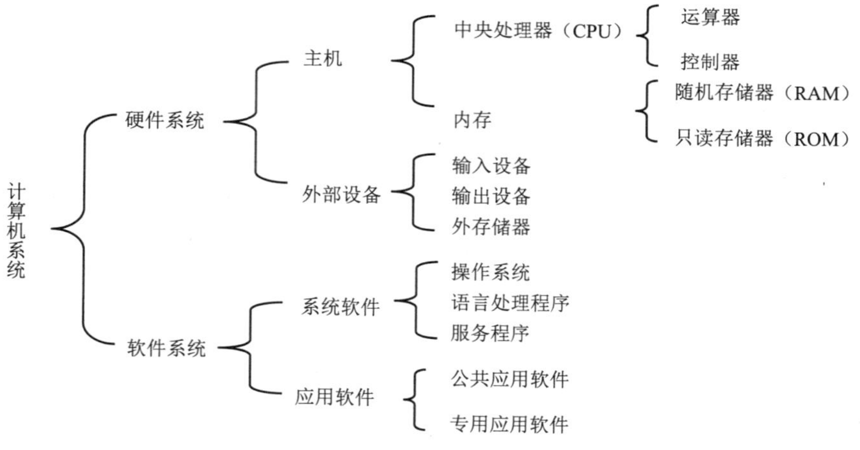

图 3-1　计算机系统的构成

3.1.3 计算机硬件系统

冯 • 诺依曼理论指出，计算机硬件系统主要由五部分组成，即运算器、控制器、存储器、输入设备和输出设备，其中运算器和控制器统称为中央处理器（CPU）。计算机硬件系统是整个计算机系统的基础和核心，计算机性能（如运算速度、精度、存储容量和可靠性等）在很大程度上取决于硬件的配置。

1. 中央处理器

中央处理器是计算机系统的核心组成部件，它由运算器和控制器组成，并采用较大规模集成电路工艺制成芯片，安装在计算机中。它的主要功能是完成数据处理和计算机的控制等操作，它从内存中接收数据和指令，处理这些指令，并将处理结果再送回内存中，结果可以显示和存储起来。

运算器（ALU）是计算机中执行算术运算和逻辑运算的部件，它的基本操作包括加、减、乘、除四则运算，以及与、或、非逻辑操作。由于所有的复杂数学运算都可以转化为简单的算术运算，所有的复杂逻辑关系都可以转化为逻辑的与、或、非运算，因此通过运算器，计算机可以处理任何数学运算和逻辑运算问题。

运算器的操作是由控制器来协调和控制的。控制器是计算机的控制中心，它从计算机的主存储器中读取程序指令，然后根据这些预先编制好的程序下达的加工处理任务，按照时间的先后顺序，向其他部件发出控制信号，控制与协调计算机各部件自动工作。

2. 存储器

存储器是用来存储程序和数据的电子器件。计算机中的全部信息，包括输入的原始数据、经过初步加工处理后的中间数据和最后处理的结果数据以及对输入数据进行加工处理的程序都存储在存储器中。存储器分为两大类：内存储器和外存储器。

内存储器又称主存储器，简称主存或内存，它直接与 CPU 相连，CPU 可以直接访问它，进行读写操作。它容量较小，但存取速度快，因此内存中一般只存放那些急需处理的数据或正在运行的程序，计算机应用程序调用的大部分信息都存储于外存储器中，CPU 为了操作信息，就必须先将信息读入到内存中。内存由半导体器件构成，按其工作方式的不同，一般将其分为随机存储器（RAM）和只读存储器（ROM）两类。

外存储器又称辅助存储器，属于计算机的外部设备，它大大扩充了存储器的容量。外存的容量一般都比较大，而且便于移动，它负责将数据或程序送入内存，也可以将内存中的数据或者程序保存到外存中。

3. 输入、输出设备

输入设备的功能是将预先编制好的程序和数据等信息转换成计算机能够接受的信息形式，然后输入到计算机中。常用的输入设备有键盘、鼠标、光笔、触摸屏、扫描仪、话筒等。

输出设备的功能则是将计算机处理的结果转化为人们或者其他设备能接受的形式输出。常见的输出设备有打印机、显示器、绘图仪等。

计算机硬件的工作原理如图 3-2 所示。

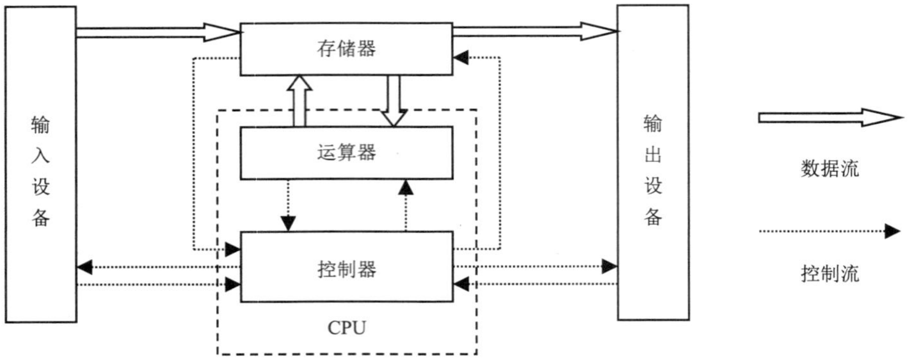

图 3-2　计算机硬件工作原理图

3.1.4　计算机软件系统

光有计算机硬件，计算机什么都干不了，计算机要正常运行并解决各种问题，必须拥有软件。软件是一些程序的集合。这些程序有的用于支持计算机工作和扩大计算机的功能，有的则专为某种具体问题而编制。由于这些程序是看不见、摸不着的，因而被称为“软件”。只有硬件而没有软件的计算机称为“裸机”，它几乎是无用的。只有当软件和硬件结合成一体并组成计算机系统后，才能发挥计算机的作用。随着软件的发展，软件的定义也在逐步变化。通常，狭义的软件被定义为程序。广义的软件一般包括以下三个部分。

① 程序：用计算机语言表达计算机所处理的一系列步骤。

② 文档：软件开发过程中的计划、设计、制作和维护等资料。

③ 使用说明书：指导使用软件的各种说明书，如用户手册、操作手册和维护手册等。

根据用途和性能的不同，软件可以分为系统软件和应用软件两类。当计算机在执行各类信息处理任务时，那些管理与支持计算机系统资源及操作的程序，称为系统软件。系统软件处于硬件与应用软件之间，方便人们有效地利用计算机的各种资源和使用计算机。系统软件负责协调整个计算机系统的硬件和各种程序间的活动和功能。系统软件包是为专门的 CPU 和硬件设计的，将特定的硬件配置与系统软件结合就形成计算机系统平台。应用软件是那些综合用户信息处理需求的，直接处理特定应用的程序。应用软件能够帮助用户解决特定技术问题。

1. 系统软件

系统软件包括各种语言的汇编、解释或编译系统（如计算机监控、调试、诊断和故障检测程序），数据库管理程序，操作系统和网络通信管理程序等。系统软件根据所完成功能的不同，可以分为以下四类。

（1）语言处理程序

这类程序主要帮助用户开发信息系统的应用程序。语言处理程序是将各种程序设计语言所编写的程序“翻译”成计算机的机器语言，从而被计算机执行的一种程序，主要包括各种语言解释器（Interpreter）、编译器（Compiler）、程序设计工具及计算机辅助软件工程包（Computer Aided Software Engineering，CASE）。

（2）操作系统

操作系统（Operating System，OS）是计算机最基本也最重要的软件包。操作系统是用于对计算机软件资源、硬件资源进行统一管理、统一调度和统一分配的程序，如 CPU 管理、存储器管理、文件管理和外部设备管理等程序。一般来说，操作系统有用户界面、资源管理、任务管理、文件管理、提供常用的实用程序与必要的支持服务五项功能。目前，常用的操作系统有微软公司的 Windows 系列和苹果公司的 Mac OS 系列等。

（3）通信程序

通信管理软件是通信网络的一个重要部分。通信管理软件控制与支持通信网络上的数据通信活动。数据通信是一个非常复杂的过程，通信程序就是用于控制数据通信过程，提高数据通信的自动化程度的。

（4）数据库管理系统

数据库管理系统（Data Base Management System，DBMS）也是一种系统软件包，这种软件包帮助企业开发、使用、维护和组织数据库。数据库管理系统既能将所有数据集成在数据库中，又允许不同用户运用程序方便地存取相同数据库。数据库是数据集合，DBMS 能够有效地管理和使用这些数据，可完成对数据的编辑、查询、统计和排序等操作，如常见的 SQL Server、Oracle 数据库和 MySQL 等。

2. 应用软件

应用软件是计算机各种应用程序的总称。它的主要功能是解决一个实际问题或完成一项具体工作。这类软件一般由软件人员或计算机用户针对具体工作编制。应用软件分为两类：一类是不分业务、行业的公用应用软件；另一类是按业务、行业划分的专用应用软件。

（1）公用应用软件

公用应用软件有进行数据分析、统计分析的数据处理软件，如统计分析软件包 SPSS，声音、图形、图像、文献等信息处理和进行信息检索的软件，自然语言处理、模式识别、专家系统等人工智能方面的软件，计算机辅助设计（CAD）、计算机辅助制造（CAM）、决策支持系统、结构分析等应用软件。

（2）专用应用软件

有的专用应用软件只能用于一个单位，若稍加扩充，则可以供多个单位使用。财会核算软件就是会计业务方面的专用应用软件。同一应用范围的软件，经过实践检验，取长补短，修改完善，形成性能良好、规格统一的模块化程序，称为应用软件包。

整个计算机系统是按层次结构进行组织的，各层次之间的关系：内层是外层的支持环境，外层不必了解内层的工作细节，只需要按照约定调用内层提供的服务即可。计算机系统的层次结构如图 3-3 所示。

图 3-3　计算机系统的层次结构

3.2　数据通信与计算机网络

数据通信和计算机网络是管理信息系统重要的技术基础。

3.2.1　数据通信概述

数据通信是计算机网络的重要组成部分，其主要任务是将地理位置不同的计算机或终端设备连接起来，高效率地完成数据传输、信息交换和通信处理。为了了解计算机网络的基本原理，建立起网络及其应用的整体概念，下面首先对数据通信的基础知识进行介绍。

1. 数据通信

数据通信就是通过适当的传输线路将数据信息从一台机器传送到另一台机器，这里所指的机器可以是计算机、终端设备或其他任何通信设备。数据通信实质上包含了数据处理和数据传输两方面的内容。在计算机网络中，数据处理主要由计算机系统来完成，而数据传输是依靠数据通信系统来实现的。

基于数据通信系统的计算机网络虽然多种多样，并且十分复杂，但我们可以根据其共同特性，避开其技术细节，归纳出任意两台计算机之间进行数据通信的简化模型，如图 3-4 所示。

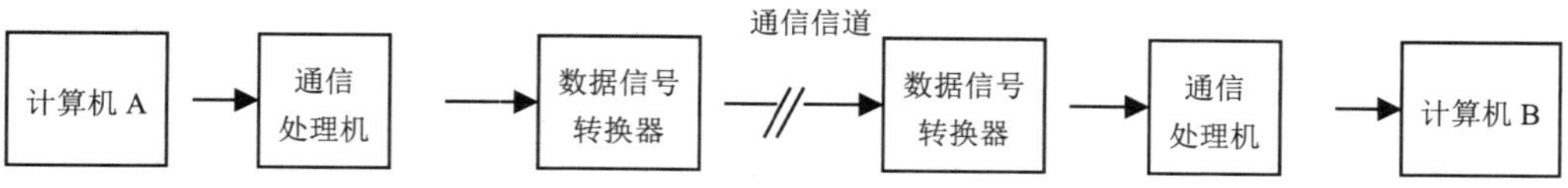

图 3-4　数据通信的简化模型

计算机 A 向计算机 B 进行数据通信的过程：

① 当计算机 A 要向计算机 B 发送信息时，通过通信处理机取得信道的使用权。

② 发送端的计算机 A 将要发送的信息传送给通信处理机。

③ 通信处理机根据发送方的要求，将要传送的信息划分成若干个数据分组（报文），送到数据信号转换器。

④ 数据信号转换器把通信处理机传来的数字信号编制成通信通道可以传输的信号，送入信道进行传输。

⑤ 接收端识别到发给自己的信息，通过数据信号转换器把传输来的信号还原成数字信号，送往接收端的通信处理机。

⑥ 通信处理机将收到的报文分组存储整理，等一个信息的所有报文分组收齐后，将它们组合在一起，作为一条完整的信息传送给接收端计算机 B。

由此可见，数据通信系统的基本构成要素为计算机、通信处理机、数据信号转换器、通信信道（即传输介质）及通信协议。计算机是数据处理和数据收发的主体；通信处理机既可以是大型机的通信前置机，也可以是微机上的通信传输卡；数据信号转换器可以是调制解调器或编码译码器；通信信道可以是双绞线、屏蔽电缆线、光导纤维或是无线电波；通信协议是数据通信系统在数据处理和传输中所应遵循的规程和标准。

2. 数据通信中的基本概念

（1）模拟数据通信与数字数据通信

模拟数据是连续变化的数值，如声音、温度等连续变化的物理量经传感器转换成的电信号，是一个振幅、频率及相位连续变化的电波，如图 3-5（a）所示。数字数据是离散的数值，如整数、字符和计算机中的二进制数据都是数字数据，如图 3-5（b）所示。

（a）模拟信号　　（b）数字信号

图 3-5　模拟信号与数字信号

模拟数据通信是指在传输介质上用模拟信号进行传输。传统的通信技术传送的大多是模拟信号，如电话通信就是利用模拟通信方式传送模拟信号的一个典型。计算机处理的是数字信号，不能直接用传统的模拟通信方式进行传输。要想通过模拟数据通信方式传送数字信号，就要用调制解调器（Modem）作为数据信号转换器，如图 3-6 所示。数字数据通信是指直接在传输介质上传送脉冲数字信号。它直接通过通信传输端口将两台计算机连接起来，就可以很容易地进行数字信息的传送。数字数据通信是计算机技术发展的产物。

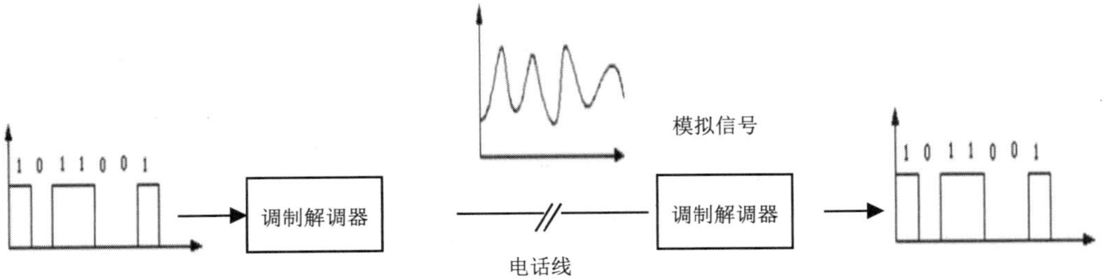

图 3-6　模拟信号传输数字信号

模拟通信方式和数字通信方式都可以传输模拟信号和数字信号，但两者在性能上有很大差异：

① 模拟通信比数字通信的误码率高得多。

② 数字通信可以将数字、字符、文本、声音，甚至动态图像等多媒体信息合成起来传输，更有效地利用设备，而模拟通信不行。

③ 随着大规模集成电路和计算机的性能价格比不断提高，数字通信设备的可用性越来越强，这是模拟通信不可比拟的。

所以，今后的发展趋势是无论模拟数据还是数字数据，都将采用数字通信方式进行传输。

（2）信号传输方向

信号传输方向是指通信过程中信号流动的方向，有三种情况，如图 3-7 所示。

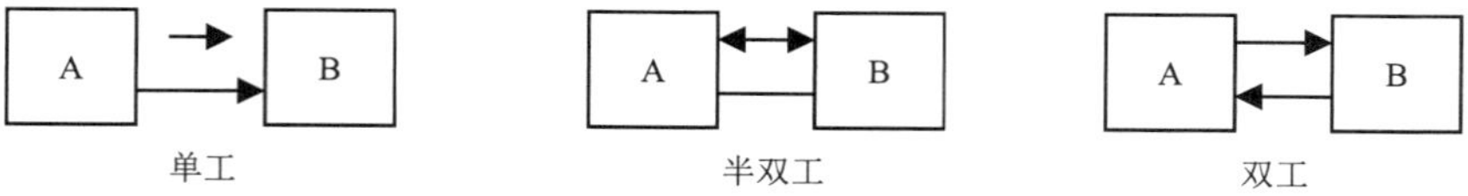

图 3-7　信号传输方向

① 单工通信方式，是指信息的传送始终保持一个方向，而不进行相反方向的传送。例如，广播、电视信号等就是从发射塔单向地传送到用户的接收机上。

② 半双工方式，是指信息可以在两个方向上传输，但任何时刻只能在一个方向传输，即两个方向的传输只能交替进行。例如，无线对讲机之间的通信方式就是半双工，要么自己说话，要么听对方讲话，用开关切换，两者不能同时进行。

③ 全双工方式，是指两个方向上的信息传输可同时进行，双方都可以一面发送数据，一面接收数据。例如，电话就是全双工通信方式，计算机网络上的通信也是以全双工方式进行的。

（3）通信传输介质

所谓通信传输介质，就是通信系统中发送端与接收端之间的信道通路。通信传输介质有多种类型，每种类型都有自己的特征，包括传输容量和传输速率。在开发通信系统时，通信传输介质的选取直接影响通信质量，它的选取取决于整个系统的目的和介质的特性。介质的选择应以最低的成本支持系统为目标，并允许系统目标随时修改。通信传输介质主要有以下几种：

① 双绞线。双绞线是一种最常用的传输介质，由两根像螺纹一样绕在一起的相互绝缘的铜线组成，每根铜线的直径大约 1 毫米，这种相互缠绕的两根线可以减少外部干扰。双绞线的主要优点是价格便宜、安装方便，主要缺点是抗干扰性较差，不支持高速的数据传输，双绞线占用的空间也比较大，所以双绞线逐渐被其他通信介质所取代。

② 同轴电缆。计算机网络中的同轴电缆与有线电视网络中使用的同轴电缆相似，它的中心是一根导线，外面包有绝缘层和外导体屏蔽层，最外面是塑料保护外层。同轴电缆的成本和性能均居中等水平，价格比双绞线的高，比光纤的低，传输的信号比双绞线的清晰、

噪音小，也有较高的传输速率。

③ 光纤。光纤由三个同心圆柱组成，内部由超纯的融凝石英玻璃组成的纤芯用于传输光信号，纤芯外面有包层，能把内部辐射出的光信号反射回去，使光线沿着纤芯传播，最外一层是塑料外壳，它可以保护外层表面，防止串音。由于光纤是通过激光脉冲传输数据，而不是传统的电传方式，所以与电缆相比，光纤重量轻、体积小，可以避免电磁干扰、衰减和侵蚀，安全保密性好，同时可支持极高的传输速率，所以光纤传输在远距离的高速数据传输中起着重要的作用。

④ 无线传输介质。无线传输常用于有线铺设不便的特殊地理环境，或者作为地面通信系统的备份和补充。在无线传输中使用较多的是微波通信和卫星通信。微波是一种通过空气传输的高频无线电信号，它是直线传输的，所以发送器和接收器之间不能有障碍物。典型的微波站的设置是成系列的，每个站在接收到信号后，将它放大，再把它转发到下一个微波传输站。卫星通信可以看成是一种特殊的微波通信，使用地球同步卫星作为中继站来转发微波信号，可以突破地面微波的距离限制，通信容量大、传输距离远、可靠性高。

（4）数据通信的主要性能指标

数据通信的任务是传送数据信息，人们希望传输速率高、信息量大、可靠性高，把这些要求具体到技术上，主要有以下几项指标：

① 传输速率：每秒钟能够传输数据代码的位数，单位为比特/秒（bit/s）。

② 带宽：能够传送信号的频率宽度，也就是可传送信号的最高频率与最低频率之差。一般来说，带宽越大，其容量就越大，信号的失真就越小，传输速率就越高。

③ 误码率：衡量数据通信系统正常工作情况下的可靠性指标。其意义是二进制码在传输过程中被传错的概率。在计算机网络系统中，对误码率有较高的要求。

如果用交通运输来形象地比喻数据通信，那么数据传输介质就相当于交通公路，传输速率就是公路上允许行驶的车速，带宽就是公路的车道数，误码率就是交通事故发生的概率。显然，公路上的车道越多，车速越高，交通事故率越低，那么车辆的流通速度越高，交通系统的运行状态越好。

3.2.2　计算机体系结构

管理信息系统的基本物理结构是计算机体系结构。它是计算机及其网络体系结构的结合体。它经历了从单机结构到主从结构、从客户机/服务器结构到浏览器/服务器结构的发展过程。

1. 单机结构

如果一个系统内的多台计算机是各自独立使用的，这样的系统就是单机结构的系统。单机结构的系统中，计算机处于各自为政的孤立状态，各自运行一套系统软件、应用软件和业务数据，计算机之间不能进行通信和资源共享，系统靠磁盘备份完成计算机之间的数据传输。

单机结构不能直接交流信息，不能共享资源，效率低、实时性差、手段落后。但单机系统具有天生的安全性和易操作性。

这种分散式结构往往存在于仅使用单机的组织中，组织的各个部门拥有各自的单机信息处理系统，而没有联合构成一个统一的信息系统，这就形成了一个个“信息孤岛”。组织的各部门不能利用计算机来进行协调和合作。目前，这种结构仍存在于一些企业中，需要通过计算机联网实现资源共享。

2. 主从结构

主从结构又称主机-终端结构，它有一台大型主机，可以同时在本地或远程挂接多个终端，主机对各终端用户传来的数据进行分时处理，使每个终端用户像拥有一台自己的大型计算机一样。用户借助终端访问计算机，终端只是一种数据输入输出（I/O）设备，没有CPU和存储器，没有处理能力，只负责将用户键盘输入的信息传到主机，然后显示由主机返回的处理结果。

主从结构采用集中式处理方式，许多用户共享一台大型计算机。由于主机要同时处理来自各个终端的数据，所以主机的性能十分重要。一般采用大型机或高配置的计算机做主机。系统的性能主要取决于主机的性能和通信设备的速度。

3. 文件服务器/工作站结构

20 世纪 80 年代计算机微型化的发展出现了微机局域网络。高性能微机或小型机作为文件服务器，微机作为工作站。数据库管理系统安装在文件服务器上，而数据处理和应用程序分布在工作站上，文件服务器仅提供对数据的共享访问和文件管理，没有协同处理能力。

文件服务器管理网络文件系统，提供网络共享打印服务，处理工作站之间的各种通信，相应工作站上的网络请求。工作站上运行网络应用程序时，先将文件服务器上的程序和数据调入本机内存中，运行后在本机上输出或在打印机上输出。

4. 客户机/服务器结构

随着计算机微型化进一步的发展，企业开始在整个组织中分布小型机和微型机，分布式处理逐渐取代分时处理成为主流方式。20 世纪 80 年代末以来，客户机/服务器结构成为最流行的网络计算模式。在客户机（Client）/服务器（Server）（C/S）结构中（见图3-8），网络系统上的计算机系统分成客户机与服务器两类，其中，服务器包括文件服务器、数据库服务器、打印服务器、专用服务器等，网络系统结点上的其他计算机系统称为客户机。

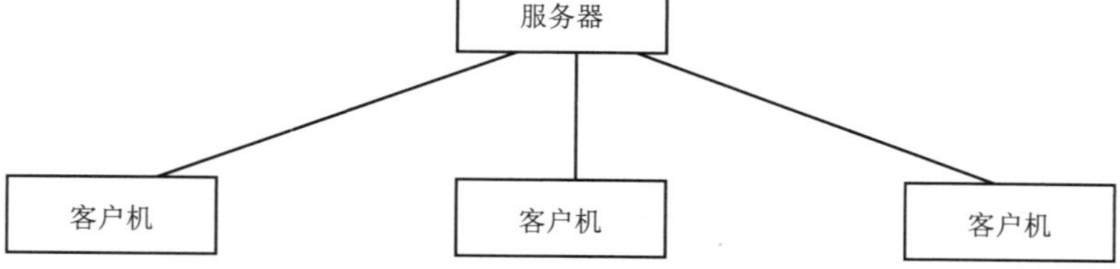

图 3-8　客户机/服务器结构

用户通过客户机在网络系统上向服务器提出服务请求，服务器根据请求向有关方面提供经过加工的信息。对数据的处理分前台和后台，客户机运行应用程序，完成屏幕的输入、输出等前台任务，而服务器则完成大量的数据处理及存储管理等后台任务。这种处理方式使后台处理的数据不需要与前台频繁传输，从而有效解决了文件服务器/工作站模式下的“传输瓶颈”问题。网络上的用户不仅共享打印机、硬盘和数据文件，而且共享数据处理。

5. 浏览器/服务器结构

Internet 技术的迅速发展，为企业信息系统提供了基于开放技术的新型网络环境。在此环境下产生了浏览器（Browser）/服务器（Server）（B/S）系统多层结构。这种结构实质上是客户机/服务器结构在新的技术条件下的延伸。在客户机/服务器结构中，大量的应用程序都在客户端进行，每个客户都必须安装应用程序和工具。系统的灵活性、可扩展性都受到很大影响。在 Internet 环境中客户机/服务器结构自然延伸为三层或多层结构，如图 3-9 所示。

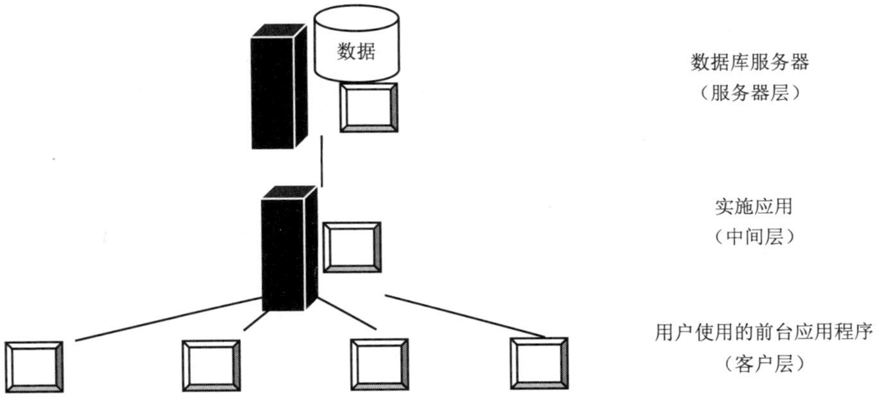

图 3-9　浏览器/服务器结构

在这种方式下，Web Server 既是浏览服务器，又是应用服务器，可以运行大量的应用程序，从而使客户端变得很简单。前台采用网络浏览器，如 Microsoft 公司的 IE 和 Netscape 公司的 Netscape Communicator 等。客户端利用浏览器通过 Web 服务器去访问数据库以获取必需的信息，而 Web 服务器与特定的数据库系统的连接可以通过专用的软件实现。

现在有些软件厂商已提供了 Web 服务器和数据库系统的统一解决方案。Web 服务器是以“页面”形式给浏览器提供信息的，应用系统开发时要进行这些页面的设计，对 Web 服务器与数据库系统的接口软件进行选择或自行开发，以实现两者的信息交换。从客户端看，整个系统有两层服务器，因而 B/S 结构是一种基于 Internet 技术的三层客户机/服务器结构，这是一种特殊的 C/S 结构。

B/S 结构具有以下优点：

① 由于采用基于超文本传送协议的 Web 服务器和可以对 Web 服务器上超文本文件进

行操作的浏览器，使得管理信息系统在信息处理技术上实现了集格式化文本、图形、声音、视频信息为一体的高度交互式环境，使信息处理的广度和深度大为增加。

② 由于 Internet 技术采用统一的与平台无关的跨平台通信协议，浏览器和 Web 服务器及相关的接口软件应用程序也独立于计算机的硬、软件平台，整个系统的开放性和可移植性好。在 Internet 环境下，既可以建立独立于 Internet 的为某个组织服务的管理信息系统，必要时又可以很方便地连接上 Internet，和 Internet 上各站点实现通信。

③ 由于浏览器、Web 服务器及有关接口软件都有商品软件可供选择，并且在服务器端和客户端进行应用系统开发所用的工具是 HTML 语言、JAVA 语言、C++语言等，使用方便、界面友好，可大大节省应用系统开发的成本，缩短开发周期。

3.2.3 计算机网络概述

计算机网络是用传输介质把分布在不同地理位置的具有独立功能的多台计算机、终端及其附属设备在物理上互联，按照网络协议相互通信，以共享硬件、软件和数据资源为目标的系统。计算机网络包括计算机系统、通信设备、传输介质和网络软件。

1. 计算机网络的基本组成

从系统功能角度来看，计算机网络可分为资源子网和通信子网两部分，如图 3-10 所示。

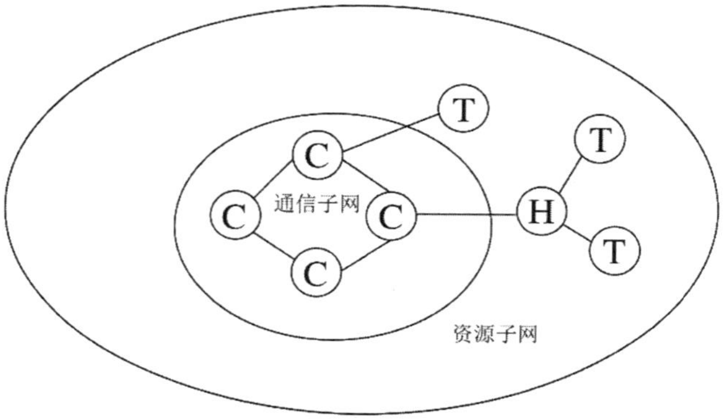

图 3-10 计算机网络的基本组成

C—通信控制处理器　　H—计算机主机　　T—终揣

（1）资源子网

资源子网一般由主计算机系统、终端和终端控制器、联网外围设备、通信子网的接口设备，以及各种软件资源、数据资源等组成。资源子网负责全网的数据处理和向网络用户提供网络资源及网络服务等。在计算机网络中，主机负责数据处理和网络控制，资源子网与其他模块的主机联网以后，构成网络的主要资源。终端是用户进行网络操作、实现人机对话所使用的设备。

（2）通信子网

通信子网，是指网络中实现网络通信功能的设备及其软件的集合。通信设备、网络通信协议和通信控制软件等属于通信子网，是网络的内层，负责信息的传输，主要为用户提供数据的传输、转接、加工和变换等。通信子网的任务是在转节点之间传送报文，主要由转节点和通信链路组成。

2. 计算机网络的功能

计算机网络主要有以下四个功能：

（1）数据通信

数据通信即数据传送，是计算机网络的基本功能之一。从通信角度看，计算机网络其实是一种计算机通信系统，作为计算机通信系统，能实现下列重要功能：

① 传输文件。

计算机网络能快速地在计算机与计算机之间进行文件复制。

② 使用电子邮件。

用户可以将计算机网络作为邮局，向网络上的其他计算机用户发送备忘录、报告和报表等。虽然在办公室使用电话非常方便，但网络的电子邮件可以向不在办公室的人传送消息，而且提供了一种无纸化办公环境。

（2）资源共享

资源共享包括硬件、软件和数据资源的共享，是计算机网络最有吸引力的功能。资源共享指网上用户能够部分或全部地使用计算机网络资源，使计算机网络中的资源互通有无、分工协作，从而大大地提高各种硬件、软件和数据资源的利用率。

（3）提高计算机系统的可靠性和可用性

① 计算机系统可靠性的提高。这主要表现在一旦某台计算机出现故障，其他计算机可以马上承担起由该故障机所担负的任务，使计算机的可靠性得到了大大的提高。

② 计算机系统可用性的提高。这主要是指当计算机网络中某一台计算机负载过重时，计算机网络能够进行智能的判断，并将新的任务转交给计算机网络中较空闲的计算机，均衡每一台计算机的负载，提高了每一台计算机的可用性。

（4）易于进行分布处理

在计算机网络中，每个用户可根据情况合理选择计算机网络内的资源，以就近原则快速地处理。对于大型综合问题，计算机网络通过一定的算法将任务分交给不同的计算机，从而达到均衡网络资源，实现分布处理的目的。此外，计算机网络技术能将多台计算机连成具有高性能的计算机系统，以并行的方式共同处理一个复杂的问题，这就是一种被称为协同式计算机的网络计算模式。

3. 计算机网络拓扑结构

计算机网络设计的第一步，就是要解决在给定计算机的位置及保证一定的网络响应时间、吞吐量和可靠性的条件下，通过选择适当的路线、线路容量、连接方式，使整个网络的结构合理，成本低廉。为了应付复杂的网络结构设计，人们引入了网络拓扑的概念。网络拓扑是指网络布局的方法，常见的拓扑结构有星形结构、环形结构、总线形结构、树形结构等，如图 3-11 所示。

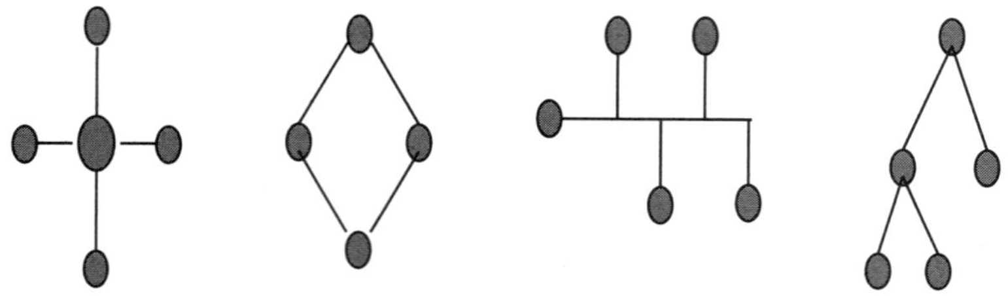

图 3-11 网络拓扑结构

4. 计算机网络的类型

计算机网络的种类很多，分类方法也多种多样。通常，按网络覆盖的地理范围，将其分为三类：局域网、广域网和城域网；按网络的所有权可分为公共网、专用网、增值网和虚拟专用网等。

（1）按网络覆盖的地理范围分类

① 局域网（Local Area Network，LAN）覆盖有限的区域，通常在几千米到几十千米以内，常用于一幢大楼内或紧邻楼群间的通信。局域网的传输速率通常为 10～100bit/s。一个组织中可构建一个或多个局域网，一个局域网可以包含多个子网，使得所有计算机可以共享局域网的软件资源、硬件资源，各用户之间还可以彼此通信，互相交换信息。比如部门级网、校园网、企业网等。

② 城域网（Metropolitan Area Network，MAN）是将一个城市范围的计算机互联，这种网络的连接距离是 10～100 千米。MAN 与 LAN 相比，扩展的距离更长，连接的计算机数量更多。MAN 可以说是 LAN 的延伸。在一个大型城市或都市地区，一个 MAN 通常连接着多个 LAN，如一个 MAN 连接政府机构的 LAN、医院的 LAN、电信的 LAN、公司企业的 LAN 等。光纤连接的引入使 MAN 中高速的 LAN 互联成为可能。MAN 的运行方式与 LAN 相似。

③ 广域网（Wide Area Network，WAN）也称远程网，它所覆盖的范围比城域网更广，一般是在不同城市和不同国家之间的 LAN 或者 MAN 互联，地理范围可从几百千米到几千千米。广域网要使用公共的通信系统，利用各种通信设施覆盖广大的地理区域，如长途电话、卫星传输和海底电缆。例如，国际银行业务网络和航班订票系统。Internet 可以视为世界上最大的广域网。

（2）按网络的所有权分类

① 公共网（Public Network）是一种组织或个人可共同使用的网络。电话系统、互联网都是普遍使用的公共网络。公共网络的特点是资源有限，但用户是无限的，因而为了获得公共网络的使用权，必定出现竞争问题。例如，电话系统的线路是有限的，随着用户数的增加，高峰时段拨打电话经常会出现“线路忙”的信号，表示有人占用此线路，需等待线路释放。

② 专用网（Private Network）是指组织拥有或租用通信介质，拥有独占使用网络设备的权力。那些对通信线路要求高可靠性的组织，往往使用专用网，这种网是组织独占使用

的。例如，早期的银行系统使用专用网来实现全国范围内总行与各分行之间的信息沟通。如果组织的网络覆盖很大的地理范围，那么组织则可能需要对通信线路有垄断使用权，但无须网络线路的所有权。在这种情况下，组织可从通信提供商那里租用通信线路，这样就能保障线路满足组织的应用需求，公司只要按租用期支付一定的费用。因为是专用的，安全性较易控制，相对来讲传输速度也较快。

③ 增值网（Value-Added Network，VAN）是一种半公用网。这类网络除了提供从一地到另一地的信息传输外，还可提供一些附加服务。

④ 虚拟专用网（Virtual Private Network，VPN）是部署于公共网络基础设施中的一种网络，它并不为用户提供专线或通信介质，但保证组织使用网络。所有用户的大量信息都将在这个网络中一起传送。VPN 提供者为组织信息传输提供数据加密服务，以保证隐私权。虚拟专用网提供了灵活性高、资费便宜、覆盖全面的长途通信，管理方便，用户只对业务进行申请，维护、管理工作全由电信运营部门集中负责，通话质量稳定、可靠、无延迟、无干扰，是现代企业理想的通信方式。

3.2.4 Internet 提供的信息服务

Internet 是以 TCP/IP 为基础组件的全球最大的国际互联网络，它是由那些使用公用语言互相通信的计算机连接而成的全球网络。它是由遍布全世界的大大小小的各种各样的网络组成的一个松散结构的全球网。Internet 提供了极其丰富的信息资源和先进的信息交流手段。

Internet 上的资源很多，它提供的主要信息服务有以下几个方面。

1. 电子邮件

电子邮件是世界上使用最广泛的 Internet 工具，它是网络用户之间进行快速、简便、可靠且低成本联络的现代通信手段。互联网上传送电子邮件是通过一套被称为邮件服务器的程序来完成的。简单邮件传送协议（Simple Mail Transfer Protocol，SMTP）和邮局协议（Post Office Protocol，POP）是两个负责用客户机/服务器模式发送和检索电子邮件的协议。

2. 万维网（WWW）

WWW 即 World Wide Web，由分布于全球的 Internet 计算机上的“网页”文件链接而成。WWW 是互联网上的一种信息检索与服务工具，Web 服务器利用 HTTP（Hyper Text Transfer Protocol，超文本传送协议）传递 HTML 文件，Web 浏览器使用 HTTP 检索 HTML 文件，一旦从 Web 服务器中检索到信息，这些信息就会显示在用户的 Web 浏览器上。由于其诸多便于商业应用的功能和特征，大大促进了互联网的商业应用，同时也成为互联网上最主要的获取信息的手段，在互联网上得到了最为广泛的应用，甚至成为互联网应用的象征和典型。

3. 电子公告板（BBS）

电子公告板（BBS）原本是上网用户张贴公告信息的场所，因实时性较好和影响面较大，发展成为网上文字讨论会。用户可以在主持人的管理下实时发表文字信息，所有进入网站的用户都能看到如同会议记录一样的网页内容，这些内容始终处于不断更新状态。在一个 BBS 上发表的信息很“重要”，则会被许多用户快速转载到其他 BBS 上。

4. 网络新闻服务（Usenet）

网络新闻服务是具有共同爱好的 Internet 用户相互交换意见的一种无形的用户交流网络，它相当于一个全球范围的电子公告牌系统。网络新闻的讨论话题非常广泛，从时事、科学、经济到娱乐、体育、休闲等应有尽有，它是按不同的专题组织的，志趣相同的用户可以借助网络上一些被称为新闻服务器的计算机开展各种类型的专题讨论，并可以将见解提供给新闻服务器，作为一条信息发送出去。

5. 文件传输

文件传送协议（FTP）用来在计算机之间传输文件，它允许文件双向传输：既可以从远程计算机获取文件，也可以将文件从本地机器传送到远程计算机上。用 FTP 访问远程计算机需要登录这个远程计算机，并向 FTP 提交用户名和口令，FTP 便可以同这台计算机远程建立连接并登录到这台计算机上的账户中，这种全权 FTP 访问方式可以向远程计算机发送文件并从远程计算机上下载文件；访问远程计算机的另一种途径是匿名 FTP。匿名 FTP 允许用户以客户的身份登录，输入匿名的用户名和口令后可以访问远程计算机的部分内容。

目前 Internet 上的 FTP 网站成千上万，存放着丰富的资源，包括最新技术标准、科技资料、学术论文及大量的软件等，其中很多信息是可以免费下载的，但也有些网站是限制访问的。

6. 远程登录（Telnet）

远程登录是 Internet 提供的基本信息服务之一，是提供远程连接服务的终端仿真协议。远程登录可以使用户的计算机登录到 Internet 的另一台计算机上。用户的计算机就成为该用户所登录计算机的一个终端，可以使用那台计算机上的资源。Telnet 提供了大量的命令，这些命令可用于建立终端与远程主机的交互式对话，可使本地用户执行远程主机的命令。

3.2.5 计算机网络应用

1. 内联网及其应用

对很多公司来说，互联网代表的是一种与全世界范围的客户、供应商、批发商和零售商联系的既简单，又快速、廉价的重要方式。在这种方式下，企业通过设立网络站点发布广告、宣传产品信息，公司能与成千上万的顾客和相关的公司取得联系。同样，公司也能用互联网把公司内部的员工联系起来，不管员工的工作岗位在哪里。这就是 Intranet，也称内联网。具体地说，Intranet 是一种基于 Internet 的 TCP/IP，使用万维网工具（Web 技术、浏览器、页面、超级链接），采用了防止外界侵入的安全技术（如防火墙），为企业内部服务，并能方便地接入 Internet 的企业内部的计算机网络系统。需要注意的是这里的“内部”并不是地域概念，而是针对 Internet 共有性质建设的企业私有网络，它可以是局限于一定范围内的局域网，也可以是连接了企业分布在各地的生产、运输、贸易部门和子公司的跨地区的广域网。

Intranet 的出现首先是市场经济发展与激烈市场竞争的产物。市场需求瞬息万变，需要不断加速产品和服务的更新换代，对市场需求的快速响应已成为企业成功的关键因素，为了赢得新的市场，企业向全球化方向发展，导致跨国公司不断涌现。为了在任何地点、任何时间与任何一个顾客打交道，实现企业的战略目标，必须用信息技术武装企业，这不仅是大公司的发展方向，也是中小企业的发展方向，否则就可能因为信息不灵，在激烈的市场竞争中失去生存空间。Intranet 的建设可以帮助企业实现其内部资源共享和信息快速传递的目的。

Intranet 与 Internet 既有联系又有区别。其联系在于 Intranet 是使用 Internet 技术组建的内联网，Intranet 要与 Internet 互联才能发挥作用；其区别在于 Intranet 是一种内联网，而 Internet 是一种公众信息网。Internet 允许任何人从任何一个站点访问它的资源，而 Intranet 内部信息必须严格加以保护，它必须通过防火墙与 Internet 连接起来。

企业信息系统在企业内部网络上以 WWW 方式向企业内的用户提供各种信息资源，而用户只要通过 WWW 浏览器软件就可以访问内联网上的所有信息资源。由于企业信息系统是以数据库为基础的，因此通过 WWW 浏览方式访问企业数据库将是 Intranet 的一个重要技术特征。同时，在 Intranet 中，企业内部的文件、会议、报告等传统信息交流方式也将被电子邮件、电子公告牌等方式所取代，从而产生了全新、高效的企业经营管理方式。基于 Internet 技术的内联网在信息管理方面比传统的数据管理具有突出的优越性，用户的操作十分简单，信息系统的维护与管理相对方便得多，因此 Intranet 成为管理信息系统十分重要的技术基础和发展趋势。

2. 外联网及其应用

Intranet 所定义的企业网络除访问 Internet 公用资源外，纯粹用于企业内部信息交流。它强调的是提高企业的内部效率，各种财务、人事、制造等应用软件确实成功地帮助企业提高了工作效率。但企业内部的高效率并不等同于企业在商业上的成功，企业要实现商业上的成功，与企业能否与其贸易伙伴进行有效的信息交流有很大的关系，这时就必须考虑开发外联网（Extranet）了。

Extranet 是 Intranet 的一种延伸，它不仅仅局限于一个企业内部，而是把相互合作企业的 Intranet 网络连在一起，是一种广义上的内联网。Extranet 通常与 Intranet 一样位于防火墙的后面，但不像 Internet 一样为大众提供公共的通信服务，也不像 Intranet 一样只为企业内部服务而不对公众公开，Extranet 只对一些有选择的合作者开放或向公众提供有选择的服务，即对 Extranet 的访问是半私有的，用户是由关系紧密的企业结成的小组，信息在信任的圈内共享。

Extranet 把企业内部已存在的网络扩展到企业之外，从而可以完成一些合作性的商业应用（如企业和其客户及供应商之间的电子商务、供应链管理等）。Extranet 可以完成如信息的维护和传播、在线培训、企业间的合作、客户服务，以及产品、项目管理和控制等各种应用。

新型外联网既具备传统企业内部网络的安全性，又具备 Internet 的开放性和灵活性，它改善了管理信息系统的信息共享方式，使得企业与客户、企业内部人员之间、企业与合作对象之间可以更加方便、快捷地共享信息，并集成了多种信息源。过去，实现企业间信息交流的主要手段是 EDI，但由于 EDI 主要是通过专用网络传输的，因此主要应用于规模较大的企业之间。基于 Extranet 的外部信息系统由于应用了 Internet 网络，克服了 EDI 网络费用非常昂贵的缺点，使中小企业也可以加入企业间的合作中，给中小企业的发展提供了良好的机会。另外，EDI 是通过标准的贸易单证来完成企业间计算机之间的通信，而 Extranet 采用的是 Web 技术，一个企业的操作人员登录到另一个企业的主页上，通过填写网页上的单证完成交易，因而更加方便、灵活和直接。

Internet，Intranet 和 Extranet 三者既有区别又有联系。其联系主要表现为 Internet 是网络应用的基础，是包括了 Intranet 和 Extranet 在内的各种应用的集合。Intranet 是利用 Internet 各项技术建立起来的企业内部信息网络，与 Internet 相同，其核心是 Web 服务。而 Extranet 是利用 Internet 将多个 Intranet 连接起来。Intranet 强调企业内部各部门的联系，业务范围仅限于企业内部；Extranet 强调各企业间的联系，业务范围包括贸易伙伴、合作对象、零售商、消费者和认证机构。若将 Internet 称为开放的网络，将 Intranet 称为专用封闭的网络，那么 Extranet 则是一种受控的外联网络。Internet 业务范围最大，Extranet 次之，Intranet 最小。

3. 联机事务处理

联机事务处理是指利用计算机网络，将分布于不同地理位置的业务处理计算机设备或网络与业务管理中心网络连接，以便于在任何一个网络节点上都可以进行统一、实时的业务处理活动或客户服务。联机事务处理在金融、证券、期货以及信息服务等系统得到广泛的应用。例如，金融系统的银行业务网，通过电话拨号、专线、分组交换网和卫星通信网覆盖整个国家甚至于全球，可以实现大范围的储蓄业务通存通兑，在任何一个分行、支行进行全国范围内的资金清算与划拨。在自动提款机网络上，用户可以持信用卡在任何一台自动提款机上获得提款、存款及转账等服务。在期货、证券交易网上，遍布全国的所有会员公司都可以在当地通过计算机进行报价、交易、交割、结算及信息查询。此外，民航订售票系统也是典型的联机事务处理，在全国甚至全球范围内提供民航机票的预定和售票服务。

4. POS 系统

POS（Point of Sales）系统是基于计算机网络的商业企业管理信息系统，它将柜台上用于收款结算的商业收款机与计算机系统联成网络，对商品交易提供实时的综合信息管理和服务。商业收款机本身是一种专用的计算机，具有商品信息存储、商品交易处理和销售单据打印等功能，既可以单独在商业销售点上使用，也可以作为网络工作站在网络上运行。POS 系统将商场的所有收款机与商场的信息系统主机互联，对商场的进、销、存业务进行全面管理，并可以与银行的业务网通信，支持客户用信用卡直接结算。POS 系统不仅能够使商业企业的进、销、存业务管理系统化，提高服务质量和管理水平，并且能够与整个企业的其他各项业务管理相结合，为企业的全面、综合管理提供信息基础，并对经营和分析决策提供支持。

5. 电子数据交换

电子数据交换是将商贸业务中的贸易、运输、金融、海关和保险等相关业务信息，通过计算机网络，用国际公认的标准格式，按照协议在贸易合作者的计算机系统之间快速传递，最终完成以贸易为中心的业务处理过程。由于电子数据交换可以取代以往在交易者之间传递的大量书面贸易文件和单据，因此，电子数据交换有时也被称为无纸贸易。电子数据交换的应用是以经贸业务文件、单证的格式标准和网络通信的协议标准为基础的，是集计算机技术、现代通信技术和现代管理科学为一体的应用技术。它在世界范围内的经济贸易行业的迅速应用和发展，给世界经济贸易的运行方式带来深远的影响。

3.3 数据库技术

数据库技术产生于 20 世纪 60 年代末至 70 年代初，其主要目的是有效地管理和存取大量的数据资源。数据库技术主要研究如何存储、使用和管理数据。数年来，数据库技术和计算机网络技术的发展相互渗透、相互促进，已成为当今计算机领域发展迅速、应用广泛的两大领域。数据库技术不仅应用于事务处理，还进一步应用到了情报检索、人工智能、专家系统和计算机辅助设计等领域。

数据库技术是通过研究数据库的结构、存储、设计、管理以及应用的基本理论和实现方法并利用这些理论来实现对数据库中的数据进行处理、分析和理解的技术。数据库技术是研究、管理和应用数据库的一门软件科学。

数据库技术研究和管理的对象是数据。因此，数据库技术所涉及的具体内容如下：通过对数据的统一组织和管理，按照指定的结构建立相应的数据库和数据仓库；利用数据库管理系统和数据挖掘系统设计出能够实现对数据库中的数据进行添加、修改、删除、处理、分析、理解、报表和打印等多种功能的数据管理和数据挖掘应用系统；利用应用管理系统最终实现对数据的处理、分析和理解。

3.3.1 数据库技术的基本概念

1. 数据和数据处理

数据是用于描述现实世界中各种具体事物或抽象概念的可存储并具有明确意义的符号，包括数字、文字、图形和声音等。数据处理是对各种形式的数据进行收集、存储、加工和传播的一系列活动的总和。其目的如下：从大量的原始数据中抽取、推导出对人们有价值的信息，作为行动和决策的依据；借助计算机技术科学地保存和管理大量的复杂的数据，以便人们能够方便而充分地利用这些宝贵的信息资源。

2. 数据库

数据库（Database，DB）是存储在计算机辅助存储器中的有组织的、可共享的相关数据集合。数据库具有如下特性：

① 数据库是具有逻辑关系和确定意义的数据集合。

② 数据库是针对明确的应用目标而设计、建立和加载的。每个数据库都具有一组用户，

并为这些用户的应用需求服务。

③ 一个数据库反映了客观事物的某些方面，而且需要与客观事物的状态始终保持一致。

3. 数据库管理系统

数据库管理系统（DBMS）是对数据库进行管理的系统软件，它的职能是有效地组织和存储数据、获取和管理数据、接受和完成用户提出的各种数据访问请求。能够支持关系型数据模型的数据库管理系统称为关系型数据库管理系统（Relational Database Management System，RDBMS）。

RDBMS 的基本功能包括以下四个方面：

（1）数据定义功能

RDBMS 提供了数据定义语言（Data Definition Language，DDL），用户利用 DDL 可以方便地对数据库中的相关内容进行定义，如对数据库、表、字段和索引进行定义、创建和修改。

（2）数据操纵功能

RDBMS 提供了数据操纵语言（Data Manipulation Language，DML），用户利用 DML 可以实现在数据库中插入、修改和删除数据等基本操作。

（3）数据查询功能

RDBMS 提供了数据查询语言（Data Query Language，DQL），用户利用 DQL 可以实现数据库数据的查询操作。

（4）数据控制功能

RDBMS 提供了数据控制语言（Data Control Language，DCL），用户利用 DCL 可以完成数据库运行控制功能，包括并发控制（处理多个用户同时使用某些数据时可能产生的问题）、安全性检查、完整性约束条件的检查和执行及数据库的内部维护（如索引的自动维护）等。

RDBMS 的上述许多功能都可以通过结构化查询语言（Structured Query Language，SQL）来实现。SQL 是 RDBMS 的一种标准语言，在不同的 RDBMS 产品中，SQL 中的基本语法是相同的。此外，DDL、DML、DQL 和 DCL 也都属于 SQL。

拓展阅读：　关系数据库

1970 年，IBM 的研究员，有"关系数据库之父"之称的埃德加·弗兰克·科德（Edgar Frank Codd）博士在刊物 *Communication of the ACM* 上发表了题为《大型共享数据库的关系模型》（*A Relational Model of Data for Large Shared Data banks*）的论文，文中首次提出了"数据库的关系模型"的概念，奠定了关系模型的理论基础。20 世纪 70 年代末，关系方法的理论研究和软件系统的研究均取得了很大成果，IBM 的 San Jose 实验室在 IBM370 系列机上研制的关系数据库实验系统 System R 历时 6 年获得成功。1981 年，IBM 又宣布了具有 System R 全部特征的新的数据库产品 SQL/DS 问世。由于关系模型简单明了，具有坚实的数学理论基础，因而一经推出便受到了学术界和产业界的高度重视和广泛响应，并很快成为数据库市场的主流。20 世纪 80 年代以来，计算机厂商推出的数据库管理系统几乎都支持关系模型，数据库领域当前的研究工作也大都以关系模型为基础。

4. 数据库应用系统

数据库应用系统是指拥有数据库技术支持的计算机系统。它可以实现有组织地、动态地存储大量相关数据，提供数据处理和信息资源共享服务的功能。

数据库应用系统是由数据库系统、应用程序系统和用户组成的，具体包括数据库、数据库管理系统、数据库管理员、硬件平台、软件平台、应用软件和应用界面。数据库应用系统的七个部分以一定的逻辑层次、结构方式组成一个有机的整体。

3.3.2　数据库技术的应用方式及应用领域

1. 数据库技术的应用方式

从其应用方式来看，数据库技术主要起着以下两方面的作用。

（1）信息系统开发作用

利用数据库技术和互联网技术，并结合具体的编程语言，可以开发一个信息系统，从而解决业务数据的输入和管理问题。在信息系统开发中，主要利用的是 RDBMS 的基本功能，即数据定义功能、数据操纵功能、数据查询功能和数据控制功能。

（2）数据分析与展示作用

数据库技术是利用 RDBMS 的数据查询功能对数据库中的数据进行关联组合或逐级汇总分析，并以表格、图形或报表形式将分析结果进行展示从而解决业务数据的综合利用问题。

2. 数据库技术的应用领域

从其应用领域来看，数据库技术在以下领域取得了巨大的发展。

（1）数据仓库

数据仓库是为企业所有级别的决策制定过程，提供所有类型数据支持的战略集合。数据仓库是单个数据存储，出于分析性报告和决策支持目的而创建，为需要业务智能的企业提供业务流程改进。

数据仓库是在数据库已经大量存在的情况下，为了进一步挖掘数据资源和决策需要而产生的，它并不是“大型数据库”。数据仓库方案建设的目的是为前端查询和分析作基础，因为有较大的冗余，所以需要的存储空间也较大。为了更好地为前端应用服务，数据仓库往往具有以下特点：

① 效率足够高。数据仓库的分析数据一般以日、周、月、季和年等为周期。可以看出，以日为周期的数据要求的效率最高，要求 24 小时甚至 12 小时内，客户能看到昨天的数据分析。由于有的企业每日的数据量很大，设计得不好的数据仓库经常会出问题，延迟数日才能给出数据，这显然是不行的。

② 数据质量要求高。数据仓库所提供的各种信息，要求数据准确。但由于数据仓库流程通常分为多个步骤，而且复杂的架构层次更多，一旦数据源有错或者代码不严谨，都可

能导致数据失真，客户看到错误的信息就可能导致做出错误的决策，造成损失。

③ 扩展性。有的大型数据仓库系统架构设计复杂，是因为考虑到了未来3至5年的扩展性。这样，3至5年内不用去重建数据仓库系统，系统也能很稳定地运行。数据仓库的扩展性主要体现在数据建模的合理性，在数据仓库方案中多出一些中间层，为海量数据留有足够的缓冲空间，不至于数据量虽大但运行不起来。数据仓库技术可以将企业多年积累的数据整合，不但为企业管理好这些海量数据，而且能挖掘数据潜在的价值，从而成为通信企业运营维护系统的亮点之一。

④ 面向主题。操作型数据库的数据组织面向事务处理任务，各业务系统之间各自分离，而数据仓库的数据则是按照一定的主题进行组织的。面向主题是与传统数据库的面向应用相对应的，是一个抽象概念，是在较高层次上将企业信息系统中的数据综合、归类并进行分析利用的抽象。每一个主题对应一个宏观的分析领域。数据仓库排除对于决策无用的数据，提供特定主题的简明视图。

（2）数据挖掘

数据挖掘一般是指从大量的数据中通过算法搜索隐藏于其中的信息的过程。数据挖掘通常与计算机科学有关，并通过统计、在线分析处理、情报检索、机器学习、专家系统和模式识别等诸多方法来实现上述目标。

近年来，数据挖掘引起了信息产业界的极大关注，主要原因是存在大量数据，可以被广泛使用，并且产业界迫切需要将这些数据转换成有用的信息和知识。获取的信息和知识可以广泛用于各领域，如商务管理、生产控制、市场分析、工程设计和科学探索等。

数据挖掘利用了来自以下领域的思想：统计学的抽样、估计和假设检验；人工智能、模式识别和机器学习的搜索算法、建模技术和学习理论。此外，数据挖掘也迅速地接纳了来自其他领域的思想，这些领域包括最优化、进化计算、信息论、信号处理、可视化和信息检索，特别地，数据挖掘需要数据库系统提供有效的存储、索引和查询处理支持，源于高性能（并行）计算的技术在处理海量数据方面非常重要。分布式技术也能帮助处理海量数据，并且当数据不能集中到一起处理时更是至关重要。

（3）商业智能

商业智能的概念最早由加特纳集团提出。商业智能描述了一系列的概念和方法，通过应用基于事实的支持系统来辅助商业决策的制定。商业智能技术提供使企业迅速分析数据的技术和方法，包括收集、管理和分析数据，将这些数据转化为有用的信息，然后分发到企业各处。

商业智能通常被理解为“将企业中现有的数据转化为知识，帮助企业做出明智的业务经营决策的工具”。这里所谈的数据包括来自企业业务系统的订单、库存、交易账目、客户和供应商等，企业所处行业和竞争对手的数据，以及企业所处的其他外部环境中的各种数据。商业智能能够辅助的业务经营决策，既可以是业务层的决策，也可以是战术层和战略层的决策，为了将数据转化为知识，需要利用数据仓库、OLAP（联机分析处理）和数据挖掘等技术。因此，从技术层面上讲，商业智能不是什么新技术，而只是数据仓库、OLAP和数据挖掘等技术的综合运用。

可以认为，商业智能是对商业信息的收集、管理和分析过程，目的是使企业的各级决策者获得知识或洞察力，促使他们做出对企业更有利的决策。商业智能一般由数据仓库、联机分析处理、数据挖掘、数据备份和恢复等部分组成。商业智能的实现涉及软件、硬件、咨询服务及应用，其基本体系结构包括数据仓库、联机分析处理和数据挖掘三个部分。

因此，把商业智能看作一种解决方案比较恰当。首先，商业智能从许多来自不同的企业运作系统的数据中提取出有用的数据并进行清理，以保证数据的正确性；然后，经过抽取（Extraction）、转换（Transformation）和装载（Load），即 ETL 过程，把数据合并到一个企业级的数据仓库里，从而得到企业数据的一个全局视图；再次，利用合适的查询和分析工具、数据挖掘工具和 OLAP 工具等对其进行分析和处理(将信息变为辅助决策的知识)；最后，将知识呈现给管理者，为管理者的决策过程提供支持。

本章小结

本章内容介绍管理信息系统的技术基础，主要包括计算机硬件、软件、数据通信、计算机网络、数据库技术及其应用。还介绍了 Internet、Intranet、Extranet 的相关概念及在实际中的应用。

综合案例

案例 1　信息技术推动传统产业的技术升级

信息技术是管理和处理信息所采用的各种技术的总称。一切与信息的获取、加工、表达、交流、管理和评价等有关的技术都可以称为信息技术。信息技术主要应用计算机科学和通信技术来设计、开发、安装和实施信息系统及应用软件，也常被称为信息和通信技术，主要包括传感技术、计算机技术和通信技术。

信息技术代表着当今先进生产力的发展方向，信息技术的广泛应用使信息作为重要生产要素和战略资源的作用得以发挥，使人们可以更高效地进行资源优化配置，从而推动传统产业不断升级，提高社会劳动生产率和社会运行效率。就传统的工业企业而言，信息技术在以下层面推动着企业升级。

① 将信息技术嵌入传统的机械、仪表产品中，促进产品智能化、网络化，是实现产品升级换代的重要方法。这项工作往往被称为“机电一体化”。

② 计算机辅助设计技术、网络设计技术可显著提高企业的技术创新能力。

③ 利用计算机辅助制造技术或工业过程控制技术实现对产品制造过程的自动控制可明显提高生产效率、产品质量和成品率。

④ 利用信息系统实现企业经营管理的科学化，统一整合调配企业人力、物力和资金等资源，可以实现整体优化。

⑤ 利用互联网开展电子商务，进行供应链和客户关系管理，促使企业经营思想和经营

方式的升级，可提高企业的市场竞争力和经济效益。以互联网为代表的信息技术也是促进农业现代化和第二产业发展的有力武器。

案例2　信息社会

美国未来学家奈斯比特认为，1956年和1957年是一个转折点，它标志着“工业社会”的结束和“信息社会”的开始。从那时起，信息时代已不再是一个观念，而成为一种现实。学者们按照生产技术的重大变化，及由此引起的社会生产结构、劳动方式和生活方式的重大变化，把从古到今的社会区分为农业社会、工业社会和信息社会。

信息社会与工业社会最大的区别在于战略资源不同。工业社会的战略资源是资本，而信息社会的战略资源则是信息。奈斯比特举例说，100年前很多人可能就已经知道怎样建造一座钢铁厂，所缺少的只是资金。如今再兴办企业，最要紧的已经是信息（知识和技术）了。人类跨入信息时代，是和计算机技术的发展与普及紧紧联系在一起的。日本经济学家松田米津在《信息社会》一书中指出，信息社会就是以计算机技术为发展核心的社会，信息社会的发达程度要由计算机技术的发展水平和普及程度来决定。按照计算机化发展的过程，他把信息社会分为以下四个阶段。

第一阶段是以大型科技项目为基础的计算机化，时间大致是从1945年到1970年。在这一阶段，计算机主要被用于军事和太空探险，如计算导弹飞行的弹道、组织阿波罗登月计划等。推行计算机化的主体是国家机构。

第二阶段是管理的计算机化，时间大致是从1955年到1980年。这一阶段的主要目标是运用计算机技术增加国民生产总值，提高企业管理效率。推行计算机化的主体为政府机关和企业。

第三阶段是社会的计算机化，时间大致是从1970年到1990年。计算机技术主要被用于科学、教育、医疗、交通指挥、资源调查和清除污染等，以增进社会福利，满足社会需求。推行计算机化的主体除政府和企业外，还增加了个人。

第四阶段是个人的计算机化，时间为1975年至今。在这一阶段，每个家庭都可以拥有计算机，每个人都可以从计算机系统取得所需的资料，解决工作和生活中的问题，实现未来目标。个人将取代机构成为计算机化的主体。

在信息科学技术领域，新突破不断涌现，已有的突破又酝酿着新的突破，使社会发生着根本性的变化。人们的生活方式、工作方式和学习方式也发生了巨大的变化，如遥控生产、远程会诊、电影创作、合作攻关、打击犯罪、学校教育、邮递信件和电子报刊等。

案例思考题

1. IT包含哪些技术？
2. 结合实例，说明信息技术在哪几个层面推动传统产业的技术升级。
3. 请结合实例说明信息社会的发展阶段。

复习思考题

1. 计算机系统是由哪几部分构成的？

2. 简述数据库系统的构成。
3. 简述数据库设计的过程。
4. 什么是数据仓库？它与传统的数据库有什么区别与联系？
5. 什么是数据挖掘？数据挖掘的过程是什么？
6. 什么是计算机网络？它有什么功能？
7. 结合当前市场状况，谈谈计算机及计算机网络的发展趋势。
8. 内联网和互联网有什么区别？外联网和内联网是如何联系起来的？
9. 结合实际说说计算机网络在企业中有哪些应用？

第 4 章
云计算与大数据

学习目标

掌握云计算的基本概念、特点与发展。了解大数据处理系统与层次、云计算与大数据的相关技术、物联网的基本概念与相关技术。明确云计算、大数据与管理信息系统的关系。

内容提要

1. 云计算概述
2. 大数据概述
3. 物联网
4. 云计算和大数据在信息系统中的应用

4.1 云计算概述

4.1.1 云计算的概念与特点

云计算（Cloud Computing），是一种基于互联网的计算方式，通过这种方式，共享的软件、硬件资源和信息可以按需提供给计算机和其他设备。“云”其实是网络、互联网的一种比喻说法。云计算的核心思想，是对大量用网络连接的计算资源进行统一管理和调度，构成一个计算资源池向用户提供按需服务。提供资源的网络被称为“云”。狭义云计算指 IT 基础设施的交付和使用模式，指通过网络以按需、易扩展的方式获得所需资源；广义云计算指服务的交付和使用模式，指通过网络以按需、易扩展的方式获得所需服务。这种服务可以是 IT 服务，和软件、互联网相关，也可是其他服务。

云计算是分布式计算、并行计算、效用计算、网络存储、虚拟化、负载均衡等传统计算机和网络技术发展融合的产物。它是一种基于并高度依赖于 Internet 用户与实际服务提供的计算资源相分离，集合了大量计算设备和资源，并向用户屏蔽底层差异的分布式处理架构。

云计算作为新兴事物，虽然在理论和应用上都没有得到人们一致性的认识，但也可以归纳出以下几个方面的共性。

① 集合了大量计算机。一方面，大量的计算机可以提供强大的整体计算能力；另一方面，整体管理还可以降低管理和维护成本，通过对计算机运行环境的优化，缩短单台计算机的服务周期。

② 多种软硬件技术相结合。在云计算的组织结构中，使用了诸如分布式计算、负载均衡和服务器集群等技术；在基于云计算的应用设计中，还会用到 B/S、Web Service、SOA 等技术；在硬件组织和机房建设中，会使用冷却、通风和布线等技术。

③ 对客户端设备的要求低。通常，云计算的客户端系统只需要满足能够运行一个浏览器的要求即可。而且，云计算的客户端是多样的，可以是一台 PC，也可以是一部移动电话。客户端只需要将相应的数据展现给客户，并对用户的输入进行收集和提交即可，业务逻辑中的大部分都将转换到云计算服务器上，数据也将存储在云端。例如，在商业的 SaaS 应用中，大部分的客户端都是浏览器。当然，有些情况下需要安装一些插件。

④ 规模化效应。云计算的服务器是大规模的，用户也是大规模的，这使得管理与维护都得以集中，不仅降低了服务器的维护成本，还使软硬件资源得到最充分的利用。当然，这在很大程度上也加深了灾难的蝴蝶效应，一旦云计算的关键设施出现问题，如遭遇攻击，或者网络发生异常等，对于客户的影响将是致命的。

4.1.2　云计算的应用

总的来讲，云计算是一种大量服务器的组成架构，其提供的计算资源并不能直接给用户使用，而是通过其他的方式，例如，以提供存储、搜索、科学计算等应用服务的方式来展现其魅力。目前，云计算已经被应用到以下几个方面。

第一，存储。即“云存储”，它是指通过集群应用、网格技术或分布式文件系统等功能，将网络中大量各种不同类型的存储设备通过应用软件集合起来协同工作，共同对外提供数据存储和业务访问功能的一个系统。当云计算系统运算和处理的核心是大量的存储和管理时，云计算系统中就需要配置大量的存储设备，那么云计算系统就为一个云存储系统，所以云存储是一个以数据存储和管理为核心的云计算系统。Amazon 所提供的 S3，就是一种向用户提供存储服务的云计算应用，Microsoft 公司通过 Windows Live 的 SkyDrive 向用户提供网络存储服务，Google Docs 支持对任意文件的存储。

第二，搜索。各大搜索引擎公司（如 Google 等）为了满足用户的需求，并提供良好的体验，都使用了大量的服务器，组成服务器群，把用户的请求进行拆分、执行和返回。

第三，科学计算。小型团队在实验或者项目必需的情况下，会有大量的计算需求，无论是购买设备，还是租用大型计算机，都将有不菲的费用，而通过购买云计算服务（如 Amazon 的 EC2 服务），搭建需要的平台，基本可以在前期零投入的情况下满足相应的计算需求。

第四，安全应用。“云安全”是指通过网状的大量客户端对网络中软件行为的异常监测，获取互联网中木马、恶意程序的最新信息，推送到 Server 端进行自动分析和处理，再把病毒和木马的解决方案分发到每一个客户端。云安全的策略构想是使用者越多，每个使用者就越安全，因为如此庞大的用户群，足以覆盖互联网的每个角落，只要某个网站被挂马或某个新木马病毒出现，就会立刻被截获。

一般地，当有以下需求的时候，就可以考虑使用云计算服务。

① 短时间内的较大规模计算需求。

② 零成本的前期投入，并且总拥有成本（Total Cost of Ownership，TCO）较优。

③ 在充分相信云计算服务提供商的情况下的数据安全性需求。

④ 没有足够的服务器管理人员。

⑤ 在终端设备配置较差的情况下完成较复杂的应用。

当使用云计算服务时，一般都可以达到前期成本的零投入，短时间内在云计算环境中搭建一个满足大规模计算需求的虚拟服务器或虚拟服务器集群。而且，用户不需要配置专门的维护人员，云计算服务的提供商也会对数据和服务器的安全做出相对较高水平的保护。由于云计算将数据存储在云端（分布式的云计算设备中承担计算和存储功能的部分），业务逻辑和相关计算都在云端完成，因此，终端只需要一个能够满足基础应用的普通设备即可。

4.1.3 基础设施即服务（IaaS）

基础设施即服务（Infrastructure as a Service，IaaS）：消费者通过 Internet 可以从完善的计算机基础设施获得服务，这类服务称为基础设施即服务。例如，The New York Times 使用成百上千台 Amazon EC2 在 36 小时内处理 TB 级的文档数据。如果没有 EC2，The New York Times 处理这些数据将要花费数天或者数月的时间。

注： Amazon EC2 是一个让用户可以租用云电脑运行所需应用的系统。EC2 借由提供 Web 服务的方式让用户可以弹性地运行自己的 Amazon 机器镜像文件，用户将可以在这个虚拟机上运行任何自己想要的软件或应用程序。

IaaS 分为两种用法：公共的和私有的。公共的是指在基础设施云中使用公共服务器池，而私有的服务往往使用企业内部数据中心的一组公用或私有服务器池。所以这里的私有也就是专用的意思。如果在企业数据中心环境中开发软件，那么这两种类型都能使用，而且使用 EC2 临时扩展资源的成本也很低。

目前比较成熟的 IaaS 平台产品有 OpenStack 和 Eucalyptus。

① OpenStack：Rackspace 和 NASA 联手推出的云计算平台。为那些希望给用户提供云服务的托管供应商们创造了进入云计算领域的机会，就像 Parallels Virtuozzo 为 Web 托管公司开发了虚拟化私有服务器。

② Eucalyptus：Eucalyptus 是一种开源的软件基础结构，用来通过计算集群或工作站群实现弹性的、实用的云计算。它最初是美国加利福尼亚大学计算机科学学院的一个研究项目，现在已经商业化，发展成为 Eucalyptus Systems。不过 Eucalyptus 仍然按开源项目那样维护和开发。Eucalyptus Systems 还在基于开源的 Eucalyptus 构建额外的产品，并且提供支持服务。

4.1.4　平台即服务（PaaS）

平台即服务（Platform as a Service，PaaS）：把服务器平台（或开发环境）作为一种服务的商业模式。通俗一点讲，就是将软件研发的平台作为一种服务，以 SaaS 的模式提交给用户。因此，PaaS 也是 SaaS 模式的一种应用。但是，PaaS 的出现可以加快 SaaS 的发展，尤其是加快 SaaS 应用的开发速度。

PaaS 之所以能够推进 SaaS 的发展，主要在于它能够提供企业进行定制化研发的中间平台，同时涵盖数据库和应用服务器等。目前一些厂商的 PaaS 平台技术已趋于成熟，基于这样的 PaaS 平台可以快速开发自己所需要的应用和产品。同时 PaaS 平台开发的应用能更好地搭建基于 SOA（面向服务的体系结构）的企业应用。对于 SaaS 运营商来说，PaaS 可以帮助他们进行产品的多元化和产品的定制化。例如，Salesforce 的 PaaS 平台让更多的独立软件开发商成为其平台的客户，从而开发出基于他们平台的多种 SaaS 应用，使其成为多元化软件服务提供商，而不再只是一家 CRM（客户关系管理）服务提供商。而国内的 SaaS 厂商 800APP 通过 PaaS 平台，改变了仅是 CRM 供应商的市场定位，实现了 BTO（Built To Order，按订单制造）和在线交付流程。使用 800APP 的 PaaS 开发平台，用户不再需要任何编程即可开发 CRM、OA、HR、SCM、进销存管理等任何企业管理软件，而且不需要使用其他软件开发工具并立即在线运行。

4.1.5　软件即服务（SaaS）

软件即服务（Software as a Service，SaaS）：基于互联网提供软硬件资源租赁、数据存储、安全保障等服务的商业应用。它是以互联网为基础，将应用和软件以服务形式提供的软件运营模式。对于用户来讲，服务和数据就是其信息系统的全部。

系统的管理和维护将被集中，由 SaaS 运营商来承担相关工作，SaaS 的运营商通常还会是软件的开发商。

SaaS 是一种 Internet 软件运营和销售模式，与传统的软件运营模式相比，有以下几个特点。

① 高度依赖 Internet。虽然在理论上，只要用户与 SaaS 运营商的服务器有网络连接就可以获取服务，但实际上，这个网络连接通常由 Internet 来完成。

② 软件几乎都基于 B/S 架构。B/S 架构的一个重要特点就是客户端的标准化，其部署非常简单、方便，甚至基本不需要部署，通常的计算机甚至手持设备都能完成这个任务，只要可以运行支持 WWW 标准的浏览器即可。B/S 架构还带来了逻辑和数据的分离，这使得服务的提供能够更简便，数据的安全性也有一定的保证。

③ TCO 最优。几乎为零的前期投入，按功能、规模和时间收费的收费策略，无论是对于保护投资，还是对于降低成本，都具有决定性的作用。尤其是 SaaS 运营商提供的免费试用和功能定制，更为降低 TCO、避免浪费提供了更多的保证。另外，SaaS 不需要用户的系统管理和维护，也节省了企业的人力运营成本。

④ 多用户并行于一套系统。SaaS 之所以能够降低 TCO，原因之一就是多个用户的资

源共享，包括服务器计算资源、网络带宽，甚至是程序和数据级的共享，如多个用户使用同一套系统、将数据存放于同一个数据库等。

⑤ 集中的系统管理与维护。B/S 架构中的业务逻辑层和数据层被转移到 SaaS 运营商的服务器上，由其进行集中系统管理与维护，以及软件产品的修改和升级等。不仅提升了系统管理和维护的水平，便于软件系统的更新与升级，也为企业降低了相应的 IT 运营维护的人力需求。当然，集中的管理模式也会引起灾难的蝴蝶效应，会加大系统管理与维护的安全压力。

⑥ 安全隐患。安全隐患可能来自 SaaS 运营商内部和外部，甚至 SaaS 软件的其他用户。有意或者无意的破坏都会有非常大的影响，尤其是在多个企业数据被集中的情况下，更容易产生灾难的规模效应。虽然数据存储在企业内部也会有安全问题，但大多数中小企业都不习惯“将自己的鸡蛋放在别人的篮子里”。安全隐患的顾虑，有时也来自信任问题，企业的数据都是其重要财产之一，尤其是客户资料和财务数据，存放在企业外部的服务器上，难免会让人对 SaaS 运营商产生信任问题。

规模化经营是行业发展的趋势，软件行业也不例外。SaaS 使得软件由一种产品转变成了服务，将需求的满足从系统的管理和维护中剥离，这都使得软件应用和信息化能够真正地走进信息化时代。当然，其中的问题也必须正视，尤其是安全和信任问题，是 SaaS 发展的巨大障碍。

SaaS 是目前较为热门的一个应用，尤其是在中小企业的信息化中，在信息化项目预算有限的情况下，可以有效地保证投资的安全性，而且后期不需要专人维护，对于用户来讲，只需要接受和使用相应的服务即可。当然，目前也存在一些问题，如数据的安全问题、服务的客户定制问题等。

4.2 大数据概述

4.2.1 大数据简介

大数据，也称巨量资料，指的是需要新处理模式才能具有更强的决策力、洞察力和流程优化能力的海量、高增长率和多样化的信息资产。在维克托·迈尔-舍恩伯格所著的《大数据时代》一书中，大数据被解释为摒弃了抽样调查而采用所有数据进行分析处理的方法。

和云计算类似，作为新生事物的“大数据”并没有一个明确的定义。被广泛接受的“大数据”通常被狭义地理解为“用现有的一般技术难以管理的大量数据的集合”。然而，该定义着眼于大数据一词的数据相关性质，并不能全面地解释大数据相关的问题和内容。因此，在广义层面，大数据可以获得如下的定义：所谓大数据，既包括因具备“3V”或“4V”特征而难以进行管理的数据，又包括了对这些数据进行存储、处理、分析的技术，以及能够通过分析这些数据获得实用意义和观点的人员、组织和系统。

其中，“存储、处理、分析的技术”，指的是用于大规模数据分布式处理的框架 Hadoop、具备良好扩展性的 NoSQL 数据库，以及机器学习和统计分析方法等。所谓“能够通过分析这些数据获得实用意义和观点的人才、组织和系统”，指的是能够对大数据进行有效存储和运用的数据分析公司、技术人员和管理信息系统。大数据的定义，核心特征是以 V 开头的三个关键词：Volume、Variety 和 Velocity。

1. Volume（大量）

Volume 是指数据量。从大数据的定义中可以了解到，这里的 Volume 指的是现有技术无法管理的数据量。从现状来看，基本上是指从几十 TB 到几 PB 这样的数量级。随着数据处理技术的进步，这个数值也在不断变化。若干年后，也许只有 EB 数量级的数据量才能够称得上是大数据。另外，对于不同的应用领域，大数据的数据量也有所不同。例如，相对于传统制造业，互联网领域的数据产生的速度更快，数据的获取也更加容易，因此，互联网大数据要比传统制造业大数据的体量大得多。当然，现代制造业中大量使用了传感器网络、RFID 等物联网技术，这些技术时时刻刻都在采集和传输数据，因此现代制造业中的大数据同样具有相当大的体量。

2. Variety（多样）

Variety 指的是大数据的多样性。近年来，随着互联网和物联网的迅猛发展，产生了一系列爆发式增长的数据，如文本数据、位置信息数据、传感器数据、语音视频数据等。现代企业在数据分析中，除了会采用传统的质量、销售、库存等结构化数据，还会收集和使用网站日志、社交网络数据、GPS（全球定位系统）所产生的位置数据、温/湿度等传感器数据、图片、语音和视频等各种非结构化数据。

3. Velocity（高速）

Velocity 表示数据产生和更新得很快，这也是大数据的一个重要特征。例如，POS 机产生的交易数据、电商网站中用户访问所产生的网站点击流数据、社交网站中每时每刻由用户发布的文本、图像和视频数据、遍布全球的传感器和摄像头所采集的数据等。每天这些数据都在以极高的速度被生产、存储和利用。对这样时时刻刻都在产生的数据进行分析和处理是一项颇具挑战性的课题。这一数据分析处理的需求推动了流数据处理等新技术的出现和发展，在此基础上也促成了一系列大数据管理信息系统和应用软件的出现。

4.2.2　大数据处理系统

从服务对象的角度对大数据处理系统进行分类，可以将其分为个体服务和整体服务两种类型。所谓个体服务，是指数据处理结果的受益者是一个特定的个体，即在系统中通过对大数据的分析为特定的个体提供其所需的分析结果或解决方案。所谓整体服务，是指分析结果的服务对象是某个集体或者整个社会。

从提供服务的时间点的角度对大数据处理系统进行分类，可以分为实时和批处理两种类型。所谓实时，是指将数据分析的结果向服务对象进行实时反馈，而批处理则不限制分析结果反馈的时机。

将以上分类方法进行组合，可以将大数据处理系统分成四种类型的系统：个体服务-批处理型、个体服务-实时型、整体服务-批处理型、整体服务-实时型，如表 4-1 所示。

表 4-1　大数据处理系统的分类

	实　时	批　处　理
个体服务	>为特定的个体提供最优的解决方案 >实时反馈	>为特定的个体提供最优的解决方案 >反馈的时机不限
整体服务	>为集体或者整个社会提供解决方案 >实时反馈	>为集体或者整个社会提供解决方案 >反馈的时机不限

1. 个体服务-批处理型

个体服务-批处理型，是指对特定个体进行相关数据的收集，并为该个体提供最优的解决方案，但是给出反馈的时机是不限的。例如，在电商网站中基于用户的历史浏览和购买记录所进行的一对一营销；保险公司通过对能够反映客户驾驶习惯的数据（如驾驶频率、速度、急刹次数等）进行收集和分析，以确定对保费所给予的折扣等。

2. 个体服务-实时型

个体服务-实时型也是对特定个体的相关数据进行收集，并为该个体提供最优的解决方案，但其推荐最优服务或方案的时机是实时的。例如，当顾客位于某门店附近或停留在某购物网站的时候自动实时地推送相关信息；呼叫中心利用客户与接线员之间的好感度模型实时地为客户分配对其好感度最高的接线员等。

3. 整体服务-批处理型

整体服务-批处理型，是指对大量的信息进行收集、存储和统计学分析处理，并得出对某个集体或者整个社会有益的解决方案，其反馈和执行优化的时机都是不限的。例如，通过对社交网络中的文本信息进行分析来预测市场趋势并确定对冲基金的操作策略；利用搜索引擎中的大量搜索信息来预测感冒流行趋势等。

4. 整体服务-实时型

整体服务-实时型，是指对大量的信息进行收集、存储和统计学分析处理，并配合上下文实时提供对某集体或者整个社会有益的解决方案。例如，运用大量智能手机用户中 GPS 采集的位置信息来实时监测交通阻塞的状况并反映到地图软件中；利用智能电表收集到的用电信息对用电需求进行实时监控和预测等。

4.2.3　大数据处理的层次

运用大数据来解决现实问题，通常会按照“对过去的分析→对现状的监控→对将来的预测→对行动的优化”这样的过程循序渐进地进行（见图 4-1）。

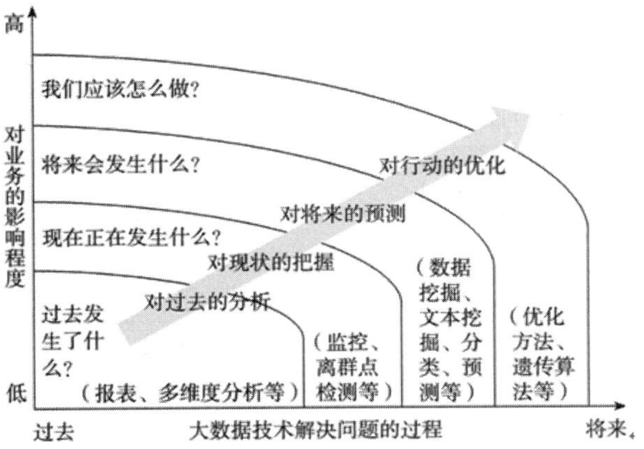

图 4-1 大数据处理的层次

1. 对过去的分析

大数据的运用从数据的采集开始，对历史数据进行积累并找到其中的规律和知识是大数据处理的第一步。随着互联网的普及和物联网技术的广泛应用，大量的有关人类活动的记录及对环境的感知信息都被获取并保存下来。这些数据包含了商品购买的数据、社交网站上的图片和文字、即时通信软件上的语音和视频、服务器日志、智能远程抄表系统的数据、RFID 信息、GPS 获取的位置信息、轨道交通和航班的出发到达信息、温/湿度信息等。在积累了大量数据之后，就需要使用数据挖掘、机器学习等技术，从海量数据中发现对业务有影响意义的模式。所谓模式就是从繁杂的历史数据中挖掘到的潜在的事实、规律或知识。

2. 对现状的把握

对现状的把握体现在对大量实时产生的数据进行监控上。通过对数据（如交通状况数据、气象数据、机械装置的运行数据等）进行实时监控来发现异常的值和状态，这也是大数据处理的目的之一。除了明显能看出的异常情况之外，一般都需要事先确定异常值的定义和指标体系。异常值的确定基于对大量历史数据的分析所发现的模式，因此对过去的分析也会指导对现状的把握。

3. 对将来的预测

如果能够通过对历史数据的分析发现潜在的模式，那么就可以将输入数据与这些模式相结合来对未来可能发生的状况进行预测了。如根据大量的历史医疗数据构建专家系统为前来就诊的病患提供初步的病情诊断，通过历史交易数据和问卷调查数据分析预判出客户解约的可能性大小等。

4. 对行动的优化

从过去到现在积累的大量数据中发现潜在的模式，并对将来做出预测，这是大数据应用的经典形式，但并不是大数据运用的最终形式。大数据处理的最后一个层次是对行动的优化。这里的优化指的是根据数据分析和预测的结果所能采取的最佳策略和应对措施，包括最佳路径的选择、最合适的产品的推荐、在最佳时机推送最恰当的信息、给特定的客户提供最适合的打折优惠、根据传感器数据进行最佳的光照和温度控制等。

在大数据的应用中，具体的实现模式总是在不断创新。如何对所挖掘到的模式和预测的结果进行合理的运用？如何根据具体问题创造性地优化所采取的行动和策略？这都是大数据处理领域的重要课题。

4.3 物联网

物联网是一个基于互联网、传统电信网等信息承载体，让所有能够被独立寻址的普通物理对象实现互联互通的网络。

4.3.1 物联网的基本概念

顾名思义，物联网是实现物物相连的互联网络，主要包括两个方面：第一，物联网的核心和基础仍然是互联网，是在互联网基础上延伸和扩展的网络；第二，其延伸和扩展到了任何物体之间，使其进行信息交换和通信。

物联网是将无处不在的末端设备和设施，如具备“内在智能”的传感器、移动终端、工业系统、楼宇系统、家庭智能设施、视频监控系统等，和贴上 RFID 的各种资产、携带无线终端的个人与车辆等“智能化物件或动物”或“智能尘埃”，通过各种无线、有线的长距离/短距离通信网络实现互联互通、应用大集成，以及基于云计算的 SaaS 营运等模式，提供安全可控乃至个性化的实时在线监测、定位追溯、报警联动、调度指挥、预案管理、远程控制、安全防范、远程维保、在线升级、统计报表、决策支持等管理和服务功能。实现对“万物”的“高效、节能、安全、环保”的“管、控、营”一体化。

4.3.2 物联网的层次结构

物联网可以分为三个层次。底层是用来感知数据的感知层，即利用传感器、二维码、RFID 等随时随地获取物体的信息。第二层是数据传输处理的网络层，即通过各种传感网络与互联网的融合，将物体当前的信息实时准确地传递出去。第三层则是与行业需求结合的应用层，即通过智能计算、云计算等对物体进行智能控制。

1. 感知层

感知层应用于识别物体、采集信息。感知层包括二维码、识读器、RFID、标签和读写器、摄像头、GPS、传感器、M2M 终端、传感器网关等，主要功能是识别物体、采集信息，与人体结构中皮肤和五官的作用类似。

感知层解决的是人类世界和物理世界的数据获取问题。它首先通过传感器、数码相机等设备，采集外部物理世界的数据，然后通过 FRID、条码、工业现场总线、蓝牙、红外等短距离传输技术传递数据。感知层所需要的关键技术包括检测技术、短距离无线通信技术等。

对于目前关注和应用较多的 RFID 网络来说，附着在设备上的 RFID 标签和用来识别

RFID 信息的扫描仪、感应器都属于物联网的感知层。在此类物联网中被检测的信息就是 RFID 标签的内容，现在的电子不停车收费系统（Electronic Toll Collection，ETC）、超市仓储管理系统、机场的行李自动分类系统等都用到了这个层次的设备。

2. 网络层

网络层用于传递信息和处理信息。网络层包括通信网与互联网的融合网络、网络管理中心、信息中心和智能处理中心等。网络层将感知层获取的信息进行传递和处理，类似于人体结构中的神经中枢和大脑。

网络层解决的是传输和预处理感知层所获得数据的问题。这些数据可以通过移动通信网、互联网、企业内部网、各类专网、小型局域网等进行传输。特别是在三网融合后，有线电视网也能承担物联网网络层的功能，有利于加快物联网的推进。网络层所需要的关键技术包括长距离有线和无线通信技术、网络技术等。

物联网的网络层将建立在现有的移动通信网和互联网基础上。物联网通过各种接入设备与移动通信网和互联网相连，例如，手机付费系统中由刷卡设备将内置手机的 RFID 信息采集上传到互联网，网络层完成后台鉴定认证，并从银行网络划账。

网络层中的感知数据管理与处理技术是实现以数据为中心的物联网的核心技术，包括传感网络数据的存储、查询、分析、挖掘和理解，以及基于感知数据决策的理论与技术。云计算平台作为海量感知数据的存储、分析平台，将是物联网网络层的重要组成部分，也是应用层众多应用的基础。在产业链中，通信网络运营商和云计算平台提供商将在物联网网络层占据重要的地位。

3. 应用层

应用层实现广泛智能化。应用层是物联网与行业专业技术的深度融合，结合行业需求实现行业智能化，这类似于人的社会分工。

物联网应用层利用经过分析处理的感知数据，为用户提供丰富的特定服务。物联网的应用可分为监控型（物流监控、污染监控）、查询型（智能检索、远程抄表）、控制型（智能交通、智能家居、路灯控制）和扫描型（手机钱包、高速公路不停车收费）等。

应用层解决的是信息处理和人机交互的问题。网络层传输而来的数据在这一层进入各类信息系统进行处理，并通过各种设备与人进行交互。这一层也可按形态直观地划分为两个子层。一个是应用程序层，进行数据处理，它涵盖了国民经济和社会的每一领域，包括电力、医疗、银行、交通、环保、物流、城市管理、家居生活等，其功能可包括支付、监控、安保、定位、盘点、预测等，可用于政府、企业、社会组织、家庭、个人等。这正是物联网作为深度信息化的重要体现。另一个是终端设备层，提供人机接口。物联网虽然是“物物相连的网”，但最终是要以人为本的，还是需要人的操作与控制，不过这里的人机界面已远远超出现实人与计算机交互的概念，而是泛指与应用程序相连的各种设备与人的交互。

应用层是物联网发展的体现，软件开发、智能控制技术将会为用户提供丰富多彩的物联网应用。各种行业和家庭应用的开发将会推动物联网的普及，也给整个物联网产业链带来丰厚的利润。

4.3.3 物联网的相关领域与技术

正如前面所述，物联网是一种综合应用型技术，其发展离不开相关基础技术的进步。下面将介绍与物联网相关的一些技术。

1. 射频识别

射频识别（Radio Frequency Identification，RFID），又称电子标签，是一种通信技术，可通过无线电信号识别特定目标并读写相关数据，而无须识别系统与特定目标之间建立机械或光学接触。该技术是物联网的一项核心技术，很多物联网应用都离不开它。

最初在技术领域，应答器是指能够传输信息回复信息的电子模块，近些年，由于射频识别发展迅猛，应答器有了新的说法和含义，又被叫作智能标签或标签。RFID 电子阅读器（读写器）通过天线与 RFID 电子标签进行无线通信，可以实现对标签识别码和内存数据的读出或写入操作。典型的阅读器包括高频模块（发送器和接收器）、控制单元及阅读器天线。

RFID 采用的是非接触的自动识别技术，它通过射频信号自动识别目标对象并获取相关数据，识别工作无须人工干预，可工作于各种恶劣环境。RFID 技术可识别高速运动并可同时识别多个标签，操作快捷方便。这种系统一般由一个询问器（或阅读器）和很多应答器（或标签）组成。

RFID 的基本组成部分通常包括标签、阅读器、天线。

① 标签（Tag）：由耦合元件及芯片组成，每个标签具有唯一的电子编码，附着在物体上标识目标对象。

② 阅读器（Reader）：读取（有时还可以写入）标签信息的设备，可设计为手持式或固定式。

③ 天线（Antenna）：在标签和读取器间传递射频信号。

RFID 技术的基本工作原理并不复杂：标签进入磁场后，接收阅读器发出的射频信号，凭借感应电流所获得的能量发送出存储在芯片中的产品信息（Passive Tag，无源标签或被动标签），或者由标签主动发送某一频率的信号（Active Tag，有源标签或主动标签），阅读器读取信息并解码后，送至中央信息系统进行有关数据处理。

2. 二维码技术

二维码（2-Dimensional Bar Code），如图 4-2 所示。它是用某种特定的几何图形按一定规律在平面（二维方向上）分布的黑白相间的图形记录数据符号信息的。在代码编制上巧妙地利用构成计算机内部逻辑基础的“0”“1”比特流的概念，使用若干个与二进制相对应的几何形体来表示文字数值信息，通过图像输入设备或光电扫描设备自动识读以实现信息自动处理。

二维码具有条码技术的一些共性：每种码制有其特定的字符集、每个字符占有一定的宽度、具有一定的校验功能等。同时还具有对不同行的信息自动识别功能及处理图形旋转变化等特点。

图 4-2　二维码示意图

二维码能够在横向和纵向两个方向上同时表达信息，因此通过很小的面积表达大量的信息。其信息量远远超过原来的条码技术，原来的条码技术仅能存储十多个字符，而二维码存储容量可达数千字符。以 PDF417 编码格式为例：若采用扩展的字母数字压缩格式，可容纳 1850 个字符；若采用二进制/ASCII 格式，可容纳 1108 个字节；若采用数字压缩格式，可容纳 2710 个数字。

3. 传感网

传感网是由随机分布的传感器（传感器有很多种类型，包括温度传感器、湿度传感器、速度传感器、气敏传感器等），数据处理单元和通信单元的微小节点，通过自组织的方式构成的无线网络。

传感网借助于节点中内置的传感器测量周边环境中的热、红外、声呐、雷达和地震波信号，从而探测温度、湿度、噪声、光强度、压力、土壤成分，以及移动物体的大小、速度和方向等物质现象。它给我们的生活带来了深刻的变化。然而在目前，网络功能再强大，网络世界再丰富，也终究是虚拟的，它与我们所生活的现实世界还是相隔的，在网络世界中，很难感知现实世界，很多事情还是不可能的，时代呼唤着新的网络技术。传感网络正是在这样的背景下应运而生的全新网络技术，它综合了传感器、低功耗、通信及微机电等技术，将现实的世界与虚拟的网络世界联系起来，达到很多意想不到的效果。目前传感网技术已广泛应用于石油、化工、电力、医药、生物、航空、航天、能源、冶金、电子等众多行业。可以预见，在不久的将来，传感网络将给我们的生活方式带来革命性的变化。

4. M2M

简单地说，M2M 是将数据从一台终端传送到另一台终端，也就是机器与机器（Machine to Machine）的对话。但从广义上讲，M2M 可代表机器对机器（Machine to Machine）、人对机器（Man to Machine）、机器对人（Machine to Man）、移动网络对机器（Mobile to Machine）的连接与通信，它涵盖了所有人、机器、系统之间建立通信连接的技术和手段。

M2M 强调的是在商业活动中通过移动通信技术和设备的应用变革既有商务模式或创造出新商务模式，是机器设备间的自动通信。现在，M2M 应用遍及电力、交通、工业控制、零售、公共事业管理、医疗、水利、石油等多个行业，对于车辆防盗、安全监测、自动售货、机械维修、公共交通管理等，M2M 可以说是无所不能。

M2M 不是简单的数据在机器之间的传输，它是机器之间的一种智能化、交互式的通信。也就是说，即使人们没有实时发出信号，机器也会根据既定程序主动进行通信，并根据所得到的数据智能化地做出选择，对相关设备发出正确的指令。可以说，智能化、交互式成了 M2M 有别于其他应用的典型特征，这一特征下的机器也被赋予了更多的“思想”和“智慧”。

M2M 的发展前景非常好，因为在当今世界上，机器的数量至少是人的数量的 4 倍，机器将替代人做更多的事情，这意味着巨大的市场潜力。

在国内，也有一些企业很早就开始应用 M2M 技术。三一重工对 M2M 的应用比较成功，三一重工在其销往全球各地的工程机械（关键部位或关键部件）上加装数据采集终端。机械的运行数据通过电信运营商网络汇总到三一集团 ECC（Enterprise Control Center，企业控制中心），实现对工程设备作业状况的实时监控。这样，ECC 可以随时发现设备运行中存在的问题（如工程机械设备上智能设备控制器检测到的油温、转速、工作压力等运行数据信息异常），并就问题立即指导客户排除故障或派出维修人员上门服务。

4.3.4 物联网的应用

物联网可以看作人类与应用系统现有互动方式的延伸，而这种延伸是通过物体通信与集成的新层面实现的。物联网将对传统的数据采集系统和局部自动辨识系统的性能有所要求，进而提升各类应用系统的价值。具体地说，就是把感应器嵌入和装备到电网、铁路、桥梁、隧道、公路、建筑、供水系统、大坝、油气管道等各种物体中，然后将物联网与现有的互联网整合起来，实现人类社会与物理系统的整合。在这个整合的网络当中，存在能力超级强大的中心计算机群，能够对整合网络内的人员、机器、设备和基础设施实施实时的管理和控制，在此基础上，人类可以以更加精细和动态的方式管理生产和生活，达到“智慧”状态，提高资源利用率和生产力水平，改善人与自然间的关系。

物联网用途广泛，遍及智能交通、环境保护、政府工作、公共安全、平安家居、智能消防、工业监测、老人护理、个人健康等多个领域。在生产生活中的应用举不胜举，下面简述几个比较典型的应用。

在医疗方面可以应用物联网。将传感器嵌入家人的手表里，即使您在千里之外，也可以随时掌握他们的体征。用这种方法，医生也可以随时随地了解病人的体征，为病人诊断看病。

如果在汽车和汽车钥匙上都植入微型感应器，酒后驾车现象就可能被杜绝。当喝了酒的司机掏出汽车钥匙时，钥匙能通过气味感应器察觉到酒气，并通过无线信号通知汽车“不要发动”，汽车会自动罢工，并能够“命令”司机的手机给其亲友发短信，通知他们司机所在的位置，请亲友们来处理。

4.4 云计算和大数据在信息系统中的应用

4.4.1 云计算在信息系统中的应用

云计算的出现对现代企业的变革及信息系统的发展都产生了巨大的影响。未来的经济是实体经济和数字经济的结合。商业行为电子化、互联网化、大数据化、云计算化和物联网化是社会上已经达成共识的发展方向。传统的企业信息化将被更加全面的信息管理的电子化所取代，其具体内涵包括了对供应链的重塑，对消费者营销的重塑，对企业信息化的重塑及对组织架构的重塑。

一个清晰的趋势是，企业的信息化进程有可能快速地完成甚至跳过传统的 IT 化而走向互联网化（即 SaaS 化），这将使得孤立的 IT 系统之间更加融合和敏捷。对企业信息化的重塑还会推动并导致企业组织架构的重构。云计算环境下的信息系统可以帮助企业将电子商务、市场营销等各部门的信息、资源实现有效的互通，进而实现管理效率的大幅提升。

云计算的出现，改变了传统信息系统中的服务交付和使用模式。用户可以通过网络以按需、易扩展的方式使用所需的数据及信息管理服务。当企业决定将企业信息化的方向转向云计算之后，他们可以根据自己的需要选择数据存储、远程办公、智能数据分析等一系列的服务内容，并在这一服务模式下做出不同的解决方案选择。

从云计算平台所提供的服务，以及用户对信息系统的自身需求和投资回报的角度，基于云计算的信息系统可以大致分为：提供给使用者的信息系统，提供给开发者的信息系统，整合服务的云计算平台。

1. 提供给使用者的信息系统

对于只想用云计算来实现一些在线信息管理功能，而不需要任何定制开发的企业来说，云计算就是它们的服务器和数据中心，而这些企业也仅仅是该数据中心的终端用户。提供 SaaS 模式的云服务平台可以为这些企业提供其所需的服务，而企业只需要使用供应商的服务器并为此支付使用费，不需要专门购买软件和设备。

提供这种信息系统服务的典型代表是 Google 以应用引擎形式（Google App Engine）所提供的云计算服务。应用引擎为用户提供了一个完全集成的应用环境，利用 Google 的开发工具（Google 的 API 和 Python 编程语言）可以建立适合自己企业的系统并上传到应用引擎的计算云里去，这样的开发方式易于维护和扩展。使用 Google 的一个显著优点在于，Google 应用引擎在基本的应用范围内免费使用，并免费提供 Google 的基础设施进行托管。类似的，微软也推出自己的在线办公系统 Live Service，包括 Office Live、Windows Live，其主要服务对象是中小企业。在线办公系统为企业的事务管理带来了极大的便利，企业可以使用基于云计算的 Web 工具来管理项目、联系人信息和日程安排，在报告、财务报表、文档及演示文稿等多方面进行协作。在有网络接入的地方，管理者都可以随时随地访问所需的资料。对于中小企业来说，这种基于云计算的信息系统服务可以大大节省他们的运作成本，同时提高生产效率。

2. 提供给开发者的信息系统

对于有信息系统自主开发需求的企业来说，他们有两种选择：一种是使用云计算服务商所提供的 PaaS 平台，另一种是采用 laaS 的模式。

在 PaaS 平台上，企业利用云计算服务商开发环境中的结构单元来创建自己的客户应用，可以实现界面配置、功能配置、安全机制等各项应用服务。这一模式便于企业更简易的构建电子交易平台、ERP 系统、CRM 系统等。这种模式的典型代表是 Salesforce 提供的 Force.com 平台。Force.com 平台提供了专门的 API 开发工具包及 App Exchange 应用交互平台。该平台允许用户利用 App Exchange 改造适用于其个性化需求的信息系统。而且该平台中的大部分应用都是免费的，其他的应用也可以从开发者那里购买或申请得到授权。对于一些没有资金购买服务器又不希望从零开发的小型电子商务企业来说，使用 Force.com 云计算平台能够快速开发应用系统，并可直接调用成熟的销售分析工具、电子邮件工具、财务分析工具等与销售相关的应用模块。

在 laaS 模式中，用户需要租用或者购买基础设施。以亚马逊网络服务（Amazon Web Services，AWS）为代表的 IaaS 就是采用租借基础设施的方式提供远程云计算平台服务的。AWS 将计算机资源（如处理器、存储单元、带宽等）打包成类似于公共设施的可计量服务，通过给这些资源定价来向租户收取使用费用。在 AWS 中，亚马逊采用了按需收费的模式。当用户的访问量大时，AWS 的云计算平台自动为企业分配足够的、满足企业需要的服务器；当企业的访问处于低谷时，又可以收回多余的服务器为其他用户提供服务。因此，对于那些用户访问量波动很大的企业来说，这种具有较强弹性的云计算服务模式非常适用，也为企业用户节省了大量的费用。

3. 整合服务的云计算平台

对于更青睐于寻求便捷的、整合的一揽子服务的初创企业和小微企业来说，选择整合了一系列服务的云计算平台则更为适合。这种整合服务的云计算平台的最大优势在于企业可以把全部的信息管理工作交由平台提供商来负责。

这种模式的典型代表是阿里巴巴的电子商务云平台。阿里巴巴的电子商务云不仅提供云的计算、存储和网络服务，而且还采取基于 SaaS 的云模式，通过针对中小企业和个人的 SaaS 信息管理应用系统为用户提供与电子商务相关的一系列服务。企业和个人用户无须安装任何软硬件，采用即插即用的方式自由定制功能，即可快速搭建自己想要的各种应用平台。未来，阿里巴巴还计划将旗下电子商务平台上的商品信息、信誉体系、支付工具、用户资源等整合到阿里云中。届时，中小企业、个人网商、软件开发商都将能够通过阿里云享受到阿里巴巴电子商务的各种增值服务。

基于云计算的信息管理系统是云计算与经济、商务、管理等应用领域交叉和碰撞所产生的新型信息管理和商业服务模式。这些新型系统的出现也导致企业在组织形式、盈利方式、营销手段、知识管理等方面发生了一系列的重大变革。充分利用云技术在信息管理领域的特点，有效地利用云计算服务商的资源，降低成本，创新商业模式和应用模式，从而提高企业的核心竞争力，是现代化企业所必须面对和思考的问题。无论是硬件提供商和应用软件开发商，还是云计算平台服务商，都需要积极地转变思想，锐意创新，适应和迎接云计算和大数据时代的到来。

4.4.2 大数据在信息系统中的应用

大数据技术在信息系统中的应用日趋广泛，几乎可以覆盖日常生活中与数据相关的各个方面。下面我们就列举一些大数据在信息系统中的应用：

1. 商品推荐系统

根据用户属性、行为、购买记录等数据，为其推荐最合适的商品或服务，这种方式在 Amazon、乐天、京东、当当等电子商务网站中应用广泛。

2. 定向广告投放系统

这种服务是通过网站浏览记录、电商网站上的购买记录等数据，在分析用户兴趣爱好的基础上，将用户进行分类，并对每一类用户投放不同的互联网广告。在 Google、Yahoo 等提供的在线服务中早已采用了这种系统。

3. 基于位置信息的营销系统

这种服务是利用手机中的 GPS 位置信息来进行营销。

NTT Docomo 与东京海上日动火灾保险合作开发了一个系统，可以在用户到达滑雪场、高尔夫球场时，自动根据其目的推送"Docomo 一次性保险"的信息。这一系统能够通过 GPS 信息测得用户的位置，再根据用户过去的行为记录判断该用户是滑雪场、高尔夫球场的工作人员还是顾客。

4. 非法操作检测系统

通过对信用卡庞大的使用记录数据进行分析，可以对每个用户检测出可能预示着非法使用的模式（异常状态），并建立一个自动进行非法使用检测的模型。加入流数据处理技术后也可以实现对非法使用的在线监控，并对是否允许交易做出判断。

5. 故障预测系统

故障预测系统是指通过在复印机、办公一体机等硬件设备上安装的各种传感器，收集如卡纸等错误信息、设备使用记录、耗材消耗状态等数据，并通过数据挖掘来探测产生故障或问题的预兆。在这方面比较有名的是 Fuji Xerox 的 TQMS-uni 跟踪品质管理系统。

6. 服务持续改善系统

Salesforce CRM，Google Apps 等 SaaS 中，利用通过互联网提供服务的优势，对所提供的软件功能的使用数据进行收集。例如，那些无人使用的功能会在下次版本升级的时候被去掉，而频繁使用的功能则需要进一步强化。

7. 交通阻塞预测系统

交通阻塞预测系统是指通过汽车实际行驶位置和车速等信息生成的交通监控数据，来提供道路阻塞等交通信息。使用这一系统，汽车厂商可向用户提供由汽车导航系统会员的行驶数据生成的道路交通信息。

8. 电力状况管理系统

电力状况管理系统是通过各家庭安装的智能电表，对电力的使用状况进行监控，并检测出用电模式。电力公司可以通过各家庭的用电模式，对用电需求做出预测。在这方面比较有名的有美国加利福尼亚州的电力公司 Southern California Edison（SCE），以及 Pacific Gas and Electric（PG&E）。

9. 股市分析系统

该系统通过对数百万条社交网络中的文本信息进行选择和分析，并将这些信息按照不同的感情倾向（如“警戒”“平稳”“活跃”等）进行分类，最终用于预测市场行情的动向，指导股票市场的交易行为。

10. 优化燃油成本

美国的货运公司 U. S. Xpress 构建了一个管理系统，通过利用安装在卡车上的传感器，能够实时掌握车辆的当前停留位置、怠速时间、燃油余量、空调状况等超过 900 项数据。通过使用这一系统，该公司通过减少怠速时间实现了整体节约燃油 40%，每年节约成本 1700 万美元。此外，当发现某辆卡车的空调设定温度远远偏离规定值时，该系统还会对空调进行远程控制以节约成本。

11. 商业智能

对企业内外所存储的数据进行有组织的系统性的收集、整理和分析，从而获得对各种商务决策有价值的知识和观点，这样的概念、技术及行为被称为商业智能（Business Intelligence，BI）。

BI 这个概念是由美国加特纳集团提出的。提出的观点认为，应该将过去 100%依赖信息系统部门来完成的销售分析、客户分析等业务，通过让作为数据使用者的管理人员及一般商务人员等最终客户来亲自参与，从而实现决策的迅速化及生产效率的提高。

BI 的主要目的是分析从过去到现在发生了什么、为什么发生并做出报告。也就是说，是将过去和现在进行可视化的一种方式。这与在大数据处理中所做的对历史数据的分析和处理、对潜在模式的识别等工作的目标和内容完全一致。

对于一些商业活动来说，在将过去和现在进行可视化的基础上，预测出接下来将会发生什么显得更为重要。也就是说，从“对过去的分析”和“对现状的监控”到“对未来的预测”和“对行为的优化”，BI 也在不断进步。

要对未来进行预测，从庞大的商业数据中发现有价值的规则和模式的数据挖掘就是一种非常有用的手段。将能够从大量数据中自动学习知识和有用规则的机器学习技术应用于数据挖掘，可使得 BI 更加智能和高效。从特性上来说，机器学习对数据的要求也是越多越好。因此，它与商业大数据的结合也是非常自然的事。

一直以来，机器学习的瓶颈在于如何存储并高效处理学习所需的大量数据。然而，随着数据存储成本的大幅下降，分布式计算框架 Hadoop 下的机器学习算法库的诞生，以及云计算的普及，这些问题正逐步得以解决。现实中，大数据与 BI 相结合的应用实例也正在不断涌现。以大数据和云计算为基础的信息系统作为 BI 的进化形式，不仅能够高效地预测未来，而且也能够大大提高商业活动的有效性。

本章小结

本章的内容中主要介绍云计算与大数据的概念和云计算核心技术，主要包括云计算的服务层次、大数据处理系统、大数据处理的层次和大数据下的商业模式。此外，还介绍了云计算与大数据的关系、云计算与大数据的应用。

综合案例

亚马逊是一家什么公司？零售公司、物流公司还是技术公司？如果只看业务，你可能以为是零售公司，但亚马逊今天的 AWS 已经成为其收入的重要组成部分。事实上，亚马逊做 AWS 这条路，并不只是一家企业的过剩资源的外卖，背后还有用网络化组织驱动创新的机制。

2013 年 11 月 13 日，美国拉斯维加斯，亚马逊 AWS 大会现场坐满了它的客户及技术开发者。

一个令人印象深刻的讲述来自 Tradewrox 的主席 Arzhang Kamarei。这家提供金融技术的公司正在帮助 SEC（美国证券交易委员会）通过使用 AWS 来实时存储和处理大量交易信息，以更有效地监管市场。

2010 年 5 月 6 日，股市闪电崩溃。在那次事件中，SEC 花了 4 个月的时间来查看那天发生的几十亿次交易，然后才得出结论，在那几秒内究竟发生了什么。现在，他们将每天产生的高达 1 兆字节的信息存储在 AWS，并能通过两行代码，完成此前 4 个月的调查工作量。

在 AWS 刚推出时，业内大多数人觉得那只不过是一个玩具，没人真的会将程序放在这朵“云”上。但 SEC、NASA、CIA 等机构对亚马逊这项服务的采用足以让人改变看法。

当然，比它们更早使用 AWS，并更早受益的是那些新成长起来的公司，如 Airbnb 和 Uber。它们无须考虑底层架构，迅速起步，然后在用户爆发时只需购买更多的 AWS 服务就能实现规模的增长。

未来：云上的日子

2008 年，普利策奖获得者尼古拉斯·卡尔在《IT 不再重要》一书中提到 Google、亚马逊等诸多技术公司，并将 Google 看作云计算领域最大的引领者。但之后的时间里，亚马逊这家以在线零售起家的公司将对手甩在了身后。据报告，亚马逊有效计算资源已经是其他 14 家云服务供应商总和的 5 倍。

一种解释是，亚马逊是第一个试图将计算资源的各种功能拆成小块，并提供给第三方的公司。这种被拆解的小块像积木一般，当需要时能随意搭建并扩展。在 2006 年，亚马逊将之提供给第三方公司使用。

对于亚马逊为什么会如此早就提供这种服务，一种说法是，作为电商，亚马逊在非高峰期计算资源过剩，所以要销售出去。但美国记者 Brad Stone 却有不一样的解释：亚马逊 AWS 的建立源于当时它遇到的困扰。

2000 年后，亚马逊已饱受内部系统崩溃之痛，这一系统在 1995 年后慢慢搭建起来，已日益陈旧；这种陈旧还在于 IT 部门的员工常常像个看门人，他们严格控制谁能触及亚马逊的服务器，使得其他部门的员工想要有点新尝试时通常被拒之门外。

酷爱读书的亚马逊 CEO 杰夫·贝索斯当时刚读完 *Creation* 这本书。它的作者 Steve Grand 是 20 世纪 90 年代电子游戏 Creature 的开发者，他在游戏中设定了简单可计算的叫作“基本体”（Primitives）的小模块，然后就惊讶地发现游戏中的人工智能（AI）自己生长起来。之后，这本书被亚马逊的高管读书俱乐部广泛讨论。再之后，贝索斯敦促员工们进行头脑风暴，看看是不是有可能将底层架构拆解成一个个小“基本体”。

这个片段在大会上被证实。会议第二天下午，亚马逊 AWS 部门副总裁 Chalie Bell 在说到 AWS 如何能够保持创新时说，一旦他们确定了一个要解决的问题，他们就立刻去寻找那个相应的“基本体”。

在建造这种最初的“基本体”之前，亚马逊内部的技术架构已因和外部的合作而有所调整，这多少使得 AWS 在开发时就已有了成为平台的可能。

当时亚马逊已给 Target 等线下零售商提供 IT 系统，并提供大量 API。在亚马逊工作多年后跳槽去 Google 的员工 Steve Yegge 在 2011 年发表博客说，这让亚马逊很早就在内部转变成“面向服务架构”（SOA，Service-Oriented Architecture）。虽然当时已经有很多这方面的文献，但“在亚马逊的大规模运用上就像在告诉印第安纳 · 琼斯在过马路前要朝两边看”——意思是整件事的部署变得异常简单。

“事实上我们从这种 API 的开放上受益很多，从那时候起，我们决定所有的服务都应该那样去建立。” Jassay 在大会上接受媒体采访时说。

“我们所有的‘基本体’都放在‘harden APIs’后面。” Bell 说。这就使得 AWS 的每个小组都能独立创新,但也能通过 API 结构受益于别人的创新。这些 API 也意味着一旦开放，就能被外部开发者所使用。

在最初，EC2 和 S3 两种服务分别在南非和西雅图开发，前者提供计算服务，后者提供存储服务。那种 API 的合作方式使得即使这两个团队彼此相隔甚远，但依然能在开发完成之后彼此合作。按 Steve Yegge 的说法，亚马逊更大胆也因此能领先于别人的地方在于，在 EC2 和 S3 尚未成熟时，亚马逊内部其他部门就被要求使用这些服务。这让程序员们都痛苦不堪，但这也让亚马逊比其竞争对手提早很多年直面服务上线后可能会出现的问题。

你很难忽视 AWS 背后贝索斯的远见和野心。这不光是因为贝索斯说 AWS 将成为亚马逊最大的业务，并不断推动其快速前进，而是他让 AWS 完全和零售业独立，并成长为一个中立的、能让竞争对手也使用的服务。

今天，包括 Netflix 在内的企业都把内容放在了 AWS 上，这种信任来源于亚马逊各个业务部门之间的独立。亚马逊宣称 AWS 在对待它自己的零售业务时，不过是将它们当成自己的另外一个客户。“我们甚至不在同一个办公楼工作，会做严格的区分。” Matt Wood 说。

“基本体”的资源分割让亚马逊的协作直面创新。

价格决定论

在亚马逊推出 EC2 服务，并在美国东海岸开启第一台服务器后，东海岸的创业者蜂拥而至，以至于亚马逊都来不及向西海岸开放资源就已满负荷。

这并非由于亚马逊口碑在外，而是定价上的吸引力。

亚马逊在推出 AWS 之前就决定按小时收费——这意味着人们开始可以像用电一样使用计算资源，并只为使用的那部分付费。之后，当时 EC2 的员工 Willem Ban Bijion 建议定价为一个实例（Instance）每小时 15 美分时，贝索斯在这个基础上又将定价降低了 5 美分。

这和亚马逊零售业务上的战略一致，贝索斯相信不断低价带来的飞轮效应。

在零售业务上，他的理论是价格优势能带来更多客户，进而带来更大的销售量，这使得亚马逊能对供货商有更大议价权，也能让更多第三方供货商在其平台上销售；因此，亚马逊的固定成本，如仓储和网站平台，能达到最大效用。这种策略一直以来让供货商苦不堪言，也给亚马逊带来冷血的恶名。在 AWS 业务上，亚马逊对待自己和对待这些供货商一样。每个新用户通常都有长达一年的免费试用期，而经常的优惠和降价也总是让使用者喜出望外。

这种理念起初是源于贝索斯对大家伙的恐惧。在亚马逊成立初期，创始团队成员 Shel Kaphan 问贝索斯为什么要那么迫切扩张时，贝索斯说："当你很小，那些大家伙总能过来把你拥有的拿走。"

但现在亚马逊显然体会到了规模化带来的力量。

在 Keynote 大会上，亚马逊丝毫不隐瞒自己的定价哲学。亚马逊副总裁 Andy Jassy 说，用户的增加能带来更大的使用量，能让亚马逊继续扩大基础设施的建设规模；这能减少成本，进而支持亚马逊继续降价。而在此过程中，得到好处的是整个系统，因为这种加速过程能产生更多创新，并给整个生态系统提供更多功能和服务。

将这种定价哲学推到极致，以至于违反常理的做法是，AWS 有个为客户提供省钱建议的服务，叫作 Trusted Advisor。按照 Jassy 的说法，现在这个部门已为客户提供了 70 万条建议，在过去一年为其客户节约了 1.4 亿美元。

看不出有什么苗头会让亚马逊在接下来的竞争中失去这种先发优势。使用者们最能体会到的，除了它不断的降价之外，就是它不断的产品发布和疯狂迭代。

AWS 在推出 Redshift 这一数据仓库功能之后，已增加了 26 个新功能。后来，AWS 又推出了诸多功能，包括提供虚拟桌面服务的 Amazon Workspaces、提供控件管理的 Amazon Management Console，以及让开发者能更好开发计算资源密集型程序（如 3D 游戏或互动高清程序）的 Amazon Appstream 等。

亚马逊的不断扩张已让它将数据中心布置到了全球 9 个地区。亚马逊财报的亏损显示，它还在继续加大这方面的投入。这让憎恶亏损的投资者们少有地继续保持信心。在财报发布后，亚马逊股价大幅上涨。

大会第二天，AWS 的副总裁 James Hamilton 详细介绍了 AWS 是如何降低成本的。这家公司已经在自己设计服务器、存储设备等硬件，并将之分别定制化，以适应不同用途，好使成本为之降低。

问题

1. 根据案例，说说亚马逊的云服务主要是哪个服务层次。
2. 由亚马逊的变身，谈谈云计算给企业带来了哪些机遇和挑战。

复习思考题

1. 什么是云计算？它有什么特点？
2. 云计算可以分为哪几个服务层次？
3. 云计算有哪些相关的核心技术？分别简述一下这些内容。
4. 什么是大数据？大数据有哪些特点？
5. 云计算与大数据有什么关系？两者有什么不同之处？
6. 云计算与物联网有什么联系？

第5章

企业资源计划

学习目标

理解ERP的概念和ERP的发展过程，重点掌握MRP的基本原理、基本思想，理解订货点法、产品结构、物料清单等概念，理解闭环MRP系统的工作原理，掌握MRPII管理模式的特点，掌握ERP的主要功能结构和管理思想。

内容提要

1. 企业资源计划概述
2. 物料需求计划（MRP）的基本思想、基本原理
3. 订货点法、产品结构、物料清单
4. 闭环MRP
5. 制造资源计划（MRPII）
6. 企业资源计划（ERP）

企业资源计划是管理信息系统在企业中的典型应用，也是一种全新的基于信息技术的企业管理模式，是企业信息化建设的必由之路，是一个对企业物流、资金流和信息流进行全面集成管理的管理信息系统，是现代信息技术与现代企业管理思想结合的杰作。管理信息系统最初被界定为用于支持企业（特别是制造业）的运行、管理和决策。当前，在企业管理领域，企业资源计划（ERP）、供应链管理（SCM）和客户关系管理（CRM）已成为现代企业最重要和应用最广泛的三大管理信息系统。其中，ERP强调的是企业内部管理，SCM侧重于对企业的供应链进行管理，CRM则是对客户进行管理，三者构成了一个有机的整体，形成了现代企业信息化的系统应用框架，如图5-1所示。

从企业价值链的角度来看，SCM、ERP和CRM分别对应了企业上游、中游和下游的管理信息系统。从广义的角度讲，SCM和CRM可以看作ERP向两侧的延伸。一方面，ERP的运行是围绕客户的订单展开的，如何更多、更好地承接到客户的订单是企业生存发展的基础。同时，企业也需要将订单的执行情况及时传递给客户，让客户清楚地了解到所订产品的生产进程，这些功能需要通过CRM开展。另一方面，企业围绕客户订单进行生产，需要采购原材料，需要进行协作加工，所以企业也需要清楚地了解从供应商处采购的订单

的执行情况，这些功能则要借助于 SCM 进行。因此，三者在功能上有交叉。

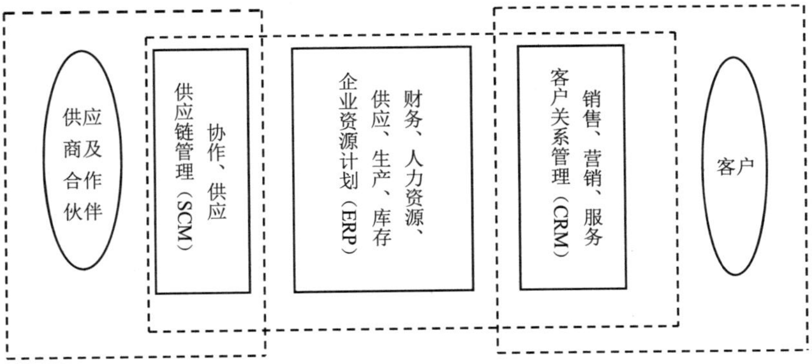

图 5-1　ERP 与 SCM、CRM 的关系

5.1　企业资源计划概述

5.1.1　ERP 的发展阶段

企业资源计划是 20 世纪 90 年代美国加特纳集团提出的概念。简单地说，ERP 是一个有效地组织、计划和实施企业的人、财、物等各项资源的管理系统，它依靠信息技术和手段保证信息的集成性、实时性和统一性。

ERP 不仅是信息系统，而且是一种管理理论和管理思想。换句话说，ERP 作为企业经营管理的整体解决方案，不仅是一套软件，还是现代管理思想和理念的结晶与体现，是现代化制造企业的管理手段。它利用企业的所有资源，如内部资源与外部市场资源，为企业制造产品或提供服务创造最优的解决方案，最终达到企业的经营目标。由于这种管理思想必须依附于软件系统运行，因而人们常把 ERP 当成一种软件，这是一种误解。

对ERP的全面认识如下：首先，ERP是一种面向供应链的管理思想；其次，ERP是一个软件产品；最后，ERP还是一个整合了企业管理理念、业务流程、基础数据、人力物力、计算机硬件和软件于一体的企业资源管理系统。ERP的概念层次如图5-2所示。

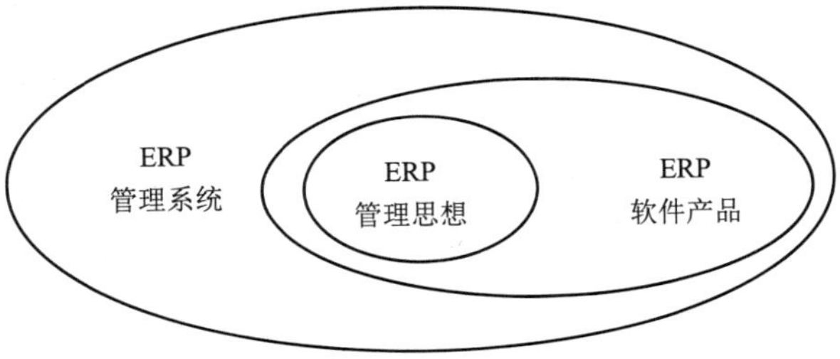

图 5-2　ERP 的概念层次

企业生产经营的最终目的是获取利润，为了达到此目的，就必须合理地组织和有效地

利用其设备、人员、物料等制造资源，以最低的成本、最短的生产周期、最高的质量生产出满足客户需求的产品。为此，必须采取先进且十分有效的生产管理技术来组织、协调、计划与控制企业的生产经营活动，企业资源计划（ERP）正是为了解决上述问题而发展起来的一种科学的管理思想。它是企业进行现代化管理的一种科学方法。ERP 的发展过程，大致经历了四个阶段，即基本的 MRP 阶段、闭环 MRP 阶段、MRPII 阶段和 ERP 阶段，如图 5-3 所示。

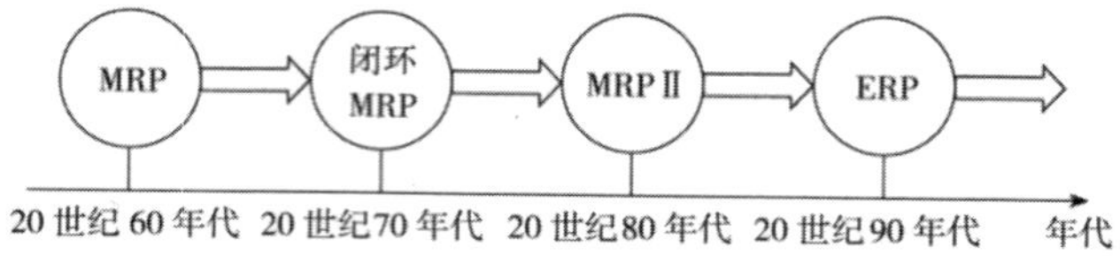

图 5-3　企业资源计划的发展过程

ERP 在形成过程中不同阶段的理论比较，如表 5-1 所示。

表 5-1　ERP 在形成过程中不同阶段的理论比较

时　间	阶　段	理　论
20 世纪 30 年代	订货点法	为解决库存控制问题而提出
20 世纪 60 年代	物料需求计划，或称基本 MRP	一种库存订货计划
20 世纪 70 年代	闭环 MRP	一种生产计划与控制系统，为解决采购、库存、生产、销售的管理，发展了生产能力需求计划、车间作业计划及采购作业计划理论
20 世纪 80 年代	制造资源计划（MRPII）	一种企业经营生产管理信息系统，MRP 的各子系统也得到了统一，形成了一个集采购、库存、生产、销售、财务和工程技术等为一体的系统
20 世纪 90 年代	企业资源计划（ERP）	由美国加特纳集团在 20 世纪 90 年代初期首先提出，逐步发展成了怎样有效利用和管理整体资源的管理思想

① 20 世纪 60 年代中期。这一时期是从订货点法到 MRP 的过程。人们为了克服订货点法的缺陷，提出了一种全新的库存计划方法，即物料需求计划（MRP），或称基本 MRP。这种方法以物料为对象，借助计算机，按产品结构计算并制订出各种物料的需求计划，从而实现减少库存、优化库存的管理目标。技术上解决了企业物料供需的矛盾，满足了生产的需求。

② 20 世纪 70 年代中期。基本 MRP 仅仅是一种库存管理技术，还不能满足企业对生产管理的全部要求，20 世纪 70 年代，人们在基本 MRP 的基础上，又增加了对生产能力加以计划的功能，使其发展成为一个可以用来进行生产与控制的系统，是一种具有反馈功能的闭环 MRP（Closed Loop MRP）。

③ 20 世纪 80 年代初期。随着企业对财务信息关注度的提高，人们又将与企业经营生产有着密切联系的会计、销售等功能整合到闭环 MRP 系统，形成了企业经营生产管理计划

系统，即制造资源计划（Manufacturing Resources Planning，MRPII）。MRPII 实现了物流和资金流的信息集成，把生产子系统也就是物流信息与财务子系统（资金流信息）合二为一，集成为一个系统，并建立中央数据库，使企业的管理在统一的数据环境下工作。企业的实物账与资金账同步生成。MRPII 是一个完整的综合性的企业管理信息系统。之所以使用 MRPII 的名称，是为了与 MRP 的名称相区别。

④ 20 世纪 90 年代初期。20 世纪 90 年代以来，随着科学技术的进步及其不断向生产与控制方面的渗透，解决合理库存与生产控制问题所需要处理的大量信息和企业资源管理的复杂化，对信息处理效率的要求更高，要求信息的集成度扩大到企业的整个资源的利用和管理，因此产生了新一代的管理理论和计算机信息系统，这就是 ERP。ERP 是在 MRPII 的基础上发展起来的，是当前十分先进和科学的管理信息系统，它实现了企业内部资源与企业相关的外部资源的信息集成。ERP 是“企业资源计划”的英文缩写。很显然，ERP 不仅仅扩充了企业的人力资源、产品研制、服务等信息，实现了企业全部信息的集成，而且走出封闭的“自我”，把管理信息系统拓展到企业的外部，实现了包括供应商和客户资源的信息集成；ERP 使管理信息系统已不再仅仅局限于制造业，而是走出 MRPII 的制造业范围，走向金融、商业企业，甚至教育行业，走向产业化的全社会；ERP 更使管理信息系统不再局限在一个企业之内，而是走出国门，走向全球。ERP 展现出一个完全开放的信息集成的态势，它适应的是世界经济一体化的要求，将满足全球化市场变化的需求。ERP 解决在经济全球化的环境下，提高企业竞争力的问题。

5.1.2　ERP 的主要作用

ERP 的主要作用表现为以下方面。

① 提供集成的信息系统，实现业务数据和资料共享。

② 理顺和规范业务流程，消除业务处理过程中的重复劳动，实现业务处理的标准化和规范化，提供数据集成，业务处理的随意性被系统禁止，使得企业管理的基础工作得到加强，工作的质量进一步得到保证。

③ 由于数据的处理由系统自动完成，准确性与及时性大大提高，分析手段更加规范和多样，不但减轻了工作强度，还将促进企业管理人员从烦琐的事务处理中解放出来，用更多的时间解决业务过程中存在的问题，研究并运用现代管理方法改进管理，促进现代管理方法在企业中的广泛应用。

④ 加强内部控制，在工作控制方面能够做到分工明确，适时控制，对每一环节所存在的问题都可以随时反映出来，系统可以提供绩效评定所需要的数据。

⑤ 通过系统的应用自动协调各部门的业务，使企业的资源得到统一规划和运用，降低库存，加快资金周转的速度，使各部门形成一个富有团队精神的整体，协调运作。

⑥ 帮助决策，企业的决策层能够适时利用企业动态的经营数据和 ERP 系统的模拟功能来协助进行正确的决策。

5.2 物料需求计划

5.2.1 MRP 的产生

1. 物料的定义

“物料”是指为了产品销售出厂，需要列入计划、控制库存、控制成本的一切不可缺少的物的统称。物料不仅可以是原材料或零件，还可以是配套件、毛坯、在制品、半成品、成品、包装材料、产品说明书，甚至还可以是工艺装备、工具、能源等。其中有些是非库存的，但同样要控制成本。

2. 传统库存管理方法——订货点法

在 MRP 问世之前，库存管理通常采用订货点法。订货点法是一种使库存量不得低于安全库存的库存补充方法，以此来保证需求。物料逐渐消耗，库存逐渐减少，当库存量降到预定的最低库存数量时，剩余的库存量（假定不动用安全库存）可供消耗的时间刚好等于订货所需要的时间（订货提前期），就要下达订单来补充库存消耗，这个时刻的剩余库存量称为订货点，如图 5-4 所示。

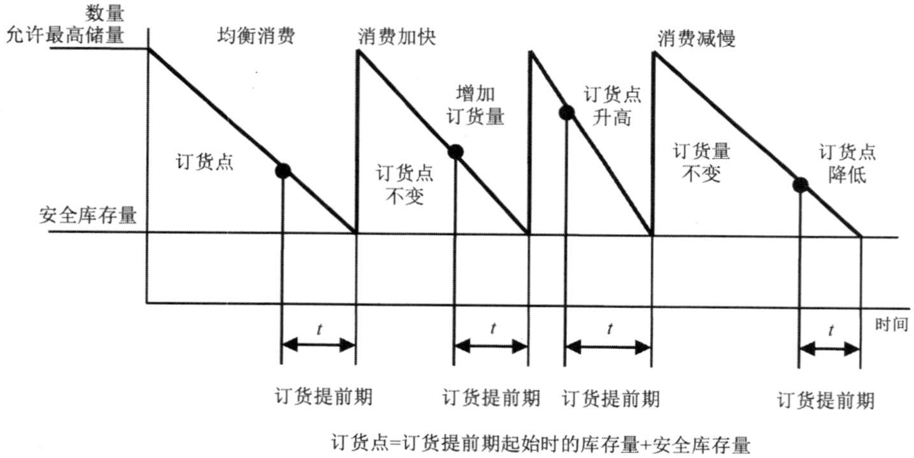

图 5-4　订货点法

在稳定消费的情况下，订货点是一个固定值。当消费加快时，如果保持订货点不变，会消耗安全库存；如果要保持一定的安全库存，就必须增加订货量来补充消耗了的安全库存；如果不增加订货量，又不消耗安全库存，就必须提高订货点，这样，订货点就不再是一个固定值。因此，对需求量随时间变化的物料，由于订货点会随着消费速度的快慢而升降，无法设定一个固定的订货点。所以说，订货点法只适用于稳定均衡消耗的情况，如日用消费品生产或商场的商品补充。订货点法只能保证稳定均衡消耗情况下不出现短缺，但是不能保证消耗变化大的情况下不出现短缺，也无法起到降低库存的作用。订货点法受到众多条件的限制，而且不能反映物料的实际需求，有些企业往往为了满足生产需要而不断提高订货点，从而造成库存积压。库存占用的资金大量增加，产品成本也就随之提高，导致企业缺乏竞争力。为了解决这个问题，美国 IBM 公司的管理专家通过在管理实践中探索，从分析产品结构入手，首先提出了 MRP 的解决方案。

3. MRP 的概念

物料需求计划（MRP）是指在产品生产中对构成产品的各种物料的需求量与需求时间的计划。在企业的生产计划管理体系中，它一般被排在主生产计划之后，属于实际作业层面的计划决策。

4. MRP 的基本思想

制造企业生产的工序一般是先将原材料制造成各种毛坯；再将毛坯加工成零件，零件组装成部件；最后将零件和部件装配成产品。如果要求按照一定的交货时间提供不同数量的各种产品，那么就必须提前一定时间加工所需要数量的各种零件；要加工各种零件，就必须提前一定时间准备所需数量的各种毛坯，直至提前一定时间准备各种原材料。

物质资料的生产过程就是将原材料转化为产品的过程。如果确定了产品出产数量和部件的生产周期，就可以按照产品的结构确定产品的所有零件和部件的数量，并且可以按照各种零件和部件的生产周期，反推出它们的出产时间和投入时间。

MRP 的基本思想是围绕物料转化组织制造资源，实现按需要准时生产。

物料在转化过程中，需要不同的制造资源，如机器设备、场地、工具、工艺装备、人力、资金等，有了各种物料的投入出产时间和数量，就可以确定这些制造资源的需要数量和需要时间，这样就可以围绕物料的转化过程来组织制造资源，实现按需要准时生产。

按照 MRP 的基本思想，从产品销售到原材料采购，从自制零件的加工到外协零件的供应，从工具到工艺装备的准备和设备维修，从人员的安排到资金的筹措与运用，都要围绕 MRP 的基本思想进行。它涉及企业的每一个部门，每一项活动。因此，可以说，MRP 是一种新的生产方法。

5.2.2　MRP 的基本原理

制造企业都是从供应方买来原材料，经过加工或装配，制造出产品，销售给需求方。这是制造业区别于金融业、商业、采掘业（石油、矿产）、服务业的主要特点。任何制造业的经营活动都是围绕其产品展开的。

我们将企业内部的物料按需求的来源不同分为独立需求件和相关需求件两种类型。独立需求件是指其需求量和需求时间由企业外部的需求来决定，即由市场需求决定的物料。如客户订购的产品、科研试制需要的样品、售后维修需要的备品备件等。相关需求件是指根据物料之间的结构组成关系，由独立需求的物料所产生的需求，即由出厂产品决定需要的各种加工和采购物料。例如，半成品、零部件、原材料等的需求。

MRP 的基本原理是在已知主生产计划（根据客户订单结合市场预测制订出来的各种产品的排查计划）的条件下，根据产品结构与物料清单、制造工艺流程、产品交货期及库存状态等信息由计算机编制出各个时段各种物料的生产及采购计划。

MRP 的基本任务：

① 从最终产品的生产计划（独立需求）导出相关物料（原材料、零部件等）的需求量和需求时间（相关需求）；

② 根据物料的需求时间和生产（订货）周期来确定其开始生产（订货）的时间。

MRP 的基本内容是编制零件的生产计划和采购计划。然而，要正确编制零件计划，首先必须落实产品的出产进度计划，也就是主生产计划，这是 MRP 展开的依据。MRP 还需要知道产品结构与物料清单，才能把主生产计划形成零件计划；同时，必须知道库存数量才能准确计算出零件的采购数量。因此，基本 MRP 的依据是主生产计划、产品结构与物料清单、库存信息。MRP 数据处理逻辑流程图如图 5-5 所示。

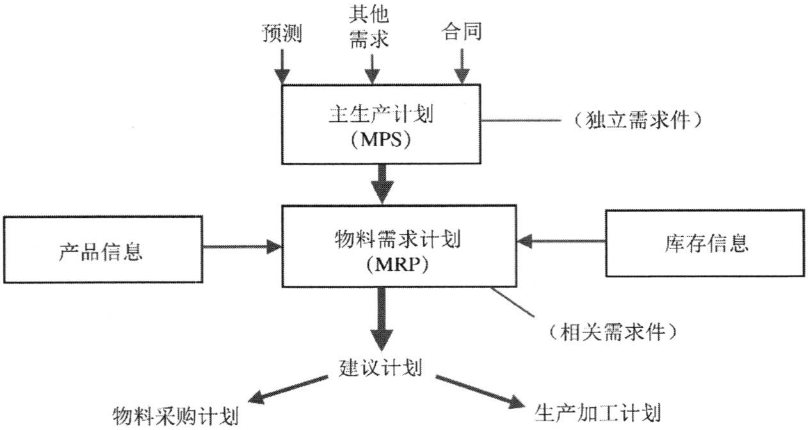

图 5-5　MRP 数据处理逻辑流程图

1. 主生产计划

主生产计划是确定每一具体的最终产品在每一具体时间段内生产数量的计划。这里的最终产品是指对于企业来说，最终完成、要出厂的产成品，它要具体到产品的品种、型号。这里的具体时间段，通常是以周为单位，在有些情况下，也可以是日、旬、月。主生产计划详细规定生产什么、什么时段应该产出，它是独立需求计划。主生产计划根据客户合同和市场预测，把经营计划或生产大纲中的产品系列具体化，使之成为展开物料需求计划的主要依据，起到了从综合计划向具体计划过渡的承上启下的作用。

2. 产品结构与物料清单

MRP 系统要正确计算出物料需求的时间和数量，特别是相关需求物料的数量和时间，首先要使系统能够知道企业所制造的产品结构和所有要使用到的物料。产品结构列出构成成品或装配件的所有部件、组件、零件等的组成、装配关系和数量要求。它是 MRP 产品拆零的基础。以一个简单的方桌为例，其产品结构如图 5-6 所示。其顶层是出厂产品即独立需求件，属于企业市场销售部门的业务；底层是采购的原材料或配套件，属于企业物资供应部门的业务；介于其间的是加工制造件，属于生产部门的业务。不难看出，一个产品结构就把制造业的三大主要部门的业务集成起来了。产品结构说明了每个物料在产品层次中相互之间的从属关系和数量关系，解决了“不出现短缺”的问题。但是此时还没有说明怎样满足“不积压库存”的要求。

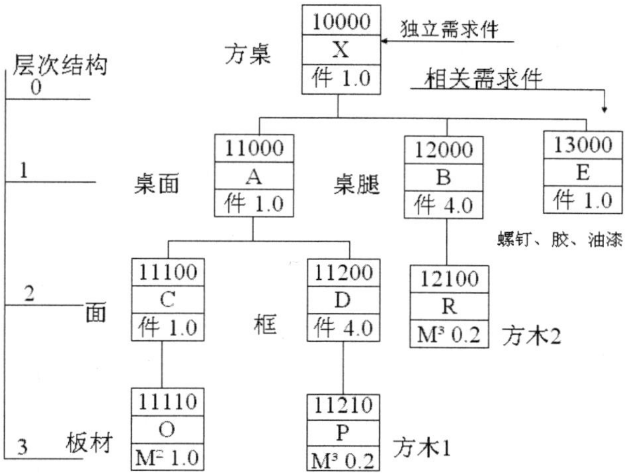

图 5-6　产品结构图（方桌）

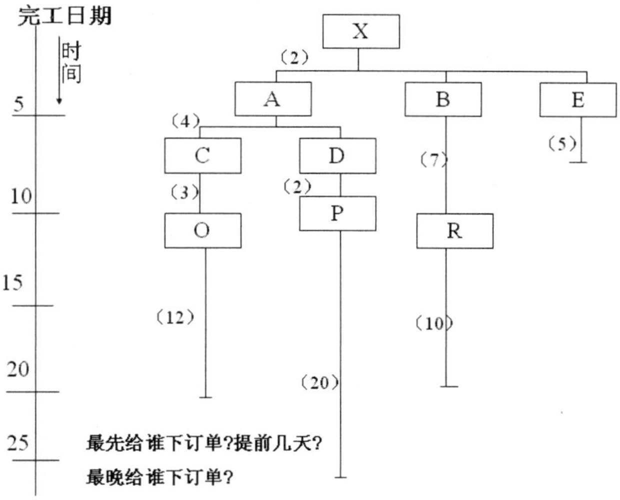

图 5-7　时间坐标轴上的产品结构图

不难理解，在产品结构上物料方框之间的连线代表了工艺流程、工序和时间周期。如果把结构层次的坐标换成时间坐标（见图 5-7），时间坐标上的产品结构模型包含物料的数量和需要的时间，它是一种传统生产管理中提到的“期量标准”，但不同点在于它是动态的。由于产成品、采购件和加工件都集成在一个模型中，只要顶层的“独立需求”有了变化，“相关需求”立即发生相应变化。与此同时，生产计划和采购计划同步修改，这样就减少了业务流程层次。销售、生产、采购三者的计划是基于优先顺序的“一体化计划”，根据需求的优先顺序(完工日期)，按照加工和采购周期的长短，有区别地规定计划订单下达的顺序，从而不但解决了供销严重脱节的矛盾，又解决了快速响应和应变的问题。MRP 的理想境界是根据需求时间使物料供应做到“不多、不少、不早、不晚”，这也正是 JIT（Just in Time，准时制生产）追求的境界。一个时间坐标上的产品结构，把企业的“销、产、供”物料数量和生成物料所需时间的信息全面集成起来。

产品结构是一种图形，为了便于计算机识别，必须把产品结构图转换成规范的数据格式，这种用规范的数据格式来描述产品结构的文件就是物料清单，物料清单是 MRP 的重要文件。与图 5-6 及图 5-7 所示的产品对应的物料清单就是表 5-2。

表 5-2 物料清单

物料编号：10000　　计量单位：件　　批量：10　　现有量：8

物料名称：××　　分类码：08　　提前期：2　　累计提前期：28

层次	物料号	物料名称	计量单位	数量	类型	生效日期	失效日期	成品率	累计提前期	ABC码
1	11000	A	件	1.0	M	19990101	99999999	1.00	26.0	A
2	11100	C	件	1.0	M	19990101	99999999	1.00	15.0	A
3	11110	O	m^3	1.0	B	19990101	99999999	0.90	12.0	B
2	11200	D	件	4.0	M	19990101	99999999	1.00	22.0	C
3	11210	P	m^3	0.2	B	19990101	19991231	0.90	20.0	C
3	11210/1	P1	m^3	0.2	B	20000101	99999999	1.00	15.0	C
1	12000	B	件	4.0	M	19990101	99999999	1.00	17.0	B
2	12100	R	m^3	0.2	B	19990101	99999999	1.00	10.0	C
1	13000	E	套	1.0	B	19990101	99999999	1.00	5.0	C

注：类型中的“M”为自制件；“B”为外购件。

3. 库存信息

库存信息是保存企业所有产品、零部件、在制品、原材料等存在状态的数据库。在 MRP 系统中，将产品、零部件、在制品、原材料甚至工装工具等统称为“物料”。为便于计算机识别，必须对物料进行编码。物料编码是 MRP 系统识别物料的唯一标识。物料的库存状态数据包括以下几类。

① 现有库存量，是指在企业仓库中实际存放的物料的可用库存数量。

② 计划收到量，是指根据正在执行中的采购订单或生产订单，在未来某个时段物料将要入库或将要完成的数量。

③ 已分配量，是指尚保存在仓库中但已被分配掉的物料数量。

④ 提前期，是指执行某项任务由开始到完成所消耗的时间。

⑤ 订购（生产）批量，是指在某个时段内向供应商订购或要求生产部门生产某种物料的数量。

⑥ 安全库存量，是指为了预防需求或供应方面的不可预测的波动，在仓库中应经常保持的最低库存数量。

根据以上的各个数值，可以计算出某项物料的净需求量：净需求量=毛需求量+已分配量-计划收到量-现有库存量。

4. MRP 的计算逻辑

MRP 的基本计算逻辑图如图 5-8 所示。

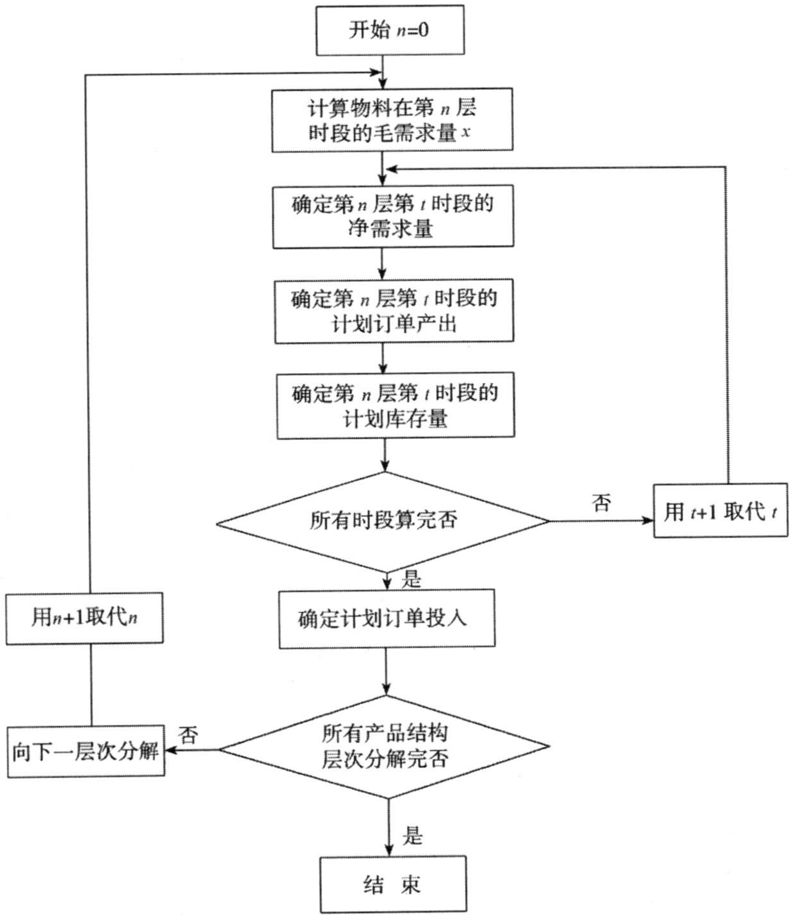

图 5-8　MRP 的计算逻辑

5.2.3　MRP 系统的输出

MRP 系统可以提供多种不同内容和形式的输出，其中主要是各种生产和库存控制的计划和报告。其主要包括以下两项计划。

1. 零部件投入产出计划

零部件投入产出计划制订了每个零件和部件的投入数量和时间、产出数量和产出时间。如果一个零件要经过几个车间的加工，则要将零部件投入产出计划分解成车间零部件投入产出计划。分车间零部件投入产出计划规定了每个车间一定时间内投入产出零件的种类、数量及时间。

2. 原材料需求计划

规定了每个零件所需的原材料的种类、需要的数量及需要的时间，并且按原材料品种、型号、规格汇总，以便供应部门组织供料。

① 互转件计划。按原材料品种规定了互转零件的种类、数量、转出车间和转出时间、转入车间和转入时间等。

② 库存状态记录。提供各种零部件、外购件以及原材料的库存状态数据，随时提供查询。

③ 工艺装备、机器设备需求计划。提供每种零件、不同工序所需的工艺装备和机器设备的编号、种类、数量及需要的时间。

5.3 闭环 MRP

5.3.1 闭环 MRP 的产生背景

MRP 只是根据市场需求和主生产计划提出了“建议性的”加工和采购计划，它只是一种自上而下的计划信息，说明了需求，但是还没有论证实现的可能性。因此，必须再相伴运行能力需求计划，来验证 MRP 的可行性。如果能力有问题，还需要对 MRP 进行调整，使下达给执行部门的不再是一个“建议”计划，而是一个经过确认了的可行计划。

计划下达后，在执行的过程中，可能出现物料问题（如设计更改、废品、外购件不能按时到货等），也可能出现能力问题（如定额不准、设备利用率低、设备故障、人员缺勤等）。

正是为了解决以上问题，MRP 系统在 20 世纪 70 年代发展为闭环 MRP 系统。闭环 MRP 系统除了将物料需求计划，还将能力需求计划、车间作业计划和采购作业计划纳入 MRP，形成一个封闭的系统。

5.3.2 闭环 MRP 的工作原理

MRP 的正常运行，需要有一个现实可行的主生产计划。它除了要反映市场需求和合同订单，还必须满足企业的生产能力约束条件。因此，除了要编制资源需求计划，我们还要制订能力需求计划（Capacity Requirement Planning，CRP），将各个工作中心的能力进行平衡。只有在采取了措施做到能力与资源均满足负荷需求时，才能开始执行计划。而要保证实现计划就要控制计划，执行 MRP 时要用派工单来控制加工的优先级，用采购单来控制采购的优先级。这样，基本 MRP 进一步发展，把能力需求计划和执行及控制计划的功能也包括进来，形成一个环形回路，称为闭环 MRP，其逻辑流程图如图 5-9 所示。

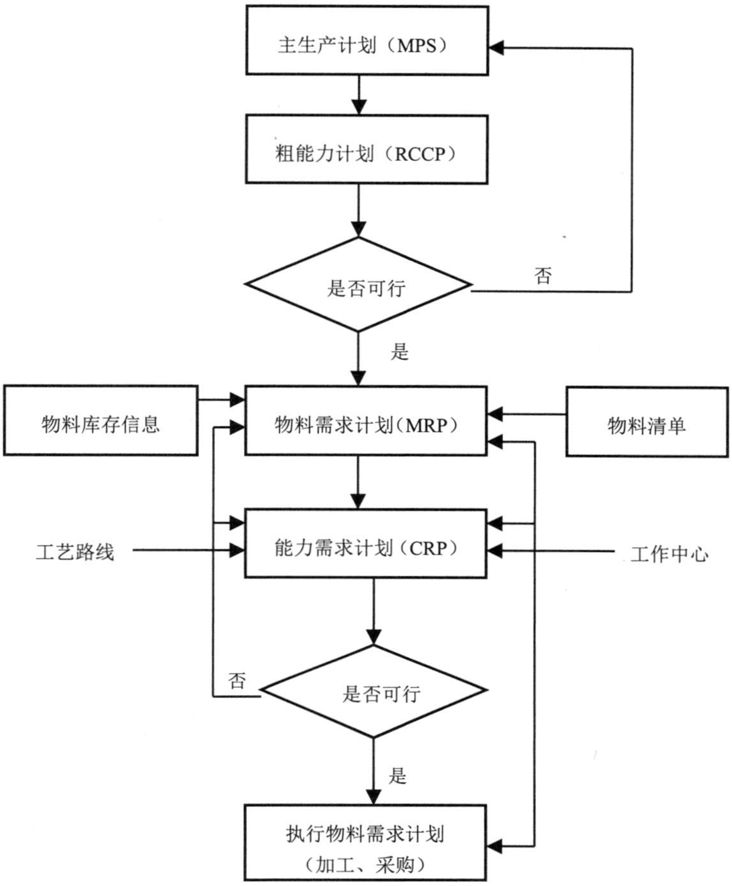

图 5-9　闭环 MRP 逻辑流程图

5.3.3　闭环 MRP 的工作过程

企业根据发展的需要与市场需求来制订企业生产规划，根据生产规划制定主生产计划，同时进行关键工作中心的负荷平衡。该过程主要是针对关键资源的能力与负荷的分析，即建立资源需求计划，或称粗能力计划（Rough Cut Capacity Planning，RCCP）。它的计划对象为独立需求件，主要面向的是主生产计划。只有通过对该过程的分析，才能达到主生产计划基本可靠的要求。根据主生产计划、企业的物料库存信息、物料清单等信息来制订物料需求计划，然后由物料需求计划、产品生产工艺路线和车间各加工工序能力数据生成能力需求计划。

能力需求计划是对全部工作中心的负荷平衡，又称为详细能力计划，它的计划对象为相关需求件，主要面向的是车间。能力需求计划的依据如下：

① 工作中心，它是各生产或加工能力单元和成本计算单元的统称。对于工作中心，统一用工时来量化其能力的大小。

② 工作日历，它是用于编制计划的特殊形式的日历。它是由普通日历除去每周双休日、假日、停工和其他不生产的日子，并将日期表示为顺序形式而形成的。

③ 工艺路线，它是一种反映制造某项“物料”加工方法及加工次序的文件。它说明加工和装配的工序顺序，每道工序使用的工作中心，各项时间定额，外协工序的时间和费用等。

5.3.4 能力需求计划的计算逻辑

闭环 MRP 的基本目标是满足客户和市场的需求，因此在编制计划时，总是先不考虑能力约束而优先保证计划需求。经过多次反复运算，调整核实后，才转入下一个阶段。CRP 的运算过程就是根据 MRP 和各物料的工艺路线，对在各个工作中心加工的所有物料计算出加工这些物料在各个时间段上要占用各工作中心的小时数，并与工作中心的能力进行比较，生成能力需求报表，这个过程可用图 5-10 来表示。

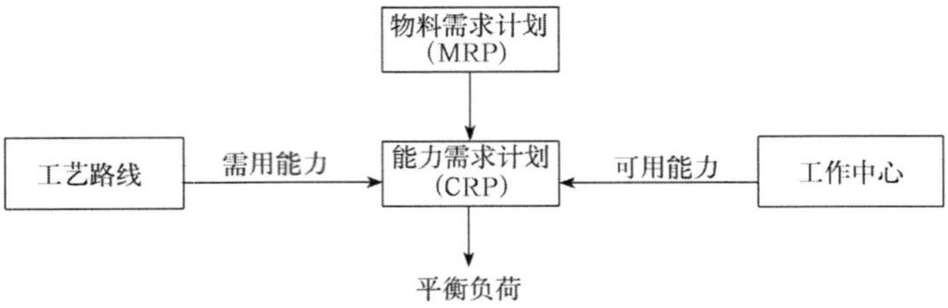

图 5-10 能力需求报表生成过程

当然，在计划时段中也有可能出现能力需求超负荷或低负荷的情况。闭环 MRP 能力需求计划通常是通过报表的形式（如直方图）向计划人员报告，但是并不进行能力负荷的自动平衡，这个工作由计划人员人工完成。

各工作中心能力需求与负荷基本平衡后，接下来就要集中解决如何具体地组织生产活动的问题，使各种资源既能合理利用又能按期完成各项订单任务，并将客观生产活动进行的状况及时反馈到系统中，以便根据实际情况进行调整与控制。它的工作内容一般包括以下四个方面：

① 车间订单下达。车间订单下达是核实 MRP 生成的计划订单，并转换为下达订单。

② 作业排序。它是指从工作中心的角度控制加工工件的作业顺序或作业优先级。

③ 投入产出控制。它是一种监控作业流（正在作业的车间订单）通过工作中心的技术方法。利用投入/产出报告，可以分析生产中存在的问题，并采取相应的措施。

④ 作业信息反馈。作业信息反馈是跟踪作业订单在制造过程中的运动，收集各种资源消耗的实际数据，更新库存余额并完成 MRP 的闭环。

5.4 制造资源计划

5.4.1 制造资源计划的产生背景

MRP 解决了物料的计划与控制问题，实现了物料信息的集成，但是，它还没有说明计划执行结果带来的效益是否符合企业的总体目标。企业的经营状况和效益是要用货币形式来表达的，因此，20 世纪 70 年代末，在 MRP 已经推行近 10 年后，一些企业又提出了信息的要求，要求系统在处理物料计划信息的同时，能够同步处理财务信息，也就是把成本和财务系统纳入系统中来，即实现物料信息同资金信息的集成。于是，在 20 世纪 80 年代，人们把生产、财务、销售、工程技术、采购等各个子系统集成一体化的系统，并称之为制造资源计划（Manufacturing Resource Planning，MRP），为了区别物料需求计划（MRP）而记为 MRPII。

5.4.2　MRPII 的原理与逻辑

MRPII 的基本思想就是把企业作为一个有机整体，从整体最优的角度出发，通过运用科学方法对企业各种制造资源和各环节进行计划、组织和控制，使它们得以协调发展，并充分地发挥作用。MRPII 的工作流程如图 5-11 所示。

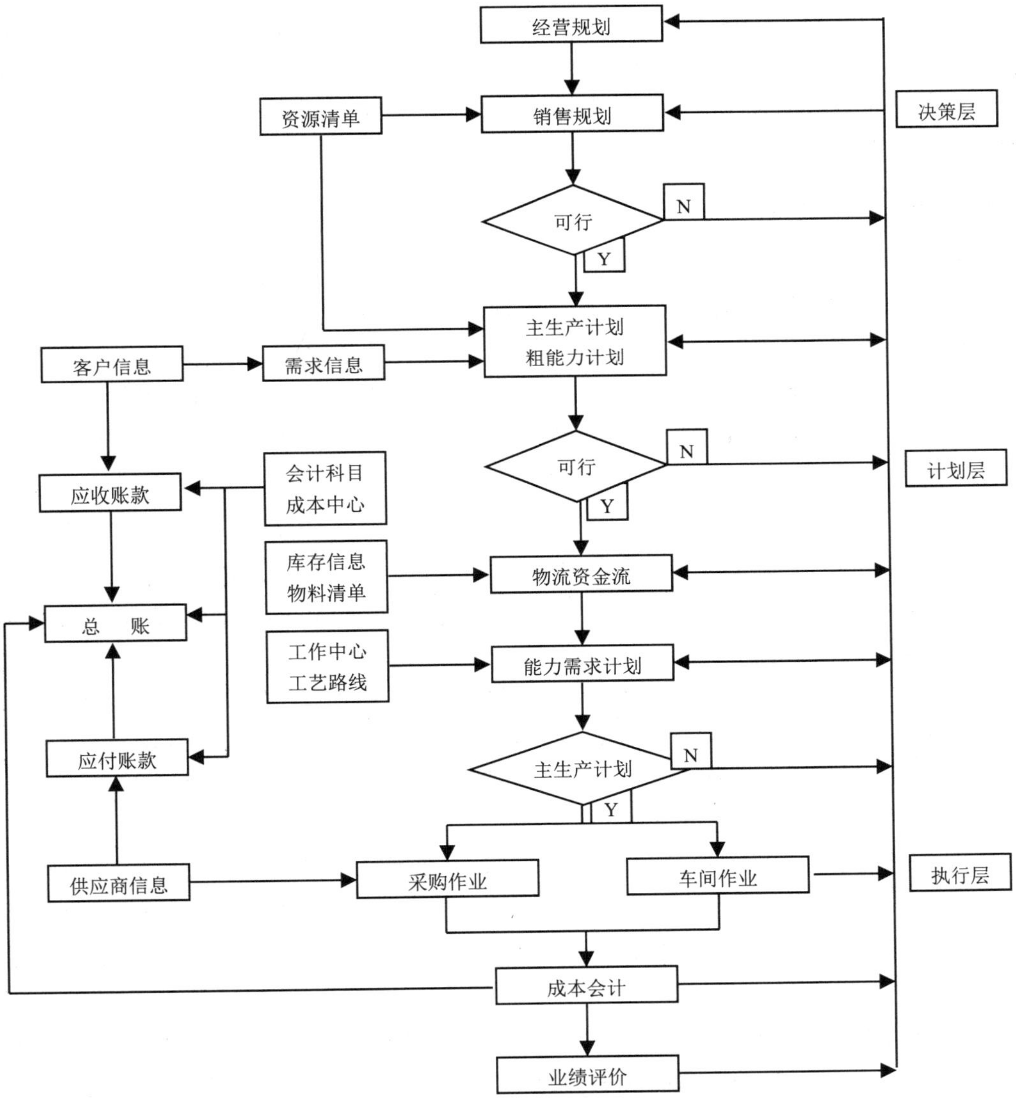

图 5-11　MRPII 的工作流程图

流程图的右侧是计划与控制的流程，它包括了决策层、计划层和控制执行层，可以理解为经营计划管理的流程；中间是基础数据，要存储在计算机系统的数据库中，并且反复调用。这些数据信息的集成，把企业各个部门的业务沟通起来，可以理解为计算机数据库系统；左侧是主要的财务系统，这里只列出应收账款、总账和应付账款。各个连线表示信息的流向及相互之间的集成关系。

MRPII 是一种计划主导型管理模式，计划层次从宏观到微观、从战略到技术、从粗到细逐层优化，但始终保证与企业经营战略目标一致。MRPII 以计算机为手段，能够以手工无法比拟的效率处理复杂的计划问题。

MRPII 同 MRP 的主要区别就是它运用管理会计的概念，MRPII 把传统的财务处理同发生财务的事务结合起来，不仅说明财务的资金现状，而且追溯资金的来龙去脉。例如，体现债务、债权关系的应付账款和应收账款同采购业务和销售业务集成起来，同客户和供应商的信誉和业绩集成起来，同销售和生产计划集成起来等，使与生产相关的财务信息直接由生产活动生成，保证了“资金流”同“物流”的同步和一致，改变了资金信息滞后于物流信息的状况，便于企业管理者据此实时做出决策。

5.4.3 MRPII 的特点

MRPII 的特点可以归纳为六个方面。

① 计划的一贯性与可行性。MRPII 是一种计划主导型管理模式，计划层次从宏观到微观、从战略到技术、从粗到细逐层优化，但始终保证与企业经营战略目标一致。它把通常的三级计划管理统一起来，计划编制工作集中在厂级职能部门，车间班组只能执行计划、调度和反馈信息。计划下达前反复验证和平衡生产能力，并根据反馈信息及时调整，处理好供需矛盾，保证计划的一贯性与可行性。

② 管理的系统性。MRPII 是一项系统工程，它把企业所有与生产经营直接相关部门的工作联结成一个整体，各部门都从系统整体出发做好本职工作，每个员工都知道自己的工作质量同其他职能的关系。只有在“一个计划”下才能成为系统，条块分割、各行其是的局面应被团队精神所取代。

③ 数据的共享性。MRPII 是一种制造企业管理信息系统，企业各部门都依据同一数据信息进行管理，任何一种数据变动都能及时地反映给所有部门，做到数据共享。在统一的数据库支持下，按照规范化的处理程序进行管理和决策，改变了过去那种信息不通、情况不明、盲目决策、相互矛盾的现象。

④ 动态的应变性。MRPII 是一个闭环系统，它要求跟踪、控制和反馈瞬息万变的实际情况，管理人员可随时根据企业内外环境条件的变化迅速做出响应，及时决策、调整，保证生产正常进行。它可以及时掌握各种动态信息，保持较短的生产周期，因而有较强的应变能力。

⑤ 模拟的预见性。MRPII 具有模拟功能。它可以解决“如果……，将会……”的问题，可以预见在相当长的计划期内可能发生的问题，事先采取措施消除隐患，而不是等问题已经发生了再花几倍的精力去处理。这将使管理人员从忙碌的事务堆里解脱出来，致力于实

质性的分析研究，提供多个可行方案供领导决策。

⑥ 物流、资金流的统一。MRPII 包含了成本会计和财务功能，可以由生产活动直接产生财务数据，把实物形态的物料流动直接转换为价值形态的资金流动，保证生产数据和财务数据一致。财务部门及时得到资金信息用于控制成本，通过资金流动状况反映物料和经营情况，随时分析企业的经济效益，参与决策，指导和控制经营和生产活动。

以上几个方面的特点表明，MRPII 是一个比较完整的生产经营管理计划体系，是实现制造业企业整体效益的有效管理模式。

5.5 企业资源计划

5.5.1 企业资源计划的产生背景

现代社会的目标是创新，包括产品创新、技术创新、管理创新，通过创新可使企业取得更大的竞争优势。随着经济全球化和市场国际化的发展，企业竞争空间与范围进一步扩大。以客户为中心，基于时间、面向整个供应链的管理成为在新的形势下企业发展的基本动向。一些实施 MRPII 的企业感到，以企业内部信息集成为主的 MRPII 系统，已经不能满足及时了解瞬息万变的全球市场的需要，也不能迅速响应并组织供应来满足全球市场竞争的要求，必须扩大软件的功能，把“前端办公室”（市场与客户）和“后端办公室”（供应商）的信息——整体信息资源都纳入管理信息系统中来。于是，在 20 世纪 90 年代初，美国著名的 IT 咨询和评估公司加特纳集团在 MRPII 的基础上首先提出了 ERP，即企业资源计划。

5.5.2 企业资源计划的概念

从最初的定义看，ERP 只是一个为企业管理服务的管理软件，后来各国政府、学者、企业界人士都从自己的角度和对 ERP 的认识程度，给出了许多有关 ERP 概念的不同表述。其中全球最大的企业管理软件公司 SAP 给出了“ERP 就是‘管理+IT’”的概念。对于这个概念，我们可以从管理思想、软件产品和管理信息系统的角度做出如下的阐述：

① 从管理思想的角度。ERP 是由加特纳集团提出的一整套企业管理体系标准，实质是在制造资源计划（MRPII）基础上进一步发展而成的面向供应链（Supply Chain）的管理思想。

② 从软件产品的角度。ERP 是综合应用了 C/S 或 B/S 体系结构、大型数据库、面向对象技术（OOP）、图形用户界面（GCI）、第四代语言（4GL）、网络通信等信息技术成果，面向企业信息化管理的软件产品。

③ 从管理信息系统的角度。ERP 是整合了企业管理理念、业务流程、基础数据、人力物力及计算机软件、硬件的企业资源管理信息系统。

在 SAP 公司给出的 ERP 定义的基础上，我们也给出目前比较有代表性的定义：ERP 建立在信息技术基础上，利用现代企业的先进管理思想，全面集成了企业的所有资源信息，并为企业提供决策、计划、控制与经营业绩评估的全方位和系统化的管理服务。它不仅是一个软件工具，而且是涵盖企业经营的方方面面的一整套管理思想，ERP 可以帮助企业管理人员根据外部环境的变化对企业资源进行合理规划，使企业流畅运转，从而达到商业上的成功。

5.5.3 ERP 与 MRPII 的区别

20 世纪 90 年代初，随着全球市场的形成，以面向企业内部信息集成为主的 MRPII 系统已经不能满足瞬息万变的全球市场的需要，也不能迅速响应并组织市场供应，需要扩大软件的功能，把市场、客户及供应商的整体信息资源都纳入管理信息系统中来，于是，ERP 应运而生。ERP 是在 MRPII 的基础上扩展了管理范围，给出了新的结构。

ERP 同 MRPII 的主要区别表现在如下几个方面：

① 在资源管理范围方面的差别。MRPII 主要侧重对企业内部人、财、物等资源的管理。ERP 系统在 MRPII 的基础上扩展了管理范围，把客户需求和企业内部的制造活动，以及供应商的制造资源整合在一起，形成一个完整的供应链并对供应链上所有环节，如订单、采购、库存、计划、生产制造、质量控制、运输、分销、服务与维护、财务管理、人事管理、实验室管理、项目管理、配方管理等，进行有效管理。

② 在生产方式管理方面的差别。MRPII 系统把企业归类为集中典型的生产方式进行管理，如重复制造、批量生产、按订单生产、按订单装配、按库存生产等，对每一种类型都有一套管理标准。而在 20 世纪 80 年代末 90 年代初，为了紧跟市场的变化，多品种、小批量生产及看板式生产等成为企业主要采用的生产方式，由单一的生产方式向混合型生产方式发展，ERP 能很好地支持和管理混合型制造环境，满足了企业的这种经营需求。

③ 在管理功能方面的差别。除了 MRPII 系统的制造、分销、财务管理功能，ERP 还增加了支持整个供应链物料流通体系中供、产、需求各个环节之间的运输管理和仓库管理；支持生产保障体系的质量管理、实验室管理、设备维修和备品备件管理；支持对工作流（业务处理流程）的管理。

④ 在事务处理控制方面的差别。MRPII 是通过计划的及时滚动来控制整个生产过程的，它的实时性较差，一般只能实现事中控制。而 ERP 系统支持联机分析处理（OLAP）、售后服务（即质量反馈），强调企业的事前控制能力。它可以将设计、制造、销售、运输等通过集成来并行地进行各种相关的作业，为企业提供了对质量、适应变化、客户满意、绩效等关键问题的实时分析能力。此外，在 MRPII 中，财务系统只是一个信息的归结，它的功能是将供、产、销过程中的数量信息转变为价值信息，是物流的价值反映。而 ERP 系统则将财务计划和价值控制功能集成到了整个供应链上。

⑤ 在跨国（或地区）经营事务处理方面的差别。现代企业的发展，使得企业内部各个组织单元之间、企业与外部的业务单元之间的协调变得越来越多和越来越重要，ERP 系统应用完整的组织架构，可以支持跨国经营的多国家（地区）、多工厂、多语种、多币制的应用需求。

⑥ 在计算机信息处理技术方面的差别。IT 的飞速发展，网络通信技术的应用，使得 ERP 系统得以实现对整个供应链进行集成管理。ERP 系统采用客户/服务器（C/S）体系结

构和分布式数据处理技术，支持 Internet/Intranet/Extranet、电子商务、电子数据交换。此外，还能实现在不同平台上的互操作。

5.5.4　ERP 的管理思想

ERP 的核心管理思想就是实现对整个供应链的有效管理，主要体现在以下三个方面：

① 体现对整个供应链的资源进行管理的思想。信息经济时代企业的竞争已经不是单一企业间的竞争，而是一个企业供应链与另一个企业供应链之间的竞争，即企业不但要依靠自己的资源，还必须把经营过程中的有关各方，如供应商、制造工厂、分销网络、客户等，纳入一个紧密的供应链中，才能在市场上获得竞争优势。ERP 正是适应了这一市场竞争的需要，实现了对整个企业供应链的管理。

② 体现精益生产、同步工程和敏捷制造的思想。ERP 支持混合型生产方式的管理，其管理思想表现在两个方面。其一是“精益生产（LP）”的思想，即企业把客户、销售代理商、供应商、协作单位纳入生产体系，同他们建立起利益共享的合作伙伴关系，进而组成一个企业的供应链。其二是“敏捷制造（AM）”的思想。当市场上出现新的机会，而企业的基本合作伙伴不能满足新产品开发生产的要求时，企业组织一个由特定的供应商和销售渠道组成的短期或一次性供应链，形成“虚拟工厂”，把供应和协作单位看成企业的一个组成部分，运用“同步工程（SE）”组织生产，用最短的时间将新产品打入市场，时刻保持产品的高质量、多样化和灵活性，这就是“敏捷制造”的核心思想。

③ 体现事先计划与事中控制的思想。ERP 的计划体系主要包括主生产计划、物料需求计划、能力计划、采购计划、销售执行计划、利润计划、财务预算和人力资源计划等，而且这些计划功能与价值控制功能已完全集成到整个供应链系统中。另一方面，ERP 通过定义事务处理相关的会计核算科目与核算方式，在事务处理发生的同时自动生成会计核算分录，保证了资金流与物流的同步记录和数据的一致性。根据财务资金现状可以追溯资金的来龙去脉，并进一步追溯所发生的相关业务活动，便于实现事中控制和实时做出决策。

总之，ERP 是建立在信息技术基础上，以系统化的先进管理思想为企业提供决策、计划、控制与经营业绩评估的全方位和系统化的管理平台。ERP 系统集信息技术与先进的管理思想于一身，成为现代企业的一种运行模式。它反映了时代对企业合理配置资源、最大化地创造社会财富的要求，成为企业在信息时代发展的基石。

5.5.5　ERP 的主要功能模块和总流程图

企业资源计划系统，即 ERP 系统，是基于 ERP 思想建立的一个信息系统。ERP 系统具有强大的系统功能、灵活的应用环境和实时控制能力，是一种制造业管理信息系统。ERP 系统将企业内部的各个部门，如财务、物料管理、质量管理、销售与分销和人力资源管理等，利用信息技术集成在一起。在企业中，一般的管理主要包括财务管理、生产控制管理、物流管理和人力资源管理四个方面。这四大系统本身就是集成体，它们之间通过相应的接口，能够很好地整合在一起来对企业进行管理。ERP 系统中包含了这四方面的相关模块，其系统结构如图 5-12 所示。

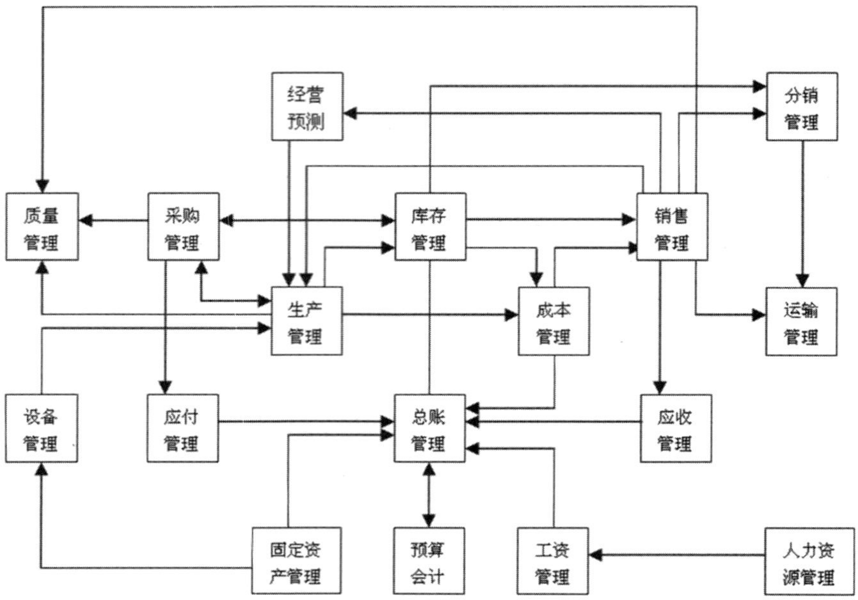

图 5-12　ERP 的总流程图

1. 财务管理模块

ERP 系统中的财务管理模块与一般的财务软件不同，财务管理模块作为 ERP 系统中的一部分，与系统的其他模块有相应的接口，能够相互集成。例如，ERP 系统可将自生产活动、采购活动输入的信息自动计入财务管理模块生成总账、会计报表，取代了输入凭证的烦琐过程，几乎完全替代以往传统的手工操作。一般的 ERP 系统的财务管理功能分为会计核算与财务管理。

（1）会计核算

会计核算主要是记录、核算、反映和分析资金在企业经济活动中的变动过程及其结果。

由总账、应收账、应付账、现金管理、固定资产核算、多币制、工资核算和成本等模块构成。

① 总账模块。它的功能是处理记账凭证输入、登记，输出日记账、一般明细账及总账，编制主要会计报表。总账模块是整个会计核算的核心，应收账、应付账、固定资产核算、现金管理、工资核算、多币制等各模块都以其为中心来互相传递信息。

② 应收账模块。应收账是指企业应收的由于商品赊欠而产生的正常客户欠款账，包括发票管理、客户管理、付款管理和账龄分析等功能。应收账模块和客户订单、发票处理业务相联系，同时将各项事件自动生成记账凭证，导入总账。

③ 应付账模块。会计里的应付账是企业应付购货款等账务，包括发票管理、供应商管理、支票管理和账龄分析等。应付账模块能够和采购模块、库存模块完全集成，以替代过去烦琐的手工操作。

④ 现金管理模块。现金管理模块主要是对现金流入、流出的控制，以及零用现金及银行存款的核算，包括对硬币、纸币、支票、汇票和银行存款的管理。ERP 系统提供了票据

维护、票据打印、付款维护、银行清单打印、付款查询、银行查询和支票查询等和现金有关的功能。此外，现金管理模块还和应收账、应付账、总账等模块集成，自动产生凭证，过入总账。

⑤ 固定资产核算模块。固定资产核算完成对固定资产的增减变动，及折旧有关基金计提和分配的核算工作。固定资产核算模块能够帮助管理者对固定资产的现状进行了解，并能通过该模块提供的各种方法来管理资产，并进行相应的会计处理。固定资产核算模块的具体功能如下：登录固定资产卡片和明细账，计提折旧，编制报表，自动编制转账凭证，并转入总账。它和应付账模块、成本模块、总账模块集成。

⑥ 多币制模块。多币制模块是为了适应企业的国际化经营对外币结算业务的要求而产生的。多币制模块将企业整个财务系统的各项功能以各种币制来表示和结算，且客户订单、库存管理及采购管理等也能使用多币制进行交易管理。多币制与应收账、应付账、总账、客户订单、采购等各模块都有接口，可自动生成所需数据。

⑦ 工资核算模块。工资核算模块可以自动进行企业员工的工资结算、分配、核算，并实现各项相关经费的计提。它能够登录工资系统、打印工资清单及各类汇总报表，计算计提各项与工资有关的费用，自动做出凭证，导入总账。这一模块是和总账模块、成本模块集成的。

⑧ 成本模块。它将依据产品结构、工作中心、工序和采购等信息进行产品的各种成本的计算，以便进行成本分析和规划。它还能用标准成本法或平均成本法按地点维护成本。

（2）财务管理

财务管理的功能主要是对会计核算的数据加以分析，从而进行相应的预测、管理和控制活动。它侧重于财务计划、分析和预测。

① 财务计划。根据前期财务分析制订下期的财务计划和预算等。

② 财务分析。运用各种专门的分析方法，对财务数据做进一步加工，从中取得有用的信息，为决策提供正确的依据。

③ 财务决策。财务决策是财务管理的核心部分，其中心内容是做出有关资金的决策，如资金筹集、投放及资金管理等。

2. 生产控制管理模块

生产控制管理模块是 ERP 系统的核心所在，它将企业的整个生产过程有机地结合在一起，使企业能够有效地降低库存，提高效率；同时，各个原本分散的生产流程的自动连接，也使生产流程能够前后连贯地进行，而不会出现生产脱节。

生产控制管理是一个以计划为导向的先进的生产管理方法。企业确定一个总生产计划，经过系统层层细分后，下达到各部门去执行，即生产部门按此生产、采购部门按此采购等。

（1）主生产计划模块

主生产计划模块是根据生产计划、预测和客户订单来安排将来的各周期中提供的产品种类和数量的。它将生产计划转为产品计划，在平衡物料和能力的需求后，精确确定时间、数量的详细计划。主生产计划是企业在一段时期内活动的总安排，是一个稳定的计划，由生产计划、实际订单和对历史销售分析得来的预测产生。

（2）物料需求计划（MRP）模块

在主生产计划决定生产多少最终产品后，MRP 模块根据物料清单，把整个企业要生产的产品的数量转变为所需生产的零部件的数量，并对照现有的库存量，可得到还需加工多少、采购多少的最终数量，这是整个部门真正依照的计划。

（3）能力需求计划模块

能力需求计划是在得出初步的物料需求计划之后，将所有工作中心的总工作负荷与工作中心的能力平衡后产生的详细工作计划，用于确定生成的物料需求计划是否是企业生产能力上可行的计划。能力需求计划是一种短期的、当前实际应用的计划。

（4）车间控制计划模块

车间控制计划（Production Activity Control，PAC）是随时间变化的动态作业计划。PAC 模块将作业分配到各个车间，再进行作业排序、作业管理和作业监控。

（5）制造标准模块

编制计划时需要许多生产的基本信息，这些基本信息就是制造标准，如零件、产品结构、工序和工作中心。它们都用唯一的代码在计算机中识别。

① 零件代码。对物料资源的管理，对每种物料给予唯一的代码识别。

② 物料清单。物料清单是定义产品结构的技术文件，用于编制各种计划。

③ 工序。工序描述加工步骤及制造和装配产品的操作顺序。工序包含加工顺序，指明各道工序的加工设备及所需要的额定工时和工资等级等。

④ 工作中心。工作中心是使用相同或相似工序的设备和劳动力组成的从事生产进度安排、核算和成本计算的基本单位。

3. 物流管理模块

物流管理模块由分销管理、库存控制和采购管理三个子系统构成。库存控制和采购管理在功能上与 MRPII 系统相比区别不大，只是网络功能的增强使企业在供应商管理、采购与委外加工统计、价格分析等方面的功能得到了强化。ERP 分销管理模块的功能有了显著改进，特别是 CRM 软件与 ERP 的结合，给企业带来了更大的效益。

（1）分销管理

销售的管理从产品的销售计划开始，对其销售产品、销售地区和销售客户等各种信息进行管理和统计，并可对销售数量、金额、利润、绩效和客户服务做出全面的分析。分销管理模块大致有以下功能。

① 对于客户信息的管理和服务。建立一个客户信息档案，对其进行分类管理，进而对其进行针对性的客户服务，达到最高效率地保留老客户、争取新客户的目的，与客户关系管理系统结合，将可大大提高企业的效率和效益。

② 对于销售订单的管理。销售订单是 ERP 的入口，所有的生产计划都是根据它下达并进行排产的，销售订单的管理贯穿了产品生产的整个流程。销售订单的管理包括以下内容：

- 客户信用审核及查询：通过客户信用分级来审核订单交易。

- 产品库存查询：决定是否要延期交货、分批发货或用代用品发货等。
- 产品报价：为客户做不同产品的报价。
- 订单输入、变更及跟踪：订单输入后，变更的修正及订单的跟踪分析。
- 交货期的确认及交货处理：决定交货期和发货事务安排。

③ 对于销售的统计与分析。系统根据销售订单的完成情况，依据各种指标做出统计，如客户分类统计和销售代理分类统计等，再就这些统计结果对企业的实际销售效果进行评价。

- 销售统计：根据销售形式、产品、代理商、地区、销售人员、金额、数量分别进行统计。
- 销售分析：包括目标对比、同期比较、订货和发货分析，从数量、金额、利润及绩效等方面做相应的分析。
- 客户服务：包括客户投诉记录、原因分析。

（2）库存控制

库存控制主要是控制存储物料的数量，保证稳定的物流支持正常的生产，但又要最小限度地占用资本。库存控制系统是一种相关的、动态的及真实的控制系统，结合、满足相关部门的需求，随时间变化动态地调整库存，精确地反映库存现状。这一系统的功能还涉及以下方面：

① 为所有的物料建立库存，决定何时订货采购。同时，也可作为采购部门进行采购、生产部门制订生产计划的依据。

② 收到订购物料，经过质量检验入库，生产的产品也同样要经过检验入库。

③ 收、发料的日常业务处理工作。

（3）采购管理

采购管理能够确定合理的订货量、选定优秀的供应商和保持最佳的安全储备；能够随时提供订购、验收的信息，跟踪和催促外购或委托加工的物料，保证货物及时到达；能够建立供应商的档案，用最新的成本信息调整库存的成本。采购管理的功能具体如下。

① 供应商信息查询：查询供应商的能力、信誉等。

② 催货：对外购或委托加工的物料进行跟踪和催促。

③ 外购与委托加工统计：统计、建立档案，计算成本。

④ 价格分析：对原料价格进行分析，调整库存成本。

4. 人力资源管理模块

早期的 ERP 基本上都是以生产制造及销售过程（供应链）为中心的。因此，我们一直把与制造资源有关的资源作为企业的核心资源来进行管理。近年来，企业内部的人力资源，开始越来越受到企业的关注，被视为企业的资源之本。在这种情况下，人力资源管理作为一个独立的模块，被加入 ERP 中，与 ERP 中的财务、生产子系统共同组成了一个高效的、具有高度集成化的企业资源系统。该功能与传统方式下的人事管理不同，具体包括以下内容。

（1）人力资源规划的辅助决策

人力资源规划的辅助决策有以下内容：

① 对于企业人员、组织结构编制的多种方案直观评估，进行模拟比较和运行分析，并辅之以图形的直观评估，辅助管理者做出最终决策。

② 制定职务模型，如职位要求、升迁路径和培训计划。根据员工的资格和条件，系统会提出针对员工的一系列培训建议。一旦机构改组或职位变动，系统会提出一系列的职位变动或升迁建议。

③ 进行人员成本分析，对过去、现在、将来的人员成本做出分析及预测，并通过 ERP 集成环境，为企业成本分析提供依据。

（2）招聘管理

人才是企业重要的资源，优秀的人才才能保证企业持久的竞争力。招聘管理一般有以下功能：

① 进行招聘过程的管理，优化招聘过程，减少业务工作量。

② 对招聘的成本进行科学管理，降低招聘成本。

③ 为选择聘用人员的岗位提供辅助信息，并有效地帮助企业进行人力资源的挖掘。

（3）工资核算

工资核算具有以下内容：

① 根据公司跨地区、跨部门、跨工种的不同薪资结构及处理流程制定与之相适应的薪资核算方法。

② 与时间管理直接集成，能够及时更新，实现员工的薪资核算动态化。

③ 通过和其他模块的集成，自动根据要求调整薪资结构及数据。

（4）工时管理

工时管理具有以下内容：

① 根据本国或当地的日历，安排企业的作息时间表。

② 运用远端考勤系统，可以将员工的实际出勤状况记录到主系统中，并把与员工薪资、奖金有关的时间数据导入薪资系统和成本核算中。

（5）差旅核算

差旅核算可以实现差旅的自动申请、差旅批准和差旅报销整个流程，并且通过集成环境，将核算数据融入财务成本管理系统中。

ERP 是一个高度集成的信息系统。ERP 强调的是人财物和产供销全面结合、全面受控，实时反馈、动态协调，以销定产、效益最佳、成本最低，流程式管理、扁平化结构，真正体现了先进的管理思想和理念。ERP 同时也是一个不断发展的系统，从 MRP 到 MRPII 再到 ERP，其思想内涵在不断发展变化，其功能模块也在相应地不断增加，如图 5-13 所示。

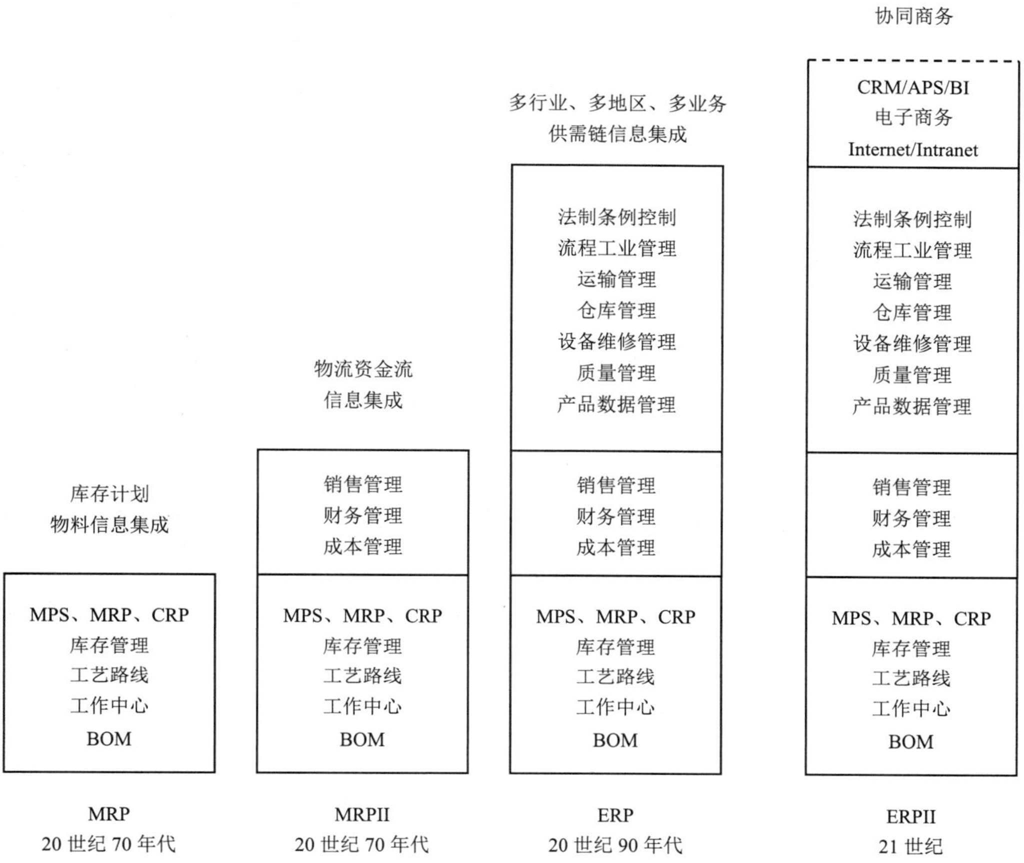

图 5-13 ERP 的功能扩展图

ERP 之所以得到许多企业的认可，是因为 ERP 的使用给企业带来了切实的效益。由于 ERP 对信息掌握能力的加强和对市场需求变化反应速度的提高，企业可以增强与供应商、经销商、客户的联系，从而提高客户的满意度。另外，生产成本的降低和生产能力的提高使企业可以及时给顾客提供高品质的产品和服务，企业形象和竞争力得到巩固和加强。总之，ERP 体现了以市场为核心的现代企业管理思想，是企业管理的必由之路。

5.5.6 企业资源计划软件产品

1. 国外 ERP 软件产品

（1）德国 SAP 公司的 ERP 产品

SAP 拥有离散制造业、连续流程行业和服务业等不同行业的解决方案，并为每个行业的业务对象设计不同的功能。SAP 的优势在于供应链管理和财务管理，R/3 所拥有的模块最完备，包括物流、财务和人力资源三个模块，具有强大的成本管理、财务预算控制和决策支持能力；支持连续流程制造中的配方管理、改变配料、批管理、能力计划、过程排序和废料管理等特殊要求；“SAP 加速实施方案”能够帮助客户大幅度减少实施 ERP 的时间和成本，并确保实施的质量。世界 500 强企业多采用 SAP 的软件系统。R/3 适用于那些管理基础较好、经营规模较大的企业。

（2）美国甲骨文公司（Oracle）的 ERP 产品

Oracle 是全球最大的企业级数据库提供商，其 ERP 软件率先宣布完全基于 Internet，并倡导完全组件模块化、工作流和弹性域等技术。Oracle 拥有包括销售订单管理、工程数据管理、物料清单管理、主生产计划、物料需求计划、能力需求计划、车间生产管理、库存管理、采购管理、成本管理、财务管理、人力资源管理和预警系统等在内的近 50 个软件模块，支持按订单生产、批量生产、流程式生产、合同生产、离散型制造、复杂设计生产、混合生产、按订单设计和按库存生产等生产经营类型。Oracle 的 ERP 产品在全球 ERP 市场上位居第二，适用于对于集成要求较高的企业，在中国拥有 100 多家客户，如中国民航和中国电信等。

（3）荷兰 BAAN 公司的 ERP 产品

BAAN 公司主要针对生产制造行业，在软件的生产制造和物流模块方面有独特的优势，著名的波音公司就是其主要客户。BAAN 公司提出了动态企业建模（DEM）的思想，该思想在其 ERP 软件中得到实现。DEM 思想和技术不仅有利于保障企业成功实施 ERP 系统，而且便于企业今后依据管理需要重新构建业务框架。BAAN 公司的 ERP 产品支持按订单装配、大批量生产、混合型生产、按订单制造、离散型生产、复杂设计生产和按库存生产等生产类型，适用于航空航天、汽车、化工和机械制造等行业。

2. 国内 ERP 软件产品

（1）金蝶 K/3

金蝶公司有三种 ERP 产品，分别为面向中小型企业的 K/3 和 KIS，以及面向大中型企业的 EAS。

金蝶 K/3 集成供应链管理、财务管理、人力资源管理、客户关系管理、办公自动化、商业分析、移动商务、集成接口及行业插件等业务管理组件为一体，以成本管理为目标，以计划与流程控制为主线，通过对成本目标及责任进行考核激励，推动管理者应用 ERP 等先进的管理模式和工具，建立企业科学完整的管理体系。金蝶 K/3 主要适用于电子设备、电子元器件、家用电器、汽车配件、通用专用设备、五金、仪器仪表、医药、房地产、化工、烟草和商业流通等行业。

（2）用友 ERP-U8

用友公司是亚太地区最大的管理软件提供商，也是中国最大的管理软件、ERP 软件、财务软件、集团管理软件、人力资源管理软件及小型管理软件提供商。用友公司目前有三种 ERP 产品，分别为面向中小型企业的用友 ERP-U8 和用友通 Tong，以及面向中大型企业的用友 ERP-NC。

用友 ERP-U8 系统整合财务管理、供应链管理、生产制造管理、客户关系管理、分销及连锁零售、决策管理、行政办公管理和人力资源管理八大核心业务，提供全面的、完整的、一体化的企业解决方案。用友 ERP-U8 系统主要适用于电子电气、机械、服装、制药、食品和零售等行业。

（3）神州数码 ERP/DCMS

神州数码 ERP/DCMS 包括易拓、易飞和易助系列 ERP 产品。

易拓 ERP 满足企业集团化、国际化和全球化运筹管理的需求，包括集团财务管理、集团预算管理、集团资金管理、集团绩效管理、集团买卖流通、分销管理、集团制造、合同管理、集团制造项目管理、无纸化办公环境、供应链与电子商务整合和无缝集成 PDM 等模块。

易飞 ERP 是神州数码的主流产品，由制造、质量、财务、销售、商业智能、自动化工作流程、分销管理、电子商务、知识库管理和人力资源管理等 30 多个模块组成，全面覆盖企业管理。

易助 ERP 是适合中小企业使用的产品，涵盖财务管理、进销存管理、生产管理、客户关系管理、决策支持系统五大管理范畴，共有 14 个模块，将企业内部的商流、物流、资金流和信息流充分整合，是一套能够迅速实施、轻松上手的 ERP 产品。

5.5.7　ERP 与企业的关系

ERP 是借用一种新的管理模式来改造企业旧的管理模式，是先进的、行之有效的管理思想和方法。在 ERP 软件的实际推广应用中，其应用深度和广度都不到位，多数企业的效果不显著，没有引起企业决策者和人们的广泛关注。

1. 实施 ERP 是企业管理全方位的变革

企业领导层首先是受教育者，其次才是现代管理理论的贯彻者和实施者。规范企业管理及其有关环节，使之成为领导者、管理层及员工自觉的行动，使现代管理意识扎根于企业中，成为企业文化的一部分。

2. 企业管理班子要取得共识

眼睛向内，练好内功，做好管理的基础工作，这是任何再好的应用软件和软件供应商都无法提供的，只能靠自己勤勤恳恳地耕耘。把 ERP 的实施称为“一把手工程”，说明了企业的决策者在 ERP 实施过程中的特殊作用。ERP 是一个管理系统，牵动全局，没有一把手的参与和授权，很难调动全局。

3. ERP 的投入是一个系统工程

ERP 的投入和产出与其他固定资产设备的投入和产出相比，并不那么直观、浅显和明了，投入不可能马上得到回报，见到效益。ERP 的投入是一个系统工程，并不能立竿见影，它所贯彻的主要是管理思想，这是企业管理中的一条红线。它长期起作用、创效益，在不断深化中向管理要效益。

此外，实施 ERP 还要因地制宜，因企业而别，具体问题具体分析。首先，要根据企业的具体需求上相应的系统，如果不顾企业的规模，对企业危害性极大。其次，这种投入不是一劳永逸的，由于技术的发展很快，随着工作的深入，企业会越来越感到资源的紧缺，因此，每年应有相应的投入，才能保证系统健康地运转。

4. ERP 的实施需要复合型人才

他们既要懂计算机技术，又要懂管理。当前高校对复合型人才的培养远远满足不了企业的需求计划。复合型人才的培养需要一个过程和一定的时间。

总之，条件具备的企业要不失时机地配上 ERP 管理系统，要首先整理好内部管理基本数据，选定或开发适合自己企业的 ERP 软件。

5.5.8 ERP 实施

ERP 在企业中的实际应用的关键是 ERP 的实施，实施 ERP 的过程实际上就是企业管理信息化的过程，管理信息化应该是一个螺旋上升的过程，这个螺旋上升的过程由如下几个阶段组成：

1. 项目前期准备阶段

项目的前期准备阶段非常重要，关系到项目的成败。

（1）ERP 原理的培训

主要的培训对象是全体员工，通过学习，要让全体员工掌握 ERP 的基本原理和基本思想，认识 ERP 系统的重要性及 ERP 能够带来的好处，同时也要讲清楚 ERP 带来的变化，部分人员可能要离开原有的岗位。而企业领导则需要全面理解企业 ERP 的含义，充分估计企业管理信息化过程中可能遇到的困难，做好最坏的打算。这一工作往往要持续相当长的时间，但是如果企业全体员工能够充分理解 ERP 并支持 ERP 的实施工作，接下来的工作就能够顺利地开展下去。培训对象、培训内容和培训时间如表 5-3 所示。

表 5-3　培训计划表

培 训 对 象	培 训 内 容	培 训 时 间
高层管理人员	ERP 原理及实施方法	系统实施前
中层管理人员和业务员	ERP 原理、ERP 实施方法、ERP 模块操作	系统实施前及实施中
计算机技术人员	ERP 软硬件操作	系统实施前

（2）企业诊断

企业诊断是为了了解企业的实际情况而进行的，了解企业现行的业务流程和存在的问题，进行评议和诊断，找出问题，寻求解决方案，用书面形式明确预期目标，并规定实现目标的标准，为成功实施 ERP 打下坚实的基础。

（3）需求分析、确定目标

需求分析就是了解企业通过 ERP 项目的建设想要达到的目标。这一步要持续一段比较长的时间，因为企业很难在短期内准确表达自己的需求。如果需求分析不准确，很有可能导致 ERP 项目建设的结果与企业的期望相去甚远。为此企业必须明确：

① 企业是不是到了急需应用 ERP 的阶段？

② 企业当前最迫切需要解决的问题是什么？ERP 系统是否能够解决？

③ 在财力上企业是否能支持 ERP 项目的实施？

④ 上 ERP 的目的是什么，ERP 到底能够解决哪些问题和达到哪些目标？

⑤ 基础管理工作是否符合实施 ERP 的要求？

最后将分析的结果写成需求分析和投资效益分析的正式书面报告，从而做出是否上 ERP 项目的正确决策。

（4）软件选择

在选择过程中，首先要知己知彼。知己，就是要弄清楚企业的需求，即先对企业本身的需求进行细致的分析和充分的调研，这些在需求分析阶段已经完成；知彼，就是要弄清软件的管理思想和功能是否满足企业的需求。两者是相互交织进行的，可以通过软件的先进的管理思想来找出企业现有的管理问题，而特定的软件则可能由于自身的原因，不能满足企业的特殊需求，也需要补充开发。除此，还要了解实施的环境，这个环境包括行业或企业的特殊要求。根据这些来运行流程和功能，从“用户化”和“本地化”的角度来选用 ERP 系统。

2. 实施准备阶段

这一阶段要建立项目组织并准备基础数据。

（1）项目组织

ERP 的实施是一个大型的系统工程，需要组织上的保证，如果项目的组成人选不当、协调配合不好，将会直接影响项目的实施周期和成败。项目组织应该由三层组成，而每一层的组长都是上一层的成员。

① 领导小组。由企业的一把手牵头，并与系统相关的副总一起组成领导小组。这里要注意的是人力资源的合理调配，如项目经理的任命、优秀人员的发现和启用等。

② 项目实施小组。大量的 ERP 项目实施工作是由他们来完成的，一般是由项目经理来领导组织工作，其他的成员应当由企业主要业务部门的领导或业务骨干组成。

③ 业务组。这部分工作的好坏是 ERP 实施能不能贯彻到基层的关键所在。每个业务组必须有固定的人员，带着业务处理中的问题，寻求一种新的解决方案和运作方法，并用新的业务流程来验证，最后协同项目实施小组一起制定新的工作规程和准则。

（2）数据准备

在运行 ERP 之前，要准备和录入一系列基础数据，这些数据是在运用系统之前没有或未明确规定的，故需要做大量分析研究的工作。不仅包括一些产品、工艺、 库存信息，还包括一些参数的设置，如系统安装调试所需信息、财务信息、需求信息等。

3. 项目实施阶段

（1）系统安装调试

在人员、基础数据已经准备好的基础上，就可以将系统安装到企业中了。

（2）软件原型测试

这是对软件功能的原型测试（Prototyping），也称计算机模拟（Computer Pilot）。由于 ERP 系统是信息集成系统，所以在测试时，应当是全系统的测试，各个部门的人员都应该同时参与，这样才能理解各个数据、功能和流程之间相互的集成关系。找出不足的方面，提出解决企业管理问题的方案，以便接下来进行用户化或二次开发。

（3）模拟运行及用户化

在基本掌握软件功能的基础上，选择代表产品，将各种必要的数据录入系统，带着企业日常工作中经常遇到的问题，组织项目小组进行实战性模拟，提出解决方案。

（4）制定工作准则与工作规程

进行了一段时间的测试和模拟运行之后，针对实施中出现的问题，项目小组会提出一些相应的解决方案，在这个阶段就要将与之对应的工作准则与工作规程初步制定出来，并在以后的实践中不断完善。

（5）验收

在完成必要的用户化的工作、进入现场运行之前，还要经过企业最高领导的审批和验收，以确保 ERP 的实施质量。

4. 系统切换、运行

根据企业的具体条件决定系统切换的方式，可以各模块平行地一次性切换，也可以先实施一两个模块，然后逐步实施其他模块，最后系统投入正常运行。

5. 项目改进阶段

一个新系统被应用到企业后，实施的工作其实并没有完全结束，而是将要转入业绩评价和后期支持阶段。这是因为我们有必要对系统实施的结果做出总结和自我评价，以判断是否达到了最初的目标，并在此基础上确定下一步的工作方向。另外，随着企业的发展、经营环境和业务范围的变化，新的需求会被提出，再加之系统的更新换代、计算机技术的进步等，都会对原有系统构成新的挑战。所以，无论如何，企业都要不断关注科技的进步和管理的创新，要在巩固的基础上，通过自我业绩评价，不断地巩固和提高，为新的企业管理信息化过程做好充分准备。

5.5.9 ERP 应用成功的标志

1. 系统运行集成化

这是 ERP 应用成功在技术解决方案方面最基本的表现。ERP 是对企业物流、资金流、信息流进行一体化管理的软件系统，其核心管理思想就是实现对供应链（Supply Chain）的管理。软件的应用将跨越多个部门甚至多个企业。为了达到预期设定的应用目标，最基本的要求是系统能够运行起来，实现集成化应用，建立完善的数据体系和信息共享机制。

一般来说，如果 ERP 仅在财务部门应用，只能实现财务管理规范化，改善应收账款和资金管理；仅在销售部门应用，只能加强和改善营销管理；仅在库存管理部门应用，只能帮助掌握库存信息；仅在生产部门应用，只能辅助制订生产计划和物资需求计划。只有集成一体化运行起来，才有可能达到以下目标：

- 降低库存，提高资金利用率和控制经营风险。
- 控制产品生产成本，缩短产品生产周期。
- 提高产品质量和合格率。

- 减小财务坏账、呆账金额等。

当然，这些目的能否真正达到，还要取决于企业业务流程重组的实施效果。

2. 业务流程合理化

这是 ERP 应用成功在改善管理效率方面的体现。ERP 应用成功的前提是对企业实施业务流程重组，因此，ERP 应用成功也意味着企业业务处理流程趋于合理化，并实现了 ERP 应用的以下几个目标：

- 企业竞争力得到大幅度提升。
- 企业面对市场的响应速度大大加快。
- 客户满意度有显著改善。

3. 绩效监控动态化

ERP 的应用将为企业提供丰富的管理信息。如何用好这些信息并在企业管理和决策过程中真正起作用，是衡量 ERP 应用成功的另一个标志。在 ERP 系统完全投入实际运行后，企业应根据管理需要，利用 ERP 系统提供的信息资源设计出一套动态监控管理绩效变化的报表体系，以期即时反馈和纠正管理中存在的问题。这项工作，一般是在 ERP 系统实施完成后由企业设计完成。企业如未能利用 ERP 系统提供的信息资源建立起自己的绩效监控系统，将意味着 ERP 系统应用没有完全成功。

4. 管理改善持续化

随着 ERP 的应用和企业业务流程的合理化，企业管理水平将会明显提高。为了衡量企业管理水平的改善程度，可以依据管理咨询公司提供的企业管理评价指标体系对企业管理水平进行综合评价。评价过程本身并不是目的，为企业建立一个可以不断进行自我评价和不断改善管理的机制，才是真正的目的。这也是 ERP 应用成功的一个经常不被人们重视的标志。

本章小结

本章首先介绍了 ERP 的发展历程，然后详细介绍了 MRP 的基本思想。MRP 是 MRPII 的核心，也是 ERP 的核心。接下来讨论了 MRP 的组成，包括输入、处理和输出内容，详细描述了 MRPII 的组成、计算逻辑。最后讨论了 ERP 的主要内容和总体流程图。

综合案例

联想 ERP“改造”之“道”

信息化对每个企业而言，都是一段艰苦的历程，迈出这一步，绝不会有“仰天大笑出门去，我辈岂是蓬蒿人”那种冲天豪气，有的只是小心翼翼、惴惴不安。即使后来被奉为信息化“经典”的联想 ERP，在实施过程中也经历了几起几落。几年过去了，联想在 ERP 实施中业务流程调整的思路，仍值得慢慢回味。

按照常规工作模式开发管理软件都是由客户提出需求，厂商或集成商组织开发，但对于ERP系统来说，这样做周期太长，SAP R/3系统具有许多模块，这些模块是通过几千个参数配置的方式实现不同的功能，来满足和适应不同企业的需求的。

在实施之前，德勤公司为联想的ERP系统进行了项目咨询，按照德勤的方法论，该项目需通过五个阶段来实现，第一阶段是范围评估；第二阶段是目标确认；第三阶段是流程设计；第四阶段是系统配置和测试；第五阶段则是交付使用。实施过程中，联想集团认识到，第三阶段流程设计是该项目实施的关键阶段。对于流程设计，联想主要关注三个层次的工作：第一层是清理、规范现有流程，找出缺少的流程，把不规范的流程规范化。第二层是对流程的系统化、集成化，如利用R/3中的物料管理模块，将所有事业部原来不统一的做法标准化。如采购系统，原来的做法是在临近采购时拿出单据直接报账，这是一种零散的做法，而R/3系统是每一部门在采购前必须经过系统审查，然后订单才可以到部门。同样在财务、销售、生产和制造部门也是这样，这使得公司内部形成了几个相互协同作业的支持子系统。第三层是在计算机系统中实现这些优化统一的流程，即电子化，实现信息的集成、准确和实时。

实施ERP需要企业有决心和信心，克服很多困难。联想集团领导的决心是很大的，但对实施过程中的难点也并不是从一开始就非常清楚的，在实施过程中经常需要领导亲自去拍板，真正体现出ERP是“一把手工程”。很多重大决策涉及企业运作程序的调整，需要一把手想清楚。牵涉业务流程的时候，实际业务流程与ERP业务流程还是有一些矛盾的，创造性地解决这些矛盾非常重要。有时候只能先按照ERP流程去做，再逐步优化，也就是所谓的“先僵化后优化”。联想在实施整个ERP项目时，成功清理、规范和优化了77个业务流程。

按照项目最初实施进度计划的要求，所有的流程设计都必须在第三阶段完成，包括系统培训在内。实现这种进度的前提是实施人员对R/3系统非常了解。由于实施如此大的系统对于联想还是第一次，实施人员对于德勤公司的方法论和SAP R/3系统都是陌生的。实际上，到了项目实施的第四阶段，联想项目组才真正了解了第三阶段的要求，才真正理解了方法论的含义，这时项目组又回过头来对第三阶段的缺陷进行弥补、修正。ERP的实施方法论本身只是一个理念，对于这个理念的理解就像学游泳一样，无论老师如何强调姿势和要领，只要你没有下过水，你就永远也不会真正了解那些要领的含义，只有在实践的过程中才能完成对动作要领的理解和完善。

尽管R/3系统设计了一系列的参数，但对于一个中国的大企业来说，不可能所有的功能都能通过参数来实现和满足。对于R/3系统中极富特色的部分，联想都不计代价地引进到自己的ERP系统中。联想集团也并非完全照搬R/3系统原有的做法。例如，经过多年的实践和摸索，联想公司自行开发的财务系统体现了一些适合国情的做法。由于特殊原因，许多企业的应收账款长期不能回收而成为坏账。针对这种情况，财务部门制定了一项“计提两面金”制度，即“计提削价准备金”和“计提坏账准备金”。“计提削价准备金”的具体操作方法是，当产品进入库存后3个月就开始折算损耗，在损益上减去10%，一年以后，该产品无论是否已经卖出，在账面上已经没有价值了。而“计提坏账准备金”也是以同样的方法将可能成为坏账的资金先行计提，一旦回收还可以反冲。这些做法都体现到联想的财务系统中，也都在 ERP 系统中得到了保留，并与 R/3 系统开发了相应的接口。在这些系统的二次开发过程中，联想的科技人员发挥了极大的作用，并形成了创造性应用先进知识的能力。

联想项目组的一个切身体会是，ERP 不应被片面地理解为 ERP 系统。它首先是一种现代企业的管理思想和管理哲理。业界经常有人将 ERP 思想和 ERP 软件混为一谈。实际上，无论什么企业想要实施 ERP 之前，都应对先进的管理思想进行消化、整理，认清它对业务的推进作用，然后根据自身实力的需要选择软件、进行业务重组等。上 ERP 绝不是为了赶时髦。

联想通过多年的实践，深刻认识到企业实施 ERP，进行企业信息化建设的实质是，通过对先进的管理思想的消化理解，学习参照最佳行业实践，梳理、优化、再造业务流程，并应用 IT 技术，规范、集成、共享信息，从而达到提高效率、降低成本、提升客户满意度和企业运作管理水平的目的。

案例思考题

1. 如何理解 ERP 实施过程中的“一把手工程”？
2. 联想在实施 ERP 过程中主要解决了哪些问题？

复习思考题

1. 简述 ERP 的发展历程。
2. 怎样理解 MRP 的基本思想？
3. 订货点法存在什么问题？
4. MRP 的基本任务是什么？
5. MRPII 管理模式的特点如何？
6. ERP 和 MRPII 的不同点是什么？
7. 简述 ERP 的管理思想。

第6章 跨组织的信息系统

学习目标

了解跨组织的信息系统在企业中的应用。掌握客户关系管理的内涵、功能。掌握供应链管理的内涵、系统功能。了解管理信息系统在其他领域的应用。

内容提要

1. 跨组织的信息系统
2. 客户关系管理的概念和内涵
3. 客户关系管理系统的体系结构和功能
4. 供应链、供应链管理的概念
5. 供应链管理的基本内容和特点

环境是影响企业生存和发展的重要因素，站在企业管理的角度来讲，环境主要分为宏观环境和微观环境。客户、供应商、分销商等都是影响企业经营绩效微观环境的重要利益相关者。信息技术在企业管理中的广泛应用，极大地改变了原有的商业模式，尤其是增进了企业与客户和供应商等之间的互动关系。所以企业在利用内部管理信息系统的同时，也必须要关注这些外部的利益相关者的动态变化和相关信息，于是跨组织的信息系统应运而生。跨组织的信息系统是指那些跨越了组织原有边界将企业本身与其客户、供应商、分销商等合作伙伴联系在一起的信息系统。其中，客户关系管理系统和供应链管理系统是目前较为流行的跨组织信息系统。

6.1 客户关系管理

客户关系管理（Customer Relationship Management，CRM）是企业由“以产品为中心”转向“以客户为中心”的过程中产生的管理新思想、新方法，旨在使企业的经营理念从“提供什么样的产品和服务”转变为“怎样使客户满意”。由此研发推出的客户关系管理系统已经成为当前企业管理信息系统的主流之一。

6.1.1 客户关系管理的产生

现代客户关系管理产生的原因可以归纳为以下几个方面：信息技术的发展和推动、企业竞争环境的变化、企业内部管理的需求、企业对客户资源价值的重视、客户价值实现过程需求的拉动等。

1. 信息技术的发展和推动

信息技术的飞速发展为客户关系管理提供了技术基础，为企业利用各种信息技术、利用客户信息提供了便利条件和技术保障。数据仓库、数据挖掘、商业智能等技术的发展，使得搜集、整理、加工和利用客户信息发生了质的飞跃。20 世纪 90 年代以来，大型关系数据库技术、局域网技术、客户机/服务器技术、分布式处理技术、数据挖掘技术及个人计算机在企业的普遍使用使在企业内建立一个多点输入、多用户共享的客户管理系统成为可能。尤其是互联网的产生和发展为客户关系管理注入了强大的催化剂，它使企业与客户之间的物理障碍和沟通成本大大降低，使得企业和客户能够更快、更广泛地进行双向交流和沟通，也使得企业能够快速捕捉到客户的需求信息并快速响应。所以，从根本上来讲，信息技术的飞速发展，使得客户关系管理的管理理念变为现实。信息技术是客户关系管理的技术基础，它为客户关系管理的发展和广泛应用提供了强大的推动力。

2. 企业竞争环境的变化

现代企业所面临的市场竞争无论在广度上还是在深度上都在进一步扩大。由于产品本身差异降低，竞争由产品转向服务，且随着产品的同质性越来越强，生命周期越来越短，竞争也越来越激烈、灵活。如何有效地避免客户的流失，强化企业与客户的关系已成为竞争的目的。企业开始意识到良好的客户关系在客户保留中所起的关键作用，并着手提升客户对企业的忠诚度。

3. 企业内部管理的需求

目前，企业资源计划的设计主要针对生产、流通、财务管理等领域信息的集成和管理。对与客户有关的经营活动，如销售、服务和营销活动等方面的信息，ERP 系统还没有提供一个有效的整合手段，使得相关的业务管理效率相对较低。这些方面的信息分散在企业的各个部门，使企业无法全面地了解顾客，各部门难以在统一的信息基础上面对顾客，导致客户服务效率低下，形成了瓶颈。

4. 企业对客户资源价值的重视

现代企业的外部环境越来越复杂和不确定，市场竞争日益加剧，使得企业的营销理念从以产品为中心向以客户为中心转变。我们经常说："顾客是上帝"。企业拥有了更多的客户才能获得更多的竞争优势。管理、人才、技术、市场、品牌形象等都是企业重要的无形资产，它们不易被模仿和复制，具有隐性知识的特性，具有相对的垄断作用，可以产生一定的垄断优势，而客户资源就是这样重要的市场资源，它对于企业的生存和发展具有重要的作用和价值。

5. 客户价值实现过程需求的拉动

随着营销理念的发展和变化，企业对于顾客价值观念的变迁对客户关系管理产生了相应的内在需求。随着生产力和科学技术的发展，人们的物质生活水平大大改善和提高，物质匮乏的年代一去不复返。顾客对于产品的消费观念已经从起初的理性消费阶段上升到感情消费阶段，表现出了多样性、个性化需求等。这便要求企业获取顾客的相关信息，深入了解顾客的需求和偏好，更好地去满足市场上顾客的需求，从而使企业获得更大的竞争优势。

6.1.2 客户关系管理的概念

CRM，即客户关系管理。最早发展客户关系管理的国家是美国，这个概念最初由加特纳集团提出来，1980 年年初便有所谓的“接触管理”，即专门收集客户与公司联系的所有信息，到 1990 年则演变成包括电话服务中心支持资料分析的客户关怀。最近开始在企业电子商务中流行。

关于 CRM 的定义，不同的研究机构有着不同的表述。最早提出该概念的加特纳集团公司认为：所谓的客户关系管理就是为企业提供全方位的管理视角；赋予企业更完善的客户交流能力，最大化客户的收益率。Hurwitz Group 认为：CRM 的焦点是自动化并改善与销售、市场营销、客户服务和支持等领域的客户关系有关的商业流程。CRM 既是一套原则制度，也是一套软件和技术。它的目标是缩减销售成本、增加收入、寻找扩展业务所需的新市场和渠道，以及提高客户的价值、满意度和忠诚度。CRM 应用软件将最佳的实践具体化，并使用了先进的技术来协助各企业实现这些目标。CRM 在整个客户生命期中都以客户为中心，这意味着 CRM 应用软件将客户当作企业运作的核心。CRM 应用软件简化协调了各类业务功能（如销售、市场营销、客户服务等）的过程并将其注意力集中于满足客户的需求上。CRM 应用还将多种与客户交流的渠道，如面对面、电话接洽及 Web 访问协调为一体，这样，企业就可以按客户的偏好使用适当的渠道与之进行交流。

而 IBM 则认为：客户关系管理包括企业识别、挑选、获取、发展和保持客户的整个商业过程。IBM 把客户关系管理分为三类：关系管理、流程管理和接入管理。从管理科学的角度来考察，客户关系管理源于市场营销理论；从解决方案的角度考察，客户关系管理是将市场营销的科学管理理念通过信息技术的手段集成在软件上面，在全球大规模的普及和应用。作为解决方案的客户关系管理，集合了当今最新的信息技术，如 Internet 和电子商务、多媒体技术、数据仓库和数据挖掘、专家系统和人工智能、呼叫中心等。作为应用软件的客户关系管理，凝聚了市场营销的管理理念。市场营销、销售管理、客户关怀、客户服务和支持构成了 CRM 软件的基石。

综上所述，CRM 有三层含义：第一，CRM 是企业管理的指导思想和理念；第二，CRM 是创新的企业管理模式和运营机制；第三，CRM 是企业管理中信息技术、软硬件系统集成的管理方法和应用解决方案的总和。其核心思想：客户是企业的一项重要资产，客户关怀是 CRM 的中心，客户关怀的目的是与所选客户建立长期和有效的业务关系，在与客户的每一个“接触点”上都更加接近客户、了解客户，最大限度地增加市场占有率和利润。

6.1.3　客户关系管理的内涵

“以客户为中心”是 CRM 的核心所在。CRM 通过满足客户个性化的需要和提高客户忠诚度，来实现缩短销售周期、降低销售成本、增加收入、拓展市场、全面提升企业盈利能力和竞争能力的目的。CRM 的内涵，即顾客价值、关系价值和信息技术，如图 6-1 所示。

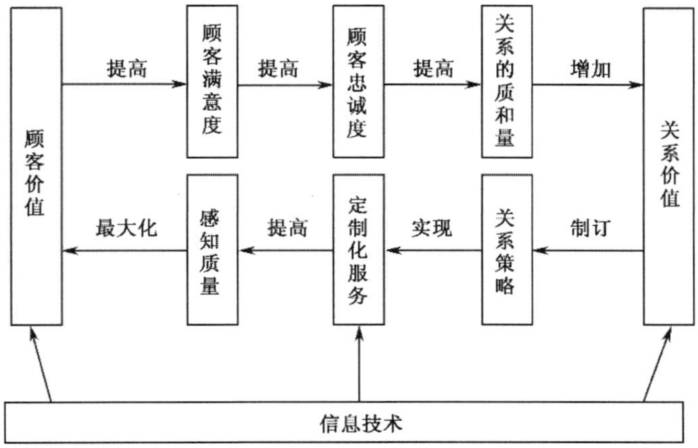

图 6-1　客户关系管理的内涵

客户关系管理的目的是实现顾客价值的最大化和企业收益的最大化。任何企业实施客户关系管理的初衷都是想为顾客创造更大的价值，即实现顾客与企业的“双赢”。坚持以顾客为中心，为顾客创造价值是任何客户关系管理战略必须具备的理论基石。为顾客创造的价值越大，就会尽可能地增强顾客满意度，提高顾客忠诚度，从而强化与顾客的关系，有利于增加顾客为企业创造的价值，使企业收益最大化。

从图 6-1 可以看出顾客价值和关系价值之间存在着互动关系，这种互动关系也反映了顾客价值最大化和关系价值最大化这对矛盾统一体之间的平衡和互动。通过对关系价值的管理，企业将资源和能力集中在关系价值最高的顾客身上，为其提供高质量的产品或服务，满足其需要，进而实现顾客价值的最大化；同时，从顾客的角度而言，顾客价值能够提高顾客的满意度，加强其对供应商的忠诚度，进而促进关系的质（如顾客消费更多更广）和量（如关系生命周期的延长）的全面提升，进一步增加该顾客的关系价值。信息技术不仅支持了顾客价值最大化和关系价值管理这两项活动，而且支持了两者之间的互动过程。

6.1.4　客户关系管理的特点

1. CRM 是一种管理理念

CRM 吸收了数据库营销、关系营销、一对一营销等最新管理思想的精华，通过与客户的个性化交流来掌握客户的个性化需求，并在此基础上为其提供个性化的产品和服务，不断增加企业给客户的交付价值，提高客户的满意度和忠诚度，最终实现企业和客户的双赢。

2. CRM 是一种管理机制

CRM 是一种旨在改善企业和客户之间关系的新型管理机制，可以应用于企业的市场营销、销售、服务与技术支持等与客户相关的领域。CRM 在提高服务质量的同时，还通过信息共享和优化商业流程来有效地降低企业的经营成本。

3. CRM 是一种管理软件和技术

CRM 集成了 Internet 和电子商务、多媒体技术、数据仓库、数据挖掘、专家系统和人工智能等当今最先进的信息技术，为企业的销售、客户服务和决策支持等领域提供了一个自动化的业务解决方案。

6.1.5 客户关系管理的体系结构

针对 CRM 需要与 ERP、SCM、EC 和 NDM 等系统集成，以及与客户协同工作等情况，CRM 的体系结构分为应用系统和支撑系统两部分，应用系统又分为操作层、分析层和协同层三个层次，对分析层的 CRM 进行了功能上的深化，如图 6-2 所示。

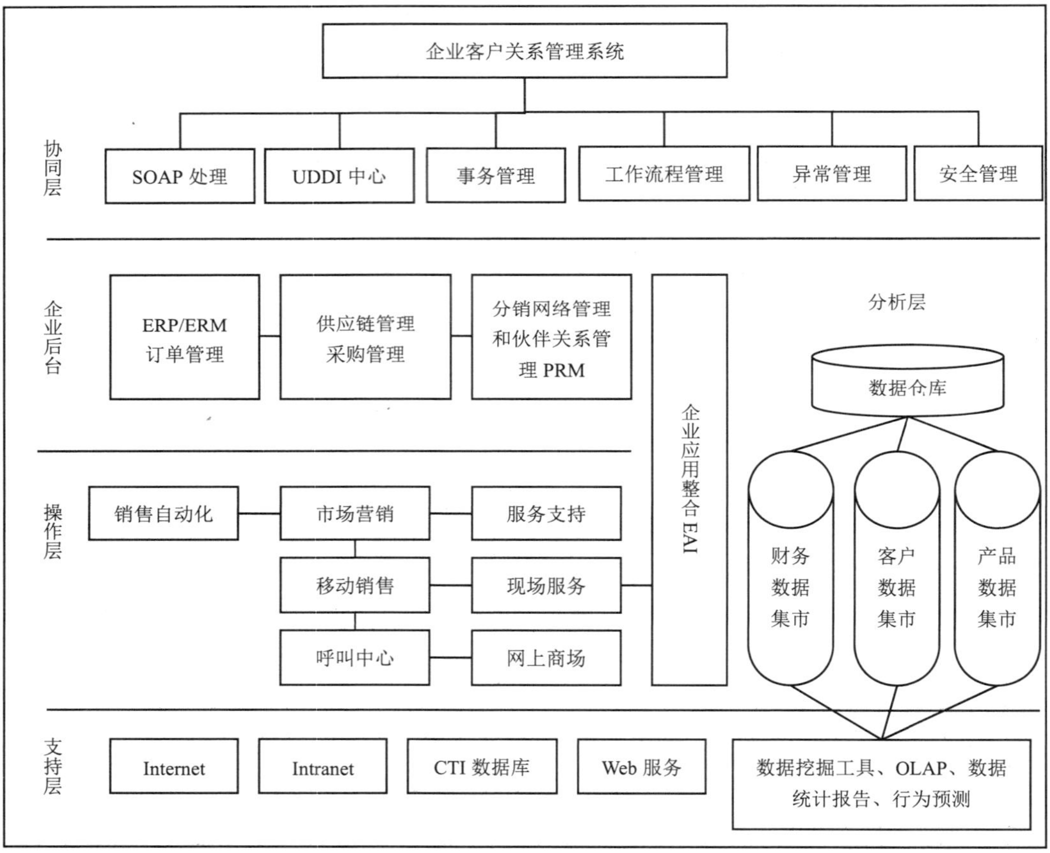

图 6-2 客户关系管理系统结构框架

支撑系统为 CRM 系统提供 Internet、Intranet、CTI，以及数据库、数据仓库、数据挖掘、联机分析处理和 Web 服务等软硬件技术支持。操作层实现销售、营销、客户服务和呼叫中心四部分业务流程的自动化，以优化销售渠道并提高销售队伍效率；通过增强营销人员对直接市场营销活动的管理能力及优化营销流程来提高营销效率；通过快速而高效地满足客户独特需求来保持和发展客户关系。分析层通过共享的客户数据仓库，将操作的销售、营销和客户服务等信息连接起来，横跨整个企业集成客户互动信息，以使企业从部门化的客户联络转向使所有的客户互动行为都达到协调一致。基于统一的客户数据和融入所有业务应用系统的分析环境，对信息进行加工处理，产生客户智能，向管理层和整个企业内部提供客户概况、诚信度、赢利能力、性能、产品和促销等分析结果，为企业的战略决策提供支持。协同层基于协同产品商，作为网络化集成 CRM 的最高层次，它更强调协同性。这种协同性不仅体现在对客户信息的获得和跟踪方面，还体现在与客户进行的一系列业务中，内部人员之间及内部与外部之间的高效互通及协作。协同层通过集成协同控制中心，统一进行描述、发现和集成协议管理，以及工作流程、事务、异常、安全和性能管理等，实现与企业内的 ERP、SCM、NDM 和其他系统的集成协同，以及与客户和合作伙伴之间的集成协同。这样，客户和分销商不再被动接受最终商品，而可以在产品全生命周期中参与定制和表达自己的意见及建议，关注产品的诞生过程。企业、合作伙伴与供应商之间也不仅限于实现自己的局部利益，而是基于整个产品价值链最优原则进行集成协同。

1. 支撑层的客户关系管理系统结构

支撑层的 CRM 系统结构围绕数据仓库的建设展开，以现有企业业务系统和大量业务数据的积累为基础，将信息加以整理归纳和重组，并及时提供给相应的管理决策人员，供他们做出改善其业务经营的决策。图 6-3 所示是客户关系管理系统中的数据仓库模型，主要由以下几个主要部分组成：第一，数据源。数据源是数据仓库可利用的各种数据，数据可以来自系统内部的操作型数据库和外部的数据源，前者包括大型关系数据库、小型数据库也可以是对象关系数据库、面向对象数据库等，后者如调查报告、技术报告等，通常属于非结构化数据。第二，数据仓库和数据仓库建设。数据仓库是一个或多个数据库的数据库拷贝；数据仓库建设用数据 ETL 和设计工具，将数据抽取、集成、转换并加载到数据仓库中来。第三，CRM 分析系统。该系统是 CRM 中数据仓库的核心。它根据数据准备模块提供的信息进行客户行为分组、重点客户发现和性能评估模板的设计与实现，通过 OLAP 和报表等形式将结果传递给客户。第四，数据集市。它是数据仓库的辅助数据存储，是面向企业中职能部门决策的数据集合，它可以合并不同系统的数据源来满足业务信息需求。数据集市可以快速且方便地访问简单信息，以及集成的和历史的视图。

2. 操作层的客户关系管理系统结构

操作层的 CRM 实现销售、营销、客户服务和呼叫中心四部分业务流程的自动化。销售自动化用于解决方案管理和客户之间的关系，一般包括工作日历和日程表安排、联系人和客户管理、销售预测、建议书制作和管理、定价、地域分配和管理、报销报告等。销售人员是企业信息的基本来源，必须要有获得最新现场信息和将信息提供给他人的工具。营销自动化的着眼点在于通过设计、执行和评估市场营销行动和其他相关活动的全面框架，赋予市场营销人员更强的能力。它作为 SFA（销售能力自动化）的补充，提供一些独有的功能，主要有促销宣传管理和内容管理等。具体来讲，包括基于 Web 的和传统的市场营销宣传行动策划、执行和分析；客户需求的生成和管理；预算和预测，宣传品的生成和市场营销材料管理；对有需求客户的跟踪、分配和管理。客户服务是客户关系管理中的核心内容之一。企业提供的客户服务是能否保留满意的忠诚客户的关键。随着上网用户的增多，自助服务的要求发展越来越快，与客户积极主动的关系成为客户服务的重要组成部分。客户服务自动化能够处理客户各种类型的询问，包括有关的产品、需要的信息、订单请求、订单执行情况，以及高质量的现场服务。呼叫中心对客户不再只是仅仅听取意见，而是与客户有了更多的沟通，更深入地了解了客户希望获得的服务方式、服务水平、服务要求等等；呼叫中心对企业内部则是大大提高了各个部门的工作效率，特别是对直接涉及客户利益的部门有了明显帮助；同时，呼叫中心为企业决策层的决策提供了真实的、及时的、详细的资料，给予了大力地支持，作用于客户和企业之间，呼叫中心就是企业的沟通中心。呼叫中心是企业客户关系管理系统的核心。客户关系管理系统的呼叫中心是连接客户和企业的重要渠道，它是这两者之间的枢纽，起到很重要的沟通作用，所以一个成功的企业必须有一个使用功能设计完善的呼叫中心。呼叫中心将传统的电话呼叫中心与网站、电子邮件、传真、信件、直接接触和客户喜欢使用的其他方式有机整合，形成可以处理各种通信媒介的客户服务中心。客户可以采用任何一种自己喜欢的方式与企业进行信息沟通和互动。

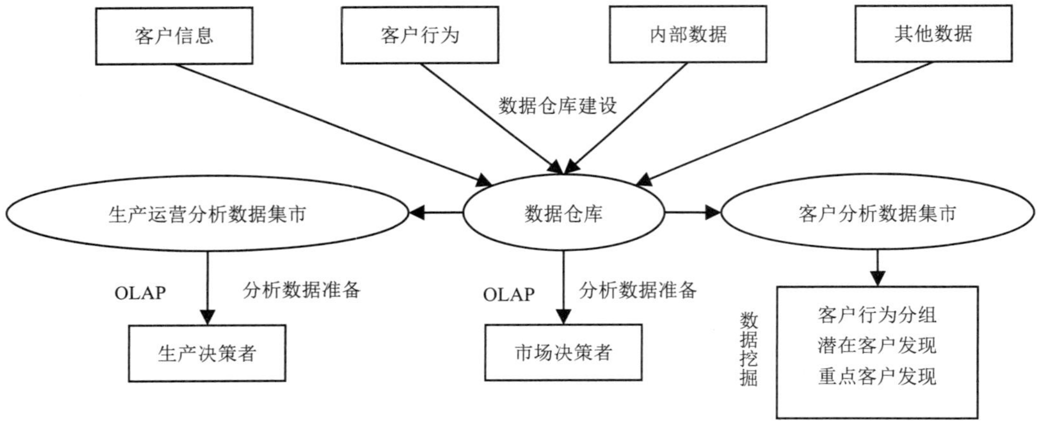

图 6-3　客户关系管理系统中的数据仓库模型

3. 分析层的客户关系管理系统结构

分析层次的 CRM 将接触中心和操作层次 CRM 产生的信息通过共享的客户数据仓库把销售、营销和客户服务连接起来。横跨整个企业，集成客户互动信息会使企业从部门化的客户联络转向所有的客户互动行为都协调一致。如果一个企业的信息来源相互独立，那么这些信息可能会有重复、互相冲突并且有些会过时，这对企业的整体运作效率将产生负面影响，基于统一的客户数据和融入所有企业业务应用系统的分析环境，CRM 就可对其进行加工处理。产生客户智能，提供既定量又定性的即时分析，然后将分析结果反馈给管理层和整个企业内部。这样便增加了信息分析的价值，为企业的战略决策提供支持，企业决策者会权衡这些信息做出更全面及时的商业决策。分析层的 CRM 结构应包含四个部分：客户分析管理、市场分析管理、运营评估管理及数据整合管理，如图 6-4 所示。

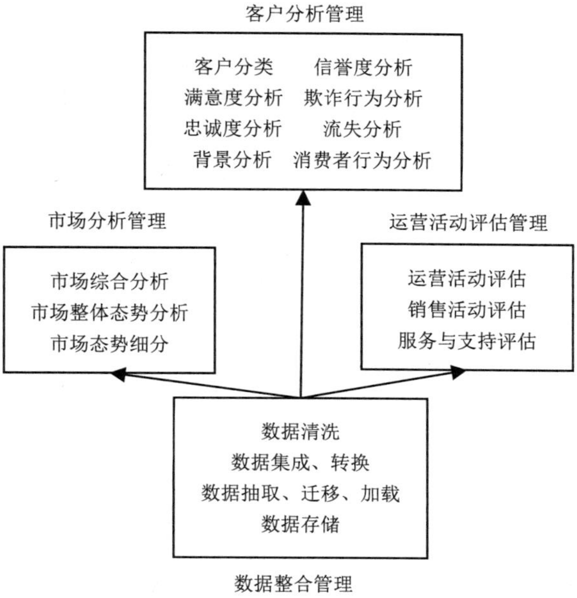

图 6-4 分析层 CRM 的体系结构

4. 协同层的客户关系管理系统结构

协同层的客户关系管理系统主要涉及 ERP、CRM 和 SCM 三大系统的协同。这三大系统都是管理思想与信息技术的结合，都是借助先进的信息技术实现某种特定的管理理念。但 ERP、CRM、SCM 在管理理念、侧重点、目标上都各不相同，CRM 侧重于企业的前端管理，而 ERP 则侧重于企业后台数据的管理，SCM 是考虑物料在供应链上企业间流动时如何实现整个价值链升值，它关注与企业发生关系的上下游合作伙伴。而同时它们在功能上又是互补的。如果离开了后台 ERP 系统的支持，CRM 平台收集到的销售订单、市场信息就不能及时传递到后台的 ERP 系统中；同样，后台 ERP 系统中的有关产品的价格、产品配置等信息也不能被前台的 CRM 所读取。从而会导致前后台信息脱节，客户满意度下降，甚至造成大量客户流失，企业破产的严重后果。因此 CRM、ERP、SCM 要相互支持才能成功运行。它们的集成协同如图 6-5 所示。

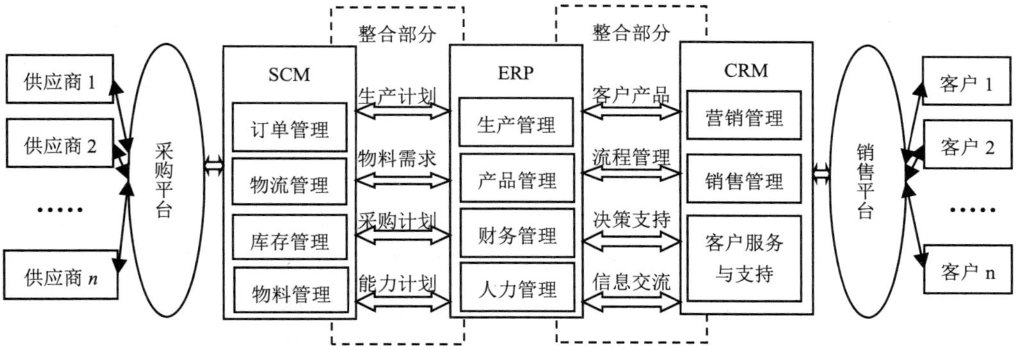

图 6-5 CRM、ERP、SCM 的协调

6.1.6 客户关系管理的功能

CRM 系统主要是应用于企业市场与销售、服务等与顾客接触比较密切的前端部门，通过与 ERP、SCM 等系统协同运作，共同为企业提高经营活动的效率和效果、节约成本、提高企业竞争力和综合实力服务的。

总体上来讲，CRM 的主要功能包括三个方面：第一，对销售、营销和客户服务三部分业务流程的信息化；第二，与客户进行沟通所需要的手段（电话、传真、网络和电子邮件等）的集成和自动化处理；第三，对上述两类功能所积累下来的信息进行加工处理，产生客户智能，为企业组织的各个层次决策提供有用的数据和信息支持。对于客户数据的管理是客户关系管理的核心。可以把客户数据库看作一个数据中心，利用它，企业可以记录在整个市场与销售的过程中和客户发生的各类活动，跟踪各类活动所处的状态，建立各类数据的统计模型用于后期的分析与决策支持。一套 CRM 系统一般具有市场管理、销售管理、销售支持与服务等功能。

1. 市场管理

市场管理的主要任务是通过对市场和客户信息的统计和分析，发现市场机会，确定目标市场，科学地制定出市场营销组合策略；为营销人员提供制定目标、预算、计划、执行和控制的工具，不断完善市场计划；同时，还可管理各类市场营销活动（如广告、会议、促销等），对市场活动进行跟踪、分析和总结，以便改进工作。

2. 销售管理与支持服务

销售管理包括录入、预测、上报、审批、查询、分配、跟踪、变更、报价等各个方面的商机管理。一般的 CRM 系统都会提供电话销售、移动销售、网上销售等多种销售形式，并在每一种销售形式中考虑实时的订单价格、确认数量和交易安全等各个方面的问题，

能够使营销人员方便及时地获得有关生产、库存、定价和订单处理的信息，能够提供有效、快速而安全的交易方式。此外，CRM 系统还可以记录多种交易形式，包括订单和合同的建立、更改、查询等功能，可以根据客户、产品等多种形式进行搜索，并能够对各类销售情况进行分析。CRM 对于销售的支持与服务主要包括呼叫中心服务；订单与合同的处理状态及执行情况跟踪；实时的发票处理；提供产品的保修与维护处理等方面。

3. 客户支持与服务管理

客户支持与服务管理部分具有两大功能，即支持和服务。一方面，通过计算机电话集成技术支持的呼叫中心，为客户提供 24 小时的不间断服务，并将客户的各种信息存入共享的数据库以及时满足客户需求；另一方面，技术人员对客户的使用情况进行跟踪，为客户提供个性化服务，并且对服务合同进行管理。

总之，CRM 系统的功能构成不应当独立存在，它必然与企业后端的供应链管理紧密相连，从而保证 CRM 系统中每一张订单能够在保证利润的前提下有效及时地得到确认并确保执行。每一笔销售交易的达成都有赖于企业后台的支撑平台，即 ERP 系统，其中包括分销与运输管理、生产与服务计划、信用与风险控制、成本与利润分析等功能。

6.2　供应链管理

现代企业的竞争已经不再是单个企业之间的竞争，而是供应链和供应链之间的竞争，即以核心企业为首的企业群与企业群之间的竞争。供应链管理（Supply Chain Management，SCM）是一种当前比较流行的跨组织信息系统，是现代企业管理理论研究的重要内容之一，也是我国企业管理的发展方向之一。

6.2.1　供应链管理产生的背景

长期以来，市场供不应求，企业所面对的市场相对较为稳定，供应链中各组织之间、各部门之间的协调问题相对较为容易，企业的经营绩效主要取决于企业组织和部门的绩效。但是，在传统管理思想的指导下，供应链中的各个职能部门容易产生“本位主义”的思想和做法，从而使职能部门与组织之间缺少有效地信息沟通与集成，其后果就容易出现所谓的“牛鞭效应”。这种现象最终可能会给企业造成产品库存积压严重、服务水平质量不高、产品成本过高及质量不佳等各种问题，使企业在市场竞争中处于不利地位。进入 20 世纪 80 年代以来，供求关系发生了变化，顾客在市场交易关系中占据了主导地位。另外，推动供应链管理的最重要的因素还是科学技术（尤其是信息技术）的飞速发展。EDI、PDI、Internet、Intranet 及各种信息系统应用的发展，极大地促进了现代供应链管理理念的实现。此外，企业管理理念的变化和发展同样也促进了供应链管理的发展，企业的营销理念转变为以市场和顾客为导向，一切由市场需求来作为主导。总体上来讲，这些因素都是促使供应链管理快速发展和应用的“催化剂”。

6.2.2　供应链概述

1. 供应链的概念

供应链的概念经历了一个发展的过程，早期的观点认为供应链是生产制造企业中的一个内部过程，主要包含采购、生产制造、销售等环节。传统的供应链概念仅局限于企业的内部操作，注重企业自身的利益目标。随着企业经营的进一步发展，供应链的概念考虑了与其他企业的联系，扩大到供应链的外部环境，认为供应链应当是一个通过不同企业的制造、组装、分销、零售等过程将原材料转换成产品，再到最终用户的转换过程。这是更大范围、更为系统的概念。

美国的史迪文斯（Stevens）认为，通过增值过程和分销渠道控制从供应商的供应商到用户的流就是供应链，它开始于供应的原点，结束于消费的终点。英国著名物流专家马丁 •克里斯多夫（Martin Christopher）认为，供应链是指涉及将产品或服务提供给最终消费者的过程和活动的上游及下游企业组织所构成的网络。我国国家标准《物流术语》（GB/T 18354-2006）对供应链（Supply Chain）的定义为：“生产及流通过程中，涉及将产品或服务提供给最终用户所形成的网链结构。”

综合以上观点，供应链是围绕核心企业，通过对信息流、物流、资金流的控制，从采购原材料开始，经过中间产品和最终产品，最后由销售网络把产品送到消费者手中的将供应商、制造商、分销商、零售商和最终用户连成一个整体的功能网链结构。

2. 供应链的分类

依据不同的标准，可以将供应链分为不同的类型，下面进行简单介绍。

第一，依据制造企业供应链的发展过程可以划分为内部供应链和外部供应链。从结构上讲，内部供应链是指企业内部产品生产和流通过程中所涉及的采购部门、生产部门、仓储部门、销售部门等组成的供需网络。最初的供应链概念局限于企业的内部，注重企业内部各部门的协调，通过团队精神和运行机制，以争取更大的企业利益。外部供应链则是指企业与企业相关的产品生产和流通过程中所涉及的供应商、生产商、储运商、零售商及最终消费者组成的供需网络。外部供应链是新的供应链的概念，它注重与外部资源、与其他企业的联系，注重供应链的外部环境，它偏向于供应链中不同企业的制造、组装、分销、零售等过程，即将原材料转换成产品到最终用户的转换过程，它是更大范围、更为系统的概念。

第二，依据供应链存在的稳定性可以划分为稳定的供应链和动态的供应链。稳定的供应链是基于相对稳定、单一的市场需求而组成的，供应链稳定性较强。而动态的供应链是基于相对频繁变化、复杂的需求而组成的，供应链动态性较高。

第三，依据供应链容量与用户需求的关系可以划分为平衡的供应链和倾斜的供应链。平衡的供应链是指当供应链的容量满足用户需求时，供应链处于平衡状态。倾斜的供应链是指当市场变化加剧，造成供应链成本增加、库存增加、浪费增加等现象时，企业不是在最优状态下运作，供应链则处于倾斜状态。一个供应链具有一定的、相对稳定的设备容量和生产能力（所有节点企业能力的综合，包括供应商、制造商、运输商、分销商、零售商等）。

第四，依据供应链的主导的控制能力划分为盟主型供应链和非盟主型供应链。所谓盟主型供应链，即某一成员在供应链中占有主导地位，对其他成员具有很强的辐射能力和吸引能力，通常称该企业为核心企业或主导企业。盟主型供应链相对于非盟主型供应链，是一种比较典型的供应链类型。从供应链的主导企业分析，可以将供应链划分为制造企业主导供应链、商业企业主导供应链和第三方物流企业主导供应链等形式。

第五，依据供应链的功能模式划分为有效性供应链和反应性供应链。有效性供应链（Efficient Supply Chain）也称物质效率型供应链，是以最低的成本将原材料转化成零部件、半成品、产品，并以尽可能低的价格有效地实现以供应为基本目标的供应链管理系统。此类产品需求一般是可以预测的，在整个供应链各环节中总是力争存货最小化，并通过高效率物流过程形成物资、商品的高周转率，从而在不增加成本的前提下尽可能缩短导入期。有效性供应链选择供应商时着重考虑服务、成本、质量和时间因素。反应性供应链（Responsive Supply Chain）主要体现供应链的市场中介的功能，即把产品分配到满足用户需求的市场，对未预知的需求做出快速反应的供应链管理系统。此类产品需求一般是不可预见的，需要做到因商品脱销、降价销售和存货过时所造成的损失最小化，因而生产系统需要准备足够的缓冲生产能力，需准备有效的零部件和成品的缓冲存货，同时，需要以多种方式投资以缩短市场导入期。反应性供应链在选择供应商时主要考虑速度、灵活性和质量。

6.2.3　供应链管理概述

1. 供应链管理的概念

从上述对供应链的简单阐述我们可以看出，供应链管理是一种集成的管理思想和方法，可以简单地将其理解为对供应链的计划、组织、领导、协调和控制的各种活动和过程。其目标是通过对供应商、制造商、物流商和分销商等的各种经济活动开展集成管理，以正确的数量和质量、正确的地点、正确的时间，进行产品制造和分销，提高整个系统效率，使其成本最小化，并提高服务水平和消费者的满意度。其目的是以更完整的产品组合，不断满足消费需求的增长；面对市场需求多样化的趋势，不断缩短供应商完成周期；对于市场需求的不确定性，缩短供给与消费的市场距离，实现快速与有效地反应；不断降低整个供应链的成本。

2. 供应链管理的基本内容

供应链管理主要涉及四个领域：供应管理、生产计划、物流管理、需求管理，如图 6-6 所示。在以上四个领域的基础上，供应链管理可以细分为职能领域和辅助领域。职能领域主要包括产品工程、产品技术保证、采购、生产控制、库存控制、仓储管理、分销管理等；而辅助领域主要包括客户服务、制造、设计工程、会计核算、人力资源、市场营销等。除了企业内部与企业之间的运输问题和实物分销以外，供应链管理还包括以下几个方面的内容。

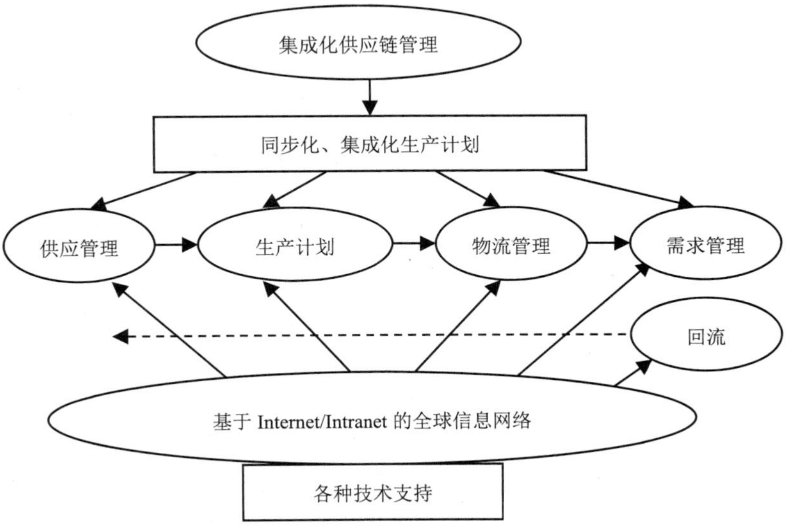

图 6-6　供应链管理涉及的领域

① 物料在供应链上的实体流动管理；

② 战略性供应商和客户合作伙伴关系管理；

③ 供应链产品需求预测和计划；

④ 供应链的设计（全球网络的节点规划与选址）；

⑤ 企业内部与企业之间物料供应与需求管理；

⑥ 基于供应链管理的产品设计与制造管理、生产集成化计划、跟踪和设计；

⑦ 基于供应链的客户服务和物流（运输、库存、包装等）管理；

⑧ 企业间资金流管理（汇率、成本等问题）；

⑨ 基于 Internet/Intranet 的供应链交互信息管理。

此外，作为供应链中各节点企业相关运营活动的协调平台，供应链管理应把重点放在以下几个方面：

第一，供应链战略管理。供应链管理本身属于企业战略层面的问题，因此，在选择和参与供应链时，企业必须从发展战略的高度考虑问题。它涉及企业经营思想，在企业经营理念指导下的企业文化发展战略、组织战略、技术开发与应用战略、绩效管理战略等，以及这些战略的具体实施。供应链运作方式、为参与供应链联盟而必需的信息支持系统、技术开发与应用及绩效管理等都必须符合企业经营管理战略。

第二，信息管理。信息及信息处理的质量和速度是企业在供应链中获益的关键，也是实现供应链整体效益的关键。因此，信息管理是供应链管理的重要方面之一。信息管理的基础是构建信息平台，实现供应链的信息共享，通过 ERP 和 VMI 等系统的应用，将供求信息及时、准确地传递到相关节点企业，从技术上实现与供应链其他成员的集成化和一体化。

第三，客户管理。客户管理是供应链的起点。如前所述，供应链源于客户需求，同时也终于客户需求，因此供应链管理是以满足客户需求为核心来运作的。通过客户管理，详细地掌握客户信息，从而预先控制，在最大限度地节约资源的同时，为客户提供优质的产品或服务。

第四，库存管理。供应链管理就是利用先进的信息技术，收集供应链各方及市场需求方面的信息，减少需求预测的误差，用实时、准确的信息控制物流，减少甚至取消库存，实现库存的“虚拟化”，从而降低库存的持有风险。

第五，关系管理。通过协调供应链各节点企业，改变传统的企业间进行交易时的“单向有利”意识，使节点企业在协调合作关系基础上进行交易，从而有效地降低供应链整体的交易成本，实现供应链的全局最优化，使供应链上的节点企业增加收益，进而达到双赢的效果。

第六，风险管理。信息不对称、信息扭曲、市场不确定性及其他政治、经济、法律因素，导致了供应链上节点企业的运作风险。风险管理就是采取一定的措施尽可能地规避这些风险。例如，通过提高信息透明度和共享性、优化合同模式、建立监督控制机制，在供应链节点企业间合作的各个方面、各个阶段，建立有效的激励机制，促进节点企业间的诚意合作。

3. 供应链管理的特点

第一，供应链管理以最终客户为中心和导向。无论供应链节点上的企业数量有多少，也无论节点上的企业的类型和层次如何，供应链的形成都是以客户和最终消费者的需求为导向的。从某种意义上来讲，供应链管理本身就是以顾客为中心的“拉式”营销推动的结果，其出发点和落脚点都是为顾客创造更大的价值，都是以市场需求的拉动为原动力的。正是有了客户和最终消费者的需求，才有了供应链的存在。

第二，供应链管理提出了全新的库存理念。传统的库存思想认为，库存是维系生产和销售的必要措施，是一种必要的成本。因此，供应链管理使企业与上下游企业之间在不同的市场环境下实现了库存的转移，大大降低了企业的库存成本。这便要求供应链上的各个企业成员建立战略合作伙伴关系，通过信息共享和快速响应能力来降低库存成本。

第三，供应链管理是一种集成化的管理模式。供应链管理的关键是采用集成的思想和方法。它是从供应商开始，经由制造商、分销商、零售商，直到最终客户的全要素、全过程的集成化管理方法和模式。它把不同的企业集成起来以增加整个供应链系统的效率，注重各个节点企业之间的协作，从而达到全局最优和共赢的目的。

第四，供应链管理把所有节点企业看作一个系统整体，实现全过程的战略管理。供应链是由供应商、制造商、分销商、销售商、客户和服务商等组成的一个网状结构。供应链中各个节点和环节都是一个彼此联系且相互影响的有机整体。供应链管理把物流、信息流、资金流、业务流和价值流的管理贯穿于整个供应链的全过程。它覆盖了整个物流过程，从原材料和零部件的采购与供应、产品制造、运输与仓储到销售各个职能领域。它要求各个节点企业之间实现信息共享、风险共担、利益共存，从系统和战略的高度来认识供应链管理的重要性和必要性，从而真正实现系统和全局的最优。

6.2.4　供应链管理的体系结构

不同的组织模式有不同的体系结构，下面以零售业供应链管理系统为例进行介绍。从信息化技术应用的程度上看，国内零售企业普遍在操作层面采用的信息化技术比较多，比如收银、收货、库房管理等环节。在管理层的应用情况，一般主要是在销售统计分析方面采用一些信息技术。在决策层的应用是最少的，一般会应用在采购和资金利用的环节方面。

目前国内零售业信息化解决方案的主体还是 POS 系统（销售点终端系统）、SOS 系统（门店管理系统）及 BMS 系统（业务管理系统）三个方面，而国外企业已经进入了供应链管理、客户关系管理、电子商务平台建设，以及用商业智能技术来分析企业数据的阶段。例如，沃尔玛的管理费仅占营业额的 2%，而国内一些零售企业的管理费高达营业额的 7%，差距主要体现在供应链管理方面。目前国内零售业信息化的重点还是进销存管理、门店管理等，只有少数零售企业把信息化建设重点从企业内部 IT 系统转向了供应链管理。

现代供应链管理的精髓在于集成与协作。“集成”要求把企业内部及节点企业之间的各种业务看成一个整体功能过程，形成集成化供应链管理体系。“协作”则不仅要求在企业内部实现计划、生产、质量、成本等方面的信息沟通和互相帮助，还要求在上下游企业之间实现物资、技术、人员的无缝连接，共享信息、共同决策。所以，一个完整的供应链管理系统应该将所涉及的功能模块整合起来，为企业的管理提供一个全面而方便的平台。零售业不同于制造业，它的供应链管理有符合自己行业特点的流程，如图 6-7 所示。大型连锁零售企业没有原材料的采购，建有自己的物流配送中心，直接接触消费者，与生产商信息流通、合作，形成了一个闭环的链条。

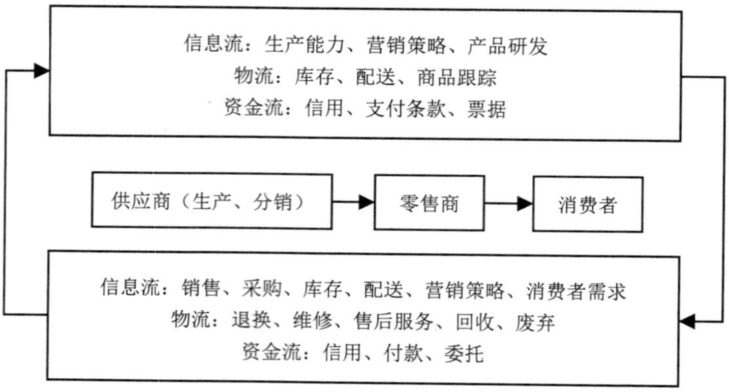

图 6-7　零售业供应链管理流程

零售业供应链管理系统，借助信息网络技术，实现了供应链的一体化，如图 6-8 所示。以顾客需求为中心，以商品为纽带，供应商和零售商紧密连接在一起，信息共享，充分挖掘和利用信息流为消费者服务。

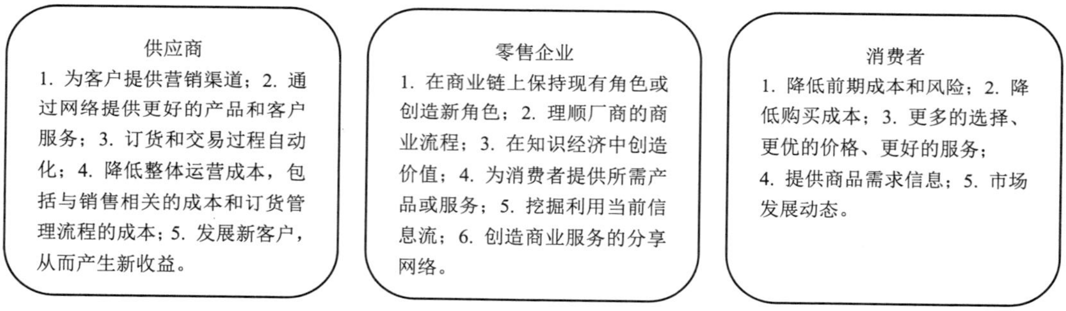

图 6-8　零售业供应链管理系统

6.2.5　供应链管理的功能模块

以零售业为例，整体功能模块架构包括两个部分：总部中心系统和门店销售系统，如图 6-9 所示。

1. 总部中心系统

总部中心系统负责整个连锁企业除销售以外的所有业务操作，采购、库存、销售（含零售和批发）、配送、财务和服务，以及基础数据的维护、管理和应用。它要求性能稳定，扩展性良好和能与第三方系统进行集成。

总部中心系统主要由四部分组成，即业务支撑系统、企业应用系统集成服务器、第三方系统接口和中心后台数据库。其中，第三方系统包括供应商 EDI 系统、物流系统、CRM 系统与电子商务网站等。

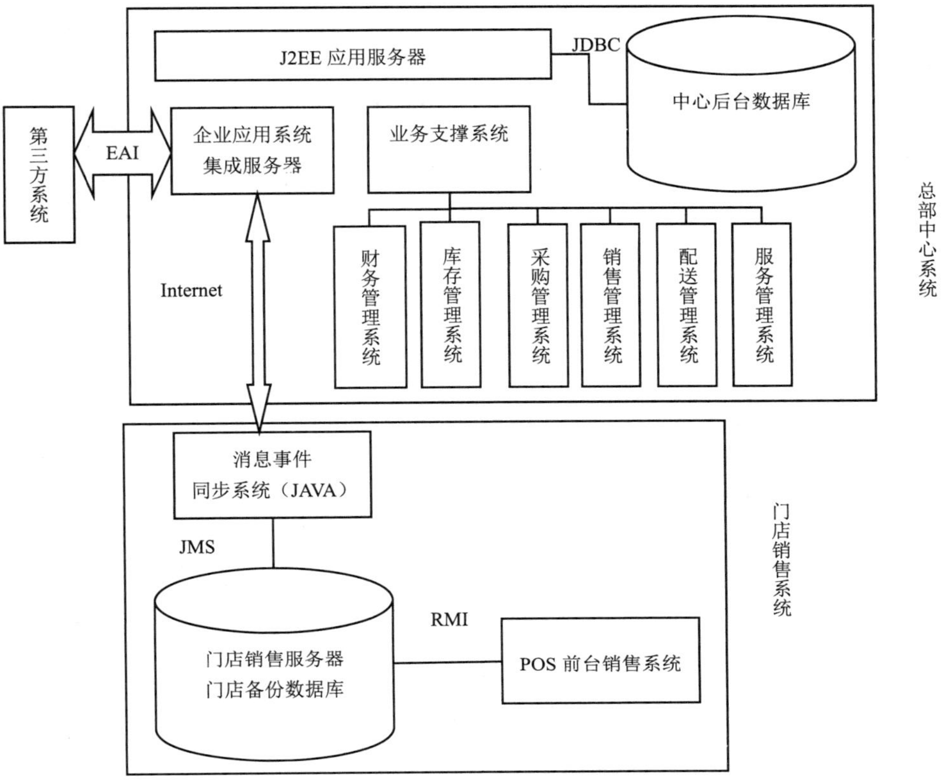

图 6-9　零售业供应链管理的功能模块

2. 门店销售系统

门店销售系统主要负责销售过程的管理（开票、送货服务登记及库存查询）。它要求速度快、性能稳定，主要由四部分组成，即门店销售服务器、门店备份数据库、消息事件同步系统、POS 前台销售系统。

本章小结

本章的内容从跨组织信息系统出发，重点讲述客户关系管理和供应链管理，通过对 CRM 和 SCM 的介绍，表明了跨组织信息系统是适应组织国际化、网络化要求的一种必然趋势。

复习思考题

1. 客户关系管理的定义是什么？
2. 简述客户关系管理的特点。
3. CRM 的主要功能有哪些？
4. 什么是供应链管理？
5. 简述供应链管理的基本思想。
6. 目前主要有哪几种供应链管理的组织模式？

第7章 电子商务

学习目标

掌握电子商务的概念、分类和特点；掌握电子商务系统的组成结构；掌握企业电子商务的支付系统建设；了解电子商务系统的安全要素和安全技术；掌握电子商务物流体系建设。

内容提要

1. 电子商务概述
2. 电子商务系统安全
3. 电子商务支付系统
4. 电子商务与物流
5. 移动电子商务
6. 电子商务法规

电子商务是指实现整个商贸活动的电子化。电子商务打破了市场的时空限制，使整个社会商业体系结构、消费者的消费观念和行为发生变化，作为一种全新的商业模式，正在对社会和企业变革产生深远的影响。

“十二五”期间，我国电子商务实现跨越式增长，交易规模连续五年增速超过35%，网络零售额连续三年位居世界第一，实物商品网络零售额与社会消费品零售总额之比超过十分之一，电子商务催生了规模化就业新领域、形成了国际竞争合作新局面，成长为经济增长的新引擎。

随着电子商务在整个商务活动中的比重的日益增大，它将逐步成为全球经济与贸易增长的主流方式，推动经济全球化进程。电子商务涉及许多具体问题，如安全、支付、物流、法律法规等，它们都是影响电子商务广泛开展的重要问题。

本章对电子商务涉及的相关问题作了概要介绍，目的是让读者对电子商务有个全面的了解和把握。

7.1　电子商务概述

7.1.1　电子商务的基本概念

对电子商务的概念，目前学术界还没有一个完整统一的定义。

联合国经济合作与发展组织（OECD）的有关电子商务的报告中，电子商务定义：发生在开放网络上的包含企业之间（B2B）、企业和消费者之间（B2C）的商业交易。

联合国国际贸易程序简化工作组对电子商务的定义：采用电子形式开展商务活动，它包括在供应商、客户、政府及其他参与方之间通过任何电子工具，如 EDI、Web 技术、电子邮件等，共享非结构化商务信息，并管理和完成在商务活动、管理活动和消费活动中的各种交易。

全球信息基础设施委员会（GIIC）电子商务工作委员会报告草案中，电子商务的定义：电子商务是运用电子通信作为手段的经济活动，通过这种方式人们可以对带有经济价值的产品和服务进行宣传、购买和结算，这种交易方式不受地理位置、资金多少或零售渠道的所有权影响，公司、政府组织、各种社会团体、一般公民等都能自由地参加广泛的经济活动，其中包括农业、林业、渔业、工业和服务业，电子商务能使产品在世界范围内交易并向消费者提供多种多样的选择。

欧洲经济委员会在比利时首都布鲁塞尔举办了全球信息社会标准大会，会上明确提出了电子商务的定义：电子商务是各参与方之间以电子方式而不是以物理交换或直接物理接触方式完成任何形式的业务交易。这里的电子方式包括电子数据交换、电子支付手段、电子订货系统、电子邮件、传真、网络、电子公告系统、条码、图像处理、智能卡等。

Intel 公司对电子商务的定义：电子商务是基于网络连接的不同电脑间建立的商业运作关系，是利用 Internet/Intranet 来使商务运作电子化。电子贸易是电子商务的一部分，是企业与企业之间，或企业与消费者之间，使用互联网所进行的商业交易。

IBM 提出了一个电子商务的定义公式，即电子商务= Web + IT，它所强调的是在网络计算机环境下的商业化应用，是把买方、卖方、厂商及其合作伙伴结合起来的应用。

《中国电子商务蓝皮书：2001 年度》认为，电子商务指通过 Internet 完成的商务交易。交易的内容可分为商品交易和服务交易，交易是指货币和商品的易位，交易要有信息流、资金流和物流的支持。

我国在“十一五”规划的时候就对电子商务给出了明确的定义，它是网络化的新型经济活动，是整个贸易活动的自动化和电子化，而电子商务是利用各种电子工具和电子技术从事各种商务活动的过程。其目的是要实现企业和全社会的高效率、低成本的贸易活动或商务活动。

在《电子商务“十二五”发展规划》中，对电子商务的基本概念和内涵又给出了这样的描述：加快发展电子商务，是企业降低成本、提高效率、拓展市场和创新经营模式的有效手段，是提升产业和资源的组织化程度、转变经济发展方式、提高经济运行质量和增强国际竞争力的重要途径，对于优化产业结构、支撑战略性新兴产业发展和形成新的经济增长点具有非常重要的作用，对于满足和提升消费需求、改善民生和带动就业具有十分重要的意义，对于经济和社会可持续发展具有深远的影响。

综上所述，对电子商务的定义各有其科学性，只是角度不同而已，这里从电子商务涵盖范围的角度对其定义进行总结如下。

从广义上来讲，电子商务泛指一切与数字化处理方式有关的商务活动，所强调的是在网络计算环境下的商业化应用。它不仅是硬件和软件的结合，还是把企业与企业之间、企业与消费者之间、企业内部之间、企业与政府管理部门之间的信息交流实现数字化的处理过程。它不仅包括在线买卖，还包括传统市场，从各个方面影响人们进行商务活动的方式，使整个商务活动，如产品生产、产品促销、交易磋商、合同订立、产品分拨、货款结算、售后服务等，大为改进，并将这一系列的交易活动紧密结合、完整统一起来。

狭义的电子商务是指人们通过互联网利用电子化手段进行以商品交换为中心的各种买卖活动，如商家与消费者利用计算机网络进行的商务活动，也可称为电子交易，包括电子商情、电子广告、电子合同签约、电子购物、电子交易、电子支付、电子转账、电子结算、电子商场、电子银行等不同层次、不同程度的电子商务活动。交易内容可以是有形的产品和劳务，如汽车、书籍、日用消费品、在线医疗咨询、远程教学等，也可以是一些无形产品，如新闻、音像产品、数据库、软件及其他类型的知识产品。

7.1.2 电子商务的发展历程

1. 基于 EDI 的电子商务

电子商务起源于电子数据交换（Electronic Data Interchange，EDI）。EDI 产生于 20 世纪 70 年代初的美国，当时的贸易商们在使用计算机处理各类商务文件的时候发现，过多的人为干预影响了数据的准确性和工作效率。如果贸易伙伴之间能够通过计算机自动进行数据交换，就能克服这些弊病，于是 EDI 应运而生。

EDI 是将业务文件按一个公认的标准从一台计算机传输到另一台计算机上去的电子传输方法。由于 EDI 大大减少了纸张票据，人们也形象地称 EDI 为“无纸化贸易”。从技术上讲，EDI 包括硬件与软件两大部分。硬件主要是指计算机网络，软件包括计算机系统软件、应用软件及 EDI 标准。

由于 EDI 标准太复杂，使用增值网络的费用高，大多数企业很难将其付诸实践。EDI 需要企业遵循一套国际组织制定的 EDI 商业标准，但在具体的实施过程中，行业间的标准协调工作举步维艰。因此，EDI 多用于行业内部的商务活动，商业伙伴之间的 EDI 并未广泛展开，基于 EDI 的电子商务应用范围非常有限。

2. 基于 Internet 的电子商务

20 世纪 90 年代中期，互联网迅速普及，逐步从大学、科研机构走向企业和家庭，演变成为一种大众化的信息传播工具。从 1995 年起，电子商务成为 Internet 应用的最大热点。在基于 Internet 的电子商务的发展初期，企业在 Internet 上建立静态网站，并发布网页作为在线目录。一些创新的公司实施了第二代电子商务计划，计划的核心就是将其网站前端与后端订单管理和存货控制系统相连接。第二代电子商务计划使客户能够直接从一个公司的网站发出和追踪订单，这就大大降低了交易费用，并使客户能够控制订购过程。基于 Internet 的电子商务与基于 EDI 的电子商务相比具有明显的优势：费用低廉、覆盖面广，功能更全面、使用更灵活。

3. 基于普及计算的电子商务

移动通信技术的迅猛发展和普及，使通过手机、个人数字助理等移动通信设备与互联网有机结合进行电子商务活动成为可能，设备计算和延伸的互联网被称为普及计算。支撑普及计算应用的基础设施也正在逐渐进入人们生活的每一个角落，移动通信技术和其他技术的完美结合创造了移动电子商务，但真正推动市场发展的却是服务。移动电子商务能提供的服务包括个人信息管理、银行业务、交易、购物、娱乐等。移动电子商务因其快捷方便、无所不在的特点，已经成为电子商务发展的新方向。

7.1.3　电子商务的特点

相对传统商务，电子商务有以下特点：

① 商务门户网站使企业进入国际贸易的门槛降低，为企业建立领先于同行的竞争发展战略创造优势条件，企业展示自己的品牌和形象不受任何限制。电子商务使企业可以以相近的成本进入全球电子化市场，使得中小企业有可能拥有和大企业一样的信息资源，提高了中小企业的竞争能力。

② 电子商务一方面破除了时空的壁垒，另一方面又提供了丰富的信息资源，为各种社会经济要素的重新组合提供了更多的可能，这将影响到社会的经济布局和结构。

③ 电子商务使商务活动效率大幅提高，电子商务将传统的商务流程电子化、数字化，以电子流代替了实物流，可以大量减少人力、物力，降低成本。

④ 电子商务重新定义了传统的流通模式，减少了中间环节，使得生产者和消费者的直接交易成为可能，从而在一定程度上改变了整个社会经济运行的方式。

⑤ 电子商务为实现无纸化贸易创造条件。基于互联网络的开放的贸易方式为企业发展提供全新的途径，贸易双方可以通过电子邮件、电话、传真等通信方式完成贸易业务，对涉及合同的相关法律文件可以运用基于互联网的开放式电子数据交换的方式实现数据文件交换。

⑥ 电子商务促进企业业务流程的变革与再造。通过整合上下游企业之间的价值链关系，供应链上的企业业务关系更加高效和经济。

⑦ 商务门户网站是企业的商品交易平台，也是客户关系管理的服务系统，能提供个性化消费需求的定制服务，以高效便捷的方式提供产品信息、服务信息、用户疑难解答等各种服务。

⑧ 通过整合价值链上的企业关系使网络服务增值。把供应链管理、供应商管理、销售链管理、客户关系管理、电子商务交易市场的管理集成为一个相互融合、信息共享的企业信息服务平台，通过提供信息共享、交流、反馈和决策处理，改进企业信息处理能力和处理质量，以适应市场竞争环境。

⑨ 电子商务突破了时间、空间、地域的限制，使得交易活动可以在任何时间、任何地

点进行，从而大大提高了效率。

⑩ 电子商务所具有的开放性和全球性的特点，为企业创造了更多的贸易机会。

7.1.4 电子商务的类型

1. 企业与企业之间的电子商务

这是电子商务应用最多和最受企业重视的形式，企业可以使用 Internet 或其他网络为每笔交易寻找最佳合作伙伴，完成从订购到结算的全部交易行为，包括向供应商订货、签约、接受发票和使用电子转账、信用证、银行托收等方式进行付款，以及解决在商贸过程中发生的其他问题，如索赔、商品发送管理和运输跟踪等。典型例子如阿里巴巴、环球资源和在线广交会等。

2. 企业与消费者之间的电子商务

这是消费者利用 Internet 直接参与经济活动的形式，类同于商业的零售业务。随着 Internet 的普及，网上销售也迅速发展起来。目前，互联网上有许多各种类型的虚拟商店和虚拟企业，提供各种与商品销售有关的服务。通过网上商店买卖的商品可以是实体化的，如书籍、鲜花、服务、食品、汽车等；也可以是数字化的，如新闻、音乐、电影、数据库、软件及各类基于知识的商品；还有提供各类服务的，如安排旅游、在线医疗诊断和远程教育等。典型例子如当当网、京东等。

3. 企业与政府之间的电子商务

这种商务活动覆盖企业与政府组织间的各项事务。例如，企业与政府之间的各种手续的报批；政府通过互联网发布采购清单，企业以电子化方式响应；政府在网上以电子交换方式完成对企业和电子交易的征税等。

4. 消费者与政府之间的电子商务

通过消费者与政府之间的电子商务，政府可以把电子商务扩展到福利费的发放及个人税收的征收，能通过网络实现个人身份的核实、报税、收税等政府与个人之间的行为。如个人社会福利基金发放和个人纳税缴费等。

5. 消费者与消费者之间的电子商务

这种电子商务主要指的是个人与个人之间进行的电子商务活动，这种电子商务一般通过网站交易平台进行，网站为交易双方提供机会，就相当于现实生活中的大卖场。典型的网站是一些拍卖类的网站，如易趣网、拍拍、淘宝网等。

7.1.5 电子商务系统的组成

一个完整的电子商务系统，在 Internet 信息系统的基础上，由参与交易的信息化企业、信息化组织和使用 Internet 的消费者主体，提供实物配送服务（配送中心）和支付结算服务的机构（网上银行），以及提供网上商务服务的电子商务服务商组成。

电子商务应用系统的组成如图 7-1 所示，其组成要素有以下几点。

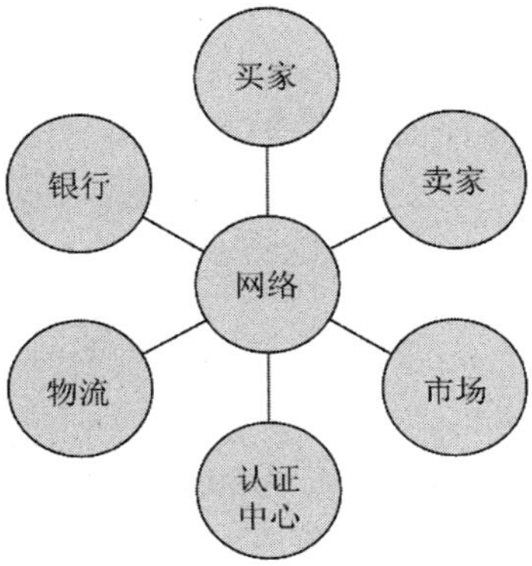

图 7-1　电子商务系统组成图

1. Internet、Intranet 或 Extranet

Internet 是电子商务的基础，是商务、业务信息传送的载体；Intranet 是企业内部商务活动的场所；Extranet 是企业与企业，以及企业与个人之间进行商务活动的纽带。

2. 电子商务用户

电子商务用户可分为个人用户和企业用户。个人用户使用浏览器、电视机顶盒、个人数字助理、可视电话等接入 Internet，获取信息、购买商品。企业用户建立企业内联网、外联网和企业管理信息系统，对人、财、物、产、供、销进行科学管理。企业利用 Web 网站发布产品信息、接受订单，即建立电子商场。如需要在网上进行销售等商务活动，还要借助电子报关、电子报税、电子支付系统与海关、税务局、银行进行有关商务、业务等的处理。

3. 认证中心

认证中心是法律承认的电子商务管理与认证的权威机构，负责发放和管理数字证书，使网上交易的各方能互相确认身份。数字证书是一个包含证书持有人的个人信息、公开密钥、证书序列号、有效期、发证单位的数字签名等内容的数字文件。

4. 网上银行

网上银行可以在 Internet 上实现传统银行的业务，为用户提供 24 小时实时服务；与信用卡公司合作，发放电子钱包，提供网上支付手段，为电子商务交易中的用户和商家服务。

5. 配送中心

配送中心接受商家的送货要求，组织运送无法从网上直接得到的商品，跟踪商品流向，将商品送到消费者手中。

7.1.6　电子商务对社会经济的影响

随着电子商务的日渐普及，网络经济、信息经济、眼球经济、虚拟企业、虚拟银行、网络营销、网络广告等一大批新词为人们所熟悉和认同，同时也从另一个侧面反映了电子商务对社会和经济所产生的影响。

1. 改变商务活动的方式

在传统的商务活动中，商家靠推销员推销其商品，消费者在商场中筋疲力尽地寻找自己所需要的商品。现在，人们可以进入网上商场浏览、采购各类产品，而且还能得到在线服务；商家可以在网上与客户联系，利用网络进行货款结算；政府还可以方便地完成电子招标、政府采购等业务。

2. 改变人们的消费方式

进入电子商务时代后，消费者的消费行为和消费需求将发生根本性的变化，具体表现如下。第一，由于选择范围的显著扩大，消费者可以在短时间内通过网络对大量的供应商反复比较，找到理想的供应商，而不必花费大量的时间精力去“货比三家”。第二，消费者的消费行为将变得更加理智，对商品的价格可以进行比较，不再因为不了解行情而上当受骗。第三，消费需求将变得多样化、个性化。消费者可直接参与生产和商业流通，向商家和生产厂家主动表达自己对某种产品的要求，定制化生产将变得越来越普遍。第四，将消费者联系在一起。团购、拼团等方式的出现，让有相同需求的消费者同时购买，降低消费成本。

3. 改变企业的生产方式

由于电子商务是一种快捷、方便的购物手段，消费者的个性化、特殊化需求可以通过网络展示在生产厂商面前。为了取悦顾客，突出产品的设计风格，制造业中的许多企业纷纷发展和普及电子商务。例如，美国福特汽车公司在 1998 年 3 月将分布在全世界的 12 万个电脑工作站与公司内部网连接起来，并将全世界的 1.5 万个经销商纳入内部网。福特公司的最终目的是能够按照用户的不同要求，生产和供应不同款型的汽车。

4. 为传统行业带来一场革命

传统商务模式必须有许多中间环节，企业与消费者之间需有大量的批发商、零售商作为中介，决定了传统商务是“迂回经济”的特点。

电子商务是在商务活动的全过程中，通过人与电子通信方式的结合，提高商务活动的效率，减少不必要的中间环节。电子商务的出现从根本上减少了传统商务活动的中间环节，缩短了企业与用户需求之间的距离，同时也大大减少了各种经济资源的消耗，使人类进入了“直接经济”时代。

借助电子商务模式，传统制造业可以进入小批量、多品种生产的时代，使“零库存”成为可能，传统零售业和批发业同样可以实现“无店铺”“网上营销”的新模式，各种线上服务为传统服务业提供了全新的服务模式。

5. 带来一个全新的金融业

在线电子支付是电子商务的关键环节，也是电子商务得以顺利发展的基础条件。随着电子商务在电子交易环节上的突破，网上银行、银行卡支付网络、银行电子支付系统，以及网上支付、电子支票、电子现金等服务，将传统金融业带入一个全新的领域。

6. 转变政府的职能

在电子商务时代，在企业应用电子商务进行生产经营，银行实现金融电子化，消费者进行网上消费的同时，将对政府管理行为提出新的要求，电子政府或称网上政府，将随着电子商务的发展而成为一个重要的社会角色。

除了上述这些影响外，电子商务还将给就业、法律制度及文化教育等带来巨大的影响。总而言之，电子商务将带来一场史无前例的革命，其对社会经济的影响会远远超过商务本身。2010 年中国电子商务交易量达 4.5 万亿美元，2015 年这一数字猛增到 21.8 万亿美元。电子商务将是未来交易的主流，而且 100%是顾客导向的事业。

7.2 电子商务系统安全

电子商务活动大多数依赖于全球性、无缝连通性、共享性、动态性发展的开放信息网络，所以网上信息传输的安全性是大问题。确保网上信息安全，不仅是个人经济安全问题，也是社会、政治安全问题。安全问题一直以来都是影响电子商务应用的症结，制约着电子商务的进一步发展。因此，在技术上、保密管理体制上保证安全，是电子商务拓展中至关重要的问题。

7.2.1 电子商务系统安全要素

1. 信息的保密性

信息的保密性是指信息在传输过程中或存储过程中不被他人窃取，不泄露给非授权用户、实体或过程，或供其利用的特性。信息需要加密，需要在必要的节点上设置防火墙。

2. 信息的完整性

信息的完整性是指数据未经授权不能进行改变的特性。信息的完整性包括信息传输和信息存储两个方面。在存储时，要防止非法篡改和破坏网站上的信息。在传输过程中，接收端收到的信息与发送的信息完全一样，说明在传输过程中信息没有遭到破坏。

3. 信息的不可否认性

信息的不可否认性是指信息的发送方不能否认已发送的信息，接收方不能否认已收到的信息。由于商情的千变万化，交易达成后是不能否认的，否则，必然会损害一方的利益。

4. 交易者身份的真实性

交易者身份的真实性是指交易双方确实是存在的，不是假冒的。网上交易的双方相隔很远，互不了解，要使交易成功，必须互相信任，确认对方是真实的。

7.2.2 电子商务系统安全策略

1. 完善的管理策略

电子商务系统是一个人机高度综合的系统，除了要确保物理网络方面的安全，电子商务管理的安全也是非常重要的，并且起到了决定性作用，因此，针对整个系统管理权限的分配、监督，管理人员的培训、考核等，必须制定出一套完善的规章制度，提高电子商务的安全管理水平。

2. 法律方面的保障

电子商务的安全必须要有相应的法律来保障。必须保证电子合同和数字签名的法律地位，保证签约双方的电子合同的认可，确保电子合同能够得以实施。另外，应该充分利用现有的计算机安全和交易安全的法律法规，来保障电子商务的正常开展。

3. 社会道德规范

解决电子商务的安全问题，除了要有技术方面的保证和法律方面的保障以外，社会道德规范的约束也是重要的保证。应加强对广大电子商务参与者的道德规范的宣传，保证参与者诚实守信。

7.2.3 电子商务系统安全技术

1. 防火墙技术

防火墙是指安装在两个（或多个）网络之间的一组软件和硬件的总称，它的作用就像一个门卫，出去或进来的信息都要经过它的审查，只有审查通过的信息才能予以放行。一个企业如果想利用互联网与不同地理位置上的局域网进行相互通信，同时又要对通信内容进行保密，这时就需要使用虚拟专用网技术。虚拟专用网技术对在不同防火墙之间传递的数据进行加密，保证企业数据和信息的安全传输。

2. 数据加密技术

数据加密技术可以把数据和信息转化成一种别人无法阅读和理解的代码，只有利用加密人提供的工具才能把它还原，从而达到对发送的信息保密的作用。

3. 数字签名

数字签名技术可以让数据发出方在发出的信息上留下与自己及发出的信息相关的独有标记，数据的接收方可以利用这个标记辨别收到的数据究竟由谁发出，以及数据在传输的过程中是否被更改过。

4. 认证中心

为了证明电子交易各方在现实世界里的真实身份，需要一个公认的机构对交易者的身份提供证明文件，因而产生了认证中心。它负责审查交易者的真实身份，然后发出身份证明。

5. 数字证书

数字证书也叫电子证书，能够实现身份的鉴别与识别（认证），提供完整性、保密性及不可否认性安全服务（安全需求）。数字证书是电子商务各实体的网上身份的证明。

6. 安全技术协议（SET 协议）

这组协议被用来保证网上资金交易的安全（主要是信用卡支付安全），规定了资金交易应采用的技术、流程和规范。作为新一代的安全协议，安全电子交易（Secure Electronic

Transaction，SET）是一个开放式协议的基本框架，用以保证网络上数据通信的安全性。基于工程业务组开发的标准，SET 保证了公共网络上数据通信的机密性、完整性和真实性，提供了全网范围内可用的、灵活的安全策略解决方案。

7.3　电子商务支付系统

网上支付是在电子商务基础上发展起来的，它主要依托于因特网，是一种以实时和零距离为典型特征的电子支付方式，是电子商务关键的组成部分。随着信息技术的不断发展，已经开发出了很多网上支付系统。电子交易需要安全、可靠、便捷的电子支付结算系统，只有在在线交易中实现电子支付功能，才可以说是真正意义上的电子商务。

网上支付是以金融电子化网络为基础，利用电子媒介，以计算机技术和通信技术为手段，将货币以电子数据（二进制数据）形式存储在银行的计算机系统中，并通过计算机网络以电子信息传递形式实现流通和支付。

7.3.1　网上支付系统的构成

网上支付系统的构成如图 7-2 所示，主要由 Internet、客户、商家、客户开户行、商家开户行、支付网关、银行网络、认证中心几个元素组成。

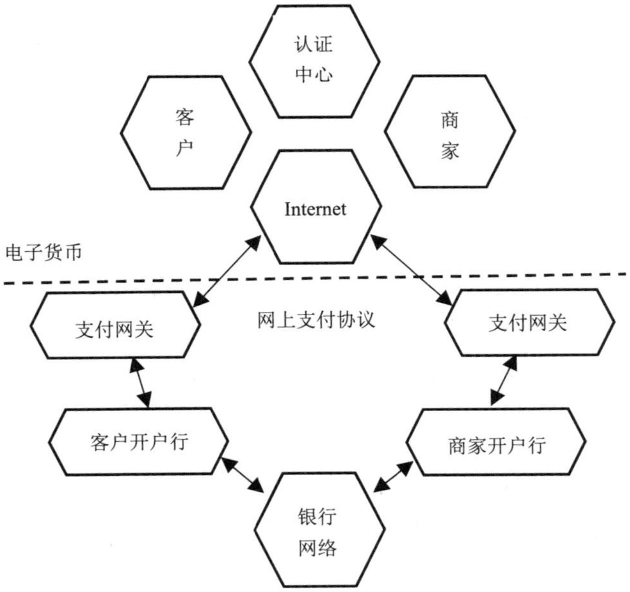

图 7-2　网上支付系统的基本构成图

（1）Internet

Internet 是电子商务网上支付的基础，是商务信息、支付信息传送的载体。

（2）客户

客户是指与商家有着交易关系并存在未清偿的债权债务关系（一般是债务）的一方，客户用自己拥有的支付工具（电子货币）——电子现金、电子支票、银行卡进行支付，是网上支付系统运作的原因和起点。

（3）商家

商家则是拥有债权的商品交易的另一方，它可以根据客户发起的支付指令向金融体系请求获取货币给付。

（4）客户开户行

客户开户行是指客户在其中拥有账户的银行，客户所拥有的支付工具（电子货币）是由开户行提供的，客户开户行在提供支付工具的时候也同时提供了一种银行信用，用以保证支付工具的兑付。

（5）商家开户行

商家开户行是商家在其中开设账户的银行，其账户是整个支付过程中资金流向的地方，商家将客户的支付指令提交给其开户行后，就由开户行完成支付授权的请求及银行间的清算等工作，商家开户行是依据商家提供的合法账单来工作的，因此成为收单行。

（6）支付网关

支付网关是Internet公用网和银行网络（金融专用网）之间的接口，支付信息必须通过支付网关才能进入银行支付系统，进而完成支付的授权和获取，支付网关关系着支付结算的安全及银行自身的安全，也关系着金融系统的安全，因此十分重要。

（7）银行网络

作为金融专用网，银行网络是银行内部及银行间进行通信的网络，应具有较高的安全性。

（8）认证中心

认证中心（Certificate Authority），简称CA，它是法律承认的权威机构，用于对电子商务各参与方：客户、商家、支付网关、网上银行等进行身份认证，发放数字证书，以保证电子商务交易和支付能安全、可靠地进行。

除以上各参与方外，在网上支付一般结构的构成中还包括支付中使用的电子货币及所遵循的网上支付协议。因此，网上支付系统应该是融购物流程、电子货币、网上支付协议、认证体系、Internet、客户、商家、支付网关、开户行、收单行及银行网络为一体的综合大系统。

7.3.2 网上支付的形式

1. 信用卡

信用卡是银行或其他金融机构签发给那些资信状况良好的人士的一种特制卡片，持卡人可凭卡在发卡机构指定的商业机构消费，也可以在指定的银行机构存取现金。信用卡有两种：一种可以透支一定的额度；另一种不可以透支，只能在卡中自有金额的范围内支付。

2. 电子支票

电子支票（Electronic Check）是显示在电脑屏幕上的支票。电子支票的使用者凭借信用卡或银行账号到提供电子支票的银行注册，才能在网络上生成电子支票。电子支票的内容包括支付人的姓名、支付人金融机构名称、支付人账户名、被支付人姓名、支票金额等。

此外，上面还有银行的数字签名。

3. 电子现金

电子现金又称数字现金（Digital Cash），是以数字形式表示的现金货币，具体是用一串加密的数字来表示的。电子现金具有货币价值，也具有可交换性、可存储性和重复性。随着纸币经济向数字经济的转变，在未来的社会中，数字现金将成为主宰，它比纸币更安全，隐私性更好。应用电子现金，除要求网络系统保证安全传送和存取外，在其背后还应有现金、银行信用等作担保，并能方便地与其他货币形式、信用贷款和银行存款等进行交换。用户在开展电子现金业务的银行开设账户并在账户内存入资金后，就可以在接受电子现金的商店购物了。

4. 网上支付形式比较

各种支付方式的特点比较如表 7-1 所示。

表 7-1　各种支付方式的特点比较

特　点	信　用　卡	电　子　支　票	电　子　现　金
事先/事后付款	事后付款	事后付款	事先付款
使用对象	银行卡持有人	银行账户所有者	任何人
交易风险	由发卡银行承担，若银行卡号被盗，可以取消银行卡	付款方可以止付有问题的付款指令或有问题的支票	由消费者自行承担电子现金丢失、被盗用、出错风险
交易凭据转换	直接由商户向银行查询持卡人账号	电子支票或付款指令需要经过“背书”方能转让	自由转换，不需要留下交易参与者的信息
在线检查	允许在线或离线检查	以在线检查方式运作	在线检查电子现金是否重复使用
目前普及程度	是在线付款中最普及的形式	目前缺乏国际性的标准，法律制度有待建立	电子现金的未来缺乏国际性的金融网络支持
交易额度	与银行卡额度相同	和传统支票相同，即不大于支票账户的现有余额	电子现金的额度通常是固定的
是否支持小额支付	每笔交易成本相对较高，不适合小额支付	有些系统允许商户累计付款指令到一定金额再进行支付	可进行不同面额的电子现金交易和找零
与银行关系	交易信息中的银行卡号为持卡人在发卡银行的账号	由银行账号进行付款	电子现金从银行提取后，就与银行账号没关系

7.3.3 网上银行

网上银行，又称在线银行，指一种以信息技术和互联网为依托，通过互联网平台向用户开展和提供开户、销户、查询、对账、行内转账、跨行转账、信贷、网上证券、投资理财等各种金融服务的新型银行机构与服务形式，可以为用户提供全方位、全天候的快捷金融服务。

网上银行不同于电子银行，电子银行业务是指商业银行通过面向社会公众开放的信息通道或开放型公众网络，以及为特定自助服务设施或客户建立的专用网络等方式，向客户提供的离柜金融服务。它主要包括网上银行、电话银行、手机银行、自助银行及其他离柜业务。

无论是传统的交易，还是新兴的电子商务，资金的支付都是完成交易的重要环节，不同的是，电子商务强调支付过程和支付手段的电子化。能否有效地实现支付手段的电子化和网络化是网上交易成败的关键，直接关系到电子商务的发展前景。网上银行创造的电子货币及独具优势的网上支付功能，为电子商务中网上支付的实现提供了强有力的支持。作为网上支付和结算的最终执行者，网上银行起着连接买卖双方的纽带作用，网上银行所提供的网上支付服务是电子商务中的关键要素和最高层次。

7.4 电子商务与物流

物流是指物品从供应地到接收地的实体流动过程，根据实际需要，将运输、存储、装卸、搬运、包装、流通加工、配送、信息处理等基本要素实施有机结合。

在电子商务活动中，消费者通过网上交易完成了商品交易过程，即商流过程。但是交易的活动并未结束，只有产品和服务真正转移到消费者手中，商务活动才告结束。由于有形商品是无法在网上传送的，所以缺少了现代化的物流过程电子商务就不完整。物流是电子商务中实现客户关系管理的“以客户为中心”理念的最终保证。

7.4.1 电子商务与物流的关系

1. 物流是电子商务的重要组成部分

电子商务的概念首先是在物流已充分发展的美国提出来的。美国在发展电子商务技术之初，就有强大的现代化物流作为支持，只需将电子商务与其对接即可，而并非电子商务过程不需要物流的电子化。对美国来说，电子商务的提出最终是为了解决信息流、商流和资金流处理上的烦琐对现代化的物流过程的延缓问题，进一步提高现代化的物流速度。从根本上来说，物流的电子化和自动化属于电子商务的范畴，如果缺少了现代化的物流过程，电子商务就不完整。

2. 物流是电子商务的基本要素

电子商务中的任何一笔交易，都包含商流、资金流、物流。电子商务环境下，商流和资金流的处理都可以通过计算机和网络通信设备实现。对于少数商品和多数服务来说，可以直接通过网络传输的方式进行配送，如各种电子出版物、咨询服务信息、有价信息软件等。而对于大多数商品和服务来说，配送仍要经由物理方式传输或实现。物流配送管理需要一系列计算机网络、机械化、自动化工具的配合，通过准确、及时的物流信息对配送过程进行监控，才能使物品的移动速度加快、配送准确率提高，有效地减少库存，缩短运转周期，满足消费者的要求。

3. 物流是电子商务的保证

在电子商务环境下，消费者通过上网购物，完成了商品所有权的交割过程，即商流过程，但电子商务的活动并未结束，只有商品和服务真正转移到消费者手中，商务活动才算终结。物流是为商流服务的。也就是说，在整个电子商务的交易过程中，物流实际上是以商流的后续者和服务者的姿态出现的。没有现代化的物流，任何轻松的商流活动都是无意义的。

4. 物流配送是制约电子商务发展的瓶颈

网络购物最需要完善的就是物流和配送。从企业供应链的角度来说，物流也是一个很大的制约。物流的高成本抵消了网络经济的低成本，物流的低速度使得电子商务的高速度变得毫无意义。

物流对电子商务的实现很重要，电子商务对物流的影响也非常大。物流在未来的发展与电子商务的影响是密不可分的。由于物流处于经济领域的落后部分，网络经济、电子商务的迅速发展会加剧物流瓶颈的作用。所以，在关注电子商务的同时，应以更大的精力建设基础物流平台系统和与电子商务配套的物流配送服务系统，即运用电子商务手段，加强物流基础设施现代化建设，加快实现物流中心的现代化、自动化，规范物流运作体制，积极引导、支持发展专业化物流，建立现代物流运作体系，重视物流管理的教育和研究，培养物流专业人才，逐渐改善我国的物流平台，建立现代化的物流产业。

7.4.2　电子商务的物流模式

电子商务的优势之一是能大大简化业务流程，降低企业的运作成本。在流通实践中电子商务企业选择什么样的物流模式来降低成本、减少投资、获得管理技术、提高服务水平、取得竞争优势、降低风险，已成为各方关注、探讨和实践的热点。

1. 自营物流

自营物流（Self-conducting Logistics）是指生产企业借助自身的物质条件（包括物流设施、设备和管理机构等）组织物流活动。企业利用自营物流方式，也会向运输公司购买运输服务或向仓储企业购买仓储服务，但这些服务都只限于一次或一系列的分散物流功能，而且属临时性的、纯市场交易的服务，物流公司并不按照企业的独特业务程序提供独特服务，即物流服务与企业价值链的联系是松散的。

自营物流是被生产、流通或综合企业（集团）广泛采用的一种物流模式。就目前来看，这种模式在满足企业（集团）内部生产材料供应、产品外销、零售厂店供货或区域外市场拓展等企业自身需求方面发挥了重要作用。较典型的企业（集团）自营模式，就是连锁企业的物流配送。大大小小的连锁公司或集团（比如北京华联、沃尔玛、麦德隆等）基本上都是通过组建自己的物流中心来完成对内部各场、店的统一采购、统一配送和结算的。

2. 物流联盟

物流联盟（Logistics Alliance）是物流各方通过契约形成的优势互补、双向或多向流动、互相信任、共担风险、共享收益的物流伙伴关系。物流联盟是以物流为合作基础的企业战略联盟，它是指两个或多个企业之间，为了实现自己的物流战略目标，通过各种协议、契约结成的优势互补、风险共担、利益共享的松散型网络组织。

组建物流联盟可获得如下收益：降低成本，实现共同利益最大化，减少投资，相互学到对方的优点（如技术优势、丰富的经验），提高服务水平，取得竞争优势，降低风险和不确定性。

典型物流联盟：阿里巴巴旗下菜鸟网络。

3. 第三方物流

第三方物流也称物流代理，是指由交易供需双方之外的、独立的、专业化的物流组织（物流企业）完成物流业务的物流运作方式。第三方物流是20世纪80年代中后期在发达国家出现的。美国物流管理委员会的一项顾客服务调查中首次提出“第三方服务提供者”，当时主要是指对物流环节的要素进行外包（Outsourcing）。“第三方”是指提供交易双方的部分或全部物流功能的外部服务提供者。第三方物流随着物流业的发展而发展，是物流专业化的重要形式，是物流发展到一定阶段的必然产物。第三方物流的发展程度反映和体现了一个国家物流业发展的整体水平。对西方国家的物流业的实证分析表明，独立的第三方物流至少占到社会物流总量的50%时，物流产业才能形成。

典型的第三方物流：淘宝、天猫平台商家用的三通一达（申通、圆通、中通、韵达）、顺丰等。

4. 第四方物流

第四方物流（Fourth Party Logistics）是一个供应链的集成商，一般情况下，政府为促进地区物流产业发展领头搭建第四方物流平台，提供共享及发布信息服务，是供需双方及第三方物流的领导力量。它通过拥有的信息技术、整合能力及其他资源提供一套完整的供应链解决方案，以此获取一定的利润。它帮助企业降低成本和整合资源，并且依靠优秀的第三方物流供应商、技术供应商、管理咨询及其他增值服务商，为客户提供独特和广泛的供应链解决方案。

7.5 移动电子商务

7.5.1 移动电子商务的定义

移动电子商务是由电子商务的概念衍生出来的，电子商务以PC为主要界面，是“有线的电子商务”；而移动电子商务，则是通过手机、PDA（个人数字助理）这些可以装在口袋里的终端与我们“见面”，无论何时、何地都可以开始。

移动电子商务是一种商务模式的创新。移动电子商务是最贴近商务活动参与主体、最便于大众参与的电子商务模式，在其商务活动中以应用移动通信技术和使用移动终端为重要特性，极大地提高了商务交往的速度和效率，降低了交易成本。

7.5.2 移动电子商务的发展

随着移动通信技术和计算机的发展，移动电子商务的发展已经经历了三代。

第一代移动电子商务系统是以短讯为基础的访问技术，这种技术存在着许多严重的缺陷，其中最严重的问题是实时性较差，查询请求不会立即得到回答。此外，由于信息长度的限制也使得一些查询无法得到一个完整的答案。这些令用户无法忍受的严重问题也导致了一些早期使用移动电子商务系统的部门纷纷要求升级和改造已有的系统。

第二代移动电子商务系统采用基于 WAP 技术的方式，手机主要通过浏览器的方式来访问 WAP 网页，以实现信息的查询，部分地解决了第一代移动访问技术的问题。第二代的移动访问技术的缺陷主要表现在 WAP 网页访问的交互能力极差，极大地限制了移动电子商务系统的灵活性和方便性。此外，WAP 网页访问的安全问题对于安全性要求极高的政务系统来说也是一个严重的问题。这些问题也使得第二代技术难以满足用户的要求。

第三代的移动电子商务系统采用了基于 SOA（面向服务的体系结构）的 Web Service、智能移动终端和移动 VPN 相结合的第三代移动访问和处理技术，使得系统的安全性和交互能力有了极大的提高。第三代移动商务系统同时融合了 3G 移动技术、智能移动终端、VPN、数据库同步、身份认证及 Web Service 等多种移动通信、信息处理和计算机网络的最新前沿技术，以专网和无线通信技术为依托，为电子商务人员提供了一种安全、快速的现代化移动电子商务办公机制。

7.5.3 移动电子商务的特点

1. 广泛的用户基础

与传统的通过电脑平台开展的电子商务相比，移动电子商务拥有更为广泛的用户基础。

2. 多样化和个性化

移动电子商务不仅能提供 Internet 的直接购物，还是一种全新的销售与促销渠道。它全面支持 Internet 业务，可实现电信、信息、媒体和娱乐服务的电子支付。不仅如此，移动电子商务也不同于目前的销售方式，它能完全根据消费者的个性化需求和喜好来提供更加人性化的服务，用户随时随地都可使用这些服务。

3. 灵活的付费方式

服务付费可通过多种方式进行，以满足不同需求，可直接转入银行、用户电话账单或者实时地在预付账户上借记。通过个人移动设备进行可靠的电子交易被视为移动电子商务的一个重要方面。设备的选择及提供服务与信息的方式完全由用户自己控制。

4. 随时随地性

移动终端可以是蜂窝式移动电话或个人数字助理，这些移动终端更加灵活方便，更加个性化，用户可随身携带。通过移动电子商务，用户可随时随地获取所需的服务、应用、信息和娱乐。用户可以在自己方便的时候，使用智能电话或个人数字助理查找、选择及购买商品和服务。

5. 丰富的信息资源

移动电子商务的信息来源是 Internet，Internet 具有强大的信息存储能力和丰富的信息资源。移动电子商务可以将现有的互联网信息资源通过采集、整理，按照不同客户的特定要求提供给不同的用户。

6. 收入来源

目前移动电子商务的收入来源主要包括三部分：网上交易、付费内容、广告。与传统电子商务不同的是，这三部分中，份额最大的是付费内容部分，而网上交易和广告的份额则相对较小。

7.6 电子商务法规

电子商务法规是指调整电子商务活动中所产生的社会关系的法律规范的总称，是一个新兴的综合法律领域，其重点是探讨因交易手段和交易方式的改变而产生的特殊商事法律问题。

在网络商品直销或网络商品中介交易过程中，买卖双方、网络交易中心、网上银行、商户、交易网站、认证中心都将彼此发生业务关系，从而产生相应的法律关系。电子商务的发展和自身的规范要求导致了电子商务法的产生。

7.6.1 国内外电子商务法律体系

电子商务法律体系是将电子商务建设中涉及的所有法律，按其内在联系形成的有序集合和科学整体，包括现有、应有和预计发展的所有电子商务涉及的标准与规定。电子商务法律体系包括的范围很广，整个法律体系大致可以分为三个部分：基础规范、安全规范和操作规范。电子商务基础规范主要包括计算机基础规范、基础通信规范、网络规范等；电子商务安全规范主要包括加密、认证、符合性测试等方面的规范；电子商务操作规范主要有电子合同、电子支付等方面的标准及规范。

1. 国外电子商务法律体系

国际上主要由国际组织发起并制定关于协调电子商务交易的法律，由各成员方共同遵守执行。其中最具代表性和普遍性的是 1996 年联合国国际贸易法委员会颁布的《电子商务示范法》和世界贸易组织关于电子商务法的规定。《电子商务示范法》主要是向世界各国政府的执行部门和议会提供电子商务立法的原则和框架。1997 年，世界贸易组织达成了三个协议，为电子商务和信息技术的发展奠定了坚实的基础。这三个协议分别是《全球基础电信协议》《信息技术协议》《开放全球金融服务市场协议》。

《电子商务示范法》的颁布为逐步解决电子商务的法律问题奠定了基础，为各国制定本国电子商务法规提供了框架和示范文本。

随着网络经济的发展，许多国家为了促进和规范电子商务的发展，纷纷开始制定相关的法律法规。截至 2000 年 9 月底，已有十余个国家和地区通过了相关的电子商务立法。例如，1998 年新加坡《电子商务法》，1998 年美国伊利诺伊州《电子商务安全法》；1999 年美国《统一电子商务法》，1999 年加拿大《统一电子商务法》，1999 年韩国《电子商务基本法》，1999 年澳大利亚《电子交易法》；2000 年法国《信息技术法》；2001 年爱尔兰《电子商务法》，2001 年斯洛文尼亚《电子商务和电子签名法》等。

2001 年，联合国国际贸易法委员会又审议通过了《电子签章示范法》，成为国际上关于电子签章的最重要的立法文件。

从美国犹他州的《数字签名法》和俄罗斯的《联邦信息法》颁布至今，短短几年的时间里，就有几十个国家和地区、国际组织相继制定或正在制定电子商务的单行规则和综合法规，这在世界立法史上是很罕见的。

2. 我国电子商务法律体系

我国的电子商务法律体系在之前基本处于空白状态，而在开始涌现的电子商务热潮的带动下，相关的立法呼声越来越高，此后，《电信服务标准》《中华人民共和国电信条例》《互联网信息服务管理办法》等一系列法律法规相继出台，连同《全国人民代表大会常务委员会关于维护互联网安全的决定》《商用密码管理条例》《中华人民共和国计算机信息网络国际联网管理暂行规定》《中国互联网络域名注册暂行管理办法》《中华人民共和国计算机信息系统安全保护条例》等在内，基本形成了我国的电子商务法律体系。

由于电子商务发展迅猛，且目前仍在高速发展过程中，电子商务遇到的法律问题还将在网络交易中不断出现。但是电子商务法律体系的一气呵成是不可能的，只能就目前已成熟或已达成共识的法律问题制定相应的法规，并在电子商务发展过程中不断加以完善。

电子商务在中国尚处于发展初期，政府、企业、社会组织和大众对电子商务的认识受到很大的限制。当今中国已在较大程度上融入了整个世界之中，电子商务在全球推进的滚滚热浪也辐射到了中国。只有加强立法建设，才能使中国的电子商务茁壮成长。

7.6.2　有关电子商务的特殊法律问题

电子商务的突出特征是利用互联网构成的虚拟市场完成各种商业活动，这个虚拟市场构成了一个区别于传统商务环境的新环境。交易环境和交易手段的改变，产生了大量传统法律难以调整的新问题，这些新问题大致如下。

1. 电子商务网站建设及其相关法律问题

规范电子商务网站建设是电子商务法律的首要任务。在通过中介服务商提供的平台进行交易的情况下，电子商务法律必须确定中介服务商的法律地位和法律责任。同时，电子商务法律也需要确定在电子商务平台上设立电子商务网站、设立虚拟企业进行交易的主体之间的法律关系，确定电子商务网站与进入网站购物的消费者的法律关系。电子商务法律还需要明确因为电子商务网站运作不当，如传输信息不真实、无效，或其他情形下引起交易损失时网站应当承担的责任，以及对受损失的交易对方的解救方法。

2. 网上交易主体及市场准入问题

电子商务法律要解决的问题就是确保网上交易主体的真实存在，并且确定哪些主体可以进入虚拟市场从事在线业务。目前，在线交易主体的确认只是一个网上商业的政府管制问题，主要依赖于工商管理部门的网上商事主体公示制度和认证中心的认证制度加以解决。

3. 电子合同问题

电子合同是指在网络条件下，当事人之间为了实现一定目的，通过电子邮件和电子数据交换明确相互权利义务关系的协议。而电子数据交换则是通过计算机联网，按照商定的标准采用电子手段传送和处理具有一定结构的商业数据。

在线交易情形下，所有当事人的意思表示均以电子化的形式存储于计算机硬盘或其他存储介质中，这些记录方式不仅容易被删除、更改，而且不能脱离其记录工具而独立存在。电子商务法律需要解决由于电子合同与传统合同的差别而引起的诸多问题，突出表现在书面形式，如签名有效性、合同收讫、合同成立地点、合同证据等方面。

4. 电子商务中产品交付的特殊问题

电子商务中的物流分两种，一种是有形物流，另一种是无形物流。应该说，有形物流的交付仍然可以沿用传统合同法的基本原理，当然，对于物流配送中的一些特殊问题也要做一些探讨。而无形物流则具有不同于有形物流的特征，对于其权利的移转、退货、交付的完成等需要做详细的探讨。

5. 特殊形态的电子商务规范问题

在电子商务领域存在一些特殊的商务形式，如网络广告、网上拍卖、网上证券交易、网络咨询服务等，这些在传统法律领域受到特殊规范的商业形式转移至互联网后，需要新的条例加以规范和管制，这一领域成为电子商务法律研究的一个重要分支。

6. 网上支付问题

网上支付通过信用卡支付和虚拟银行的电子现金划拨来完成，而实现这一过程涉及网上银行与网络交易客户之间的协议、网上银行与网站之间的合作协议及安全保障问题，因此，需要制定相应的法律，明确网上支付的当事人之间的法律关系，制定相关的网上支付制度，认可数字签名的合法性，同时还应出台对于网上支付数据的伪造、变造、更改等问题的处理办法。

7. 网上不正当竞争与网上无形财产保护问题

网络环境下产生的新的特殊的不正当竞争行为大多与网上新形态的知识产权或无形财产的保护有关，特别是对由域名、网页、数据库等引起的一些传统法律体系中没有的不正当竞争行为，更需要探讨新的法律规则。这便是网上不正当竞争行为的规制问题。实际上，保护网上无形财产是维持电子商务运营秩序的重要措施。

8. 网上消费者权益保护问题

网上购物的便捷性使消费者权益保护成为突出的问题。法律需要寻求在电子商务环境下执行《消费者权益保护法》的方法和途径，制定网上消费者权益保护的特殊办法，保障网上商品的质量，保证网上广告信息的真实性和有效性，解决交易双方发生的交易纠纷，切实维护消费者权益。

9. 网上个人隐私保护问题

计算机和网络技术为人们获取、传递、复制信息提供了方便，但网络的开放性和互动性又给个人隐私保护带来了麻烦。网上消费均需要将个人资料传送给银行和商家，而对这些信息的再利用成为网络时代的普遍现象。如何规范银行和商家对这些资料的利用行为，保护消费者的隐私权，成为一个新的棘手问题。

10. 网上税收问题

作为一种商业活动，电子商务是应当纳税的，由于网络交易是全球范围内的交易，征税管理十分困难。每天通过互联网所传递的资料数据相当庞大，其中某些信息就是商品，如果要监管所有的交易，必须对所有的信息都进行过滤，事实上，这是不可能的。从另一方面看，如果按照现有的税法进行征税，必然要涉及税务票据问题，但电子发票的实际运用技术尚不成熟，其法律效力也有较大的争议，所以这方面的问题还需要深入研究。

11. 网上交易法律适用和管辖冲突问题

电子商务法律只是解决网上交易中的特殊法律问题，这就存在一个现有法律法规的适用问题。由于互联网的超地域性，法院管辖范围也需要做相应的调整。因此，对于网络环境引起的法律适用和法院管辖等问题的研究也就成为电子商务法律研究的重要组成部分。

本章小结

本章对电子商务涉及的相关问题做了概要介绍，目的是让读者对电子商务有个全面的了解和把握。电子商务是指实现整个商贸活动的电子化。电子商务打破了对市场的时空限制，使整个社会商业体系结构、消费者的消费观念和行为发生了变化，作为一种全新的商业模式，正在对社会和企业变革产生深远的影响。随着电子商务在整个商务活动中的比重日益增大，它将逐步成为全球经济与贸易增长的主流方式，推动经济的全球化进程。电子商务涉及许多具体问题，如安全、支付、物流等，它们都是影响电子商务开展的重要问题。由于 Internet 具有开放性、自由性和无国界等特点，传输过程中，信息数据的可靠性、完整性有可能受到破坏，而要想在全球实现电子商务正常运作就一定要确保安全。安全问题一直是影响电子商务应用的重要问题，因此，在技术上、保密管理体制上保证安全，是电子商务拓展中至关重要的环节。网上支付是电子商务活动中不可缺少的一个部分，也是电子商务存在和发展的基础。随着信息技术的不断发展，已经开发出了很多网上支付系统。电子交易需要安全、可靠、便捷的电子支付结算系统，只有在在线交易中实现完全的电子支付，才可以说是真正意义上的电子商务。在电子商务活动中，消费者通过网上交易完成了商品交易过程，即商流过程，但交易的活动并未结束，只有产品和服务真正转移到消费者手中，商务活动才告结束。但是，有形商品是无法在网上传送的，因此，缺少了现代化的物流过程，电子商务过程就不完整。物流是电子商务中实现客户关系管理的“以客户为中心”理念的最终保证。

电子商务是先进的信息技术对传统商务模式的重大变革，作为一项系统工程，它不仅要解决许多技术问题，更重要的是需要得到整个国家和社会的支持，其中包括税收制度、隐私权保护、安全标准和传输协议等许多有关公共政策和法律、法规的建立和完善。

综合案例

案例 1　海尔的成功

网络经济时代到来后企业如何发展，是一个崭新而迫切的问题。海尔从 1999 年 4 月开始了“三个方向的转移”。第一个方向是管理方向的转移（从直线职能性组织结构向业务流程再造的市场链转移）；第二个方向是市场方向的转移（从国内市场向国外市场转移）；第三个方向是产业的转移（从制造业向服务业转移）。这些都为海尔开展电子商务奠定了必要的基础。

海尔与众不同的电子商务模式：通过电子商务手段进一步增强海尔在家电领域的竞争优势，不靠提高服务费来取得赢利，而是提高 B2B 的交易额和实现 B2C 的个性化需求方面的创新。

2000 年 3 月 10 日，海尔投资成立电子商务有限公司。4 月 18 日海尔电子商务平台开始试运行，6 月份正式运营。截止到 12 月 31 日，B2B 的采购额已达到 77.8 亿元，B2C 的销售额已达到 608 万元。

海尔电子商务从两个重要的方面促进了新经济模式运作的变化。从 B2B 的角度来说，它促使外部供应链取代自己的部分制造业务，通过 B2B 业务，仅给分供方的成本的降低一项就收益 8%～12%。从 B2C 的角度来说，它促进了企业与消费者的继续深化的交流，这种交流全方位提升了企业的品牌价值。

海尔启用电子商务采购系统后，可以在网上参加招投标、查订单、跟踪订单等，大大节省了人力、物力和财力，这是一个公开、公平、高效的平台。而且客户也有更多的时间来了解海尔的需求，为公司招揽更多的业务。

海尔拥有比较完备的营销系统，在全国大城市有 40 多个电话服务中心，1 万多个营销网点，甚至延伸到 6 万多个村庄。这就是有些网站对订货的区域有限制而海尔可以在全国范围内实现配送的原因。

1995 年，海尔的销售额是世界五百强入围标准的 1/18，1996 年是 1/12，1997 年是 1/6，1998 年是 1/4，2004 年海尔 32 亿美元的销售额已是入围标准的 1/3，比原计划提前进入世界 500 强。

海尔属于网络直销模式，即海尔从自己的工厂通过互联网直接接触最终用户。直接了解客户的需求，以便更好地把握市场动态，极大可能的节约成本，更好地向客户提供服务。

海尔集团于 2000 年投资成立海尔电子商务有限公司，是国内第一家成立电子商务公司的企业。

海尔网上商城是完全由海尔集团建立经营的。它利用海尔现有的销售、配送体系，为广大用户提供优质的产品销售服务。

顾客通过海尔网上商城系统，直接订购商品，海尔通过现有的销售、配送与服务体系，送货上门或者邮寄到客户家里。

目前海尔网上商城提供支付宝、财付通进行网上支付。支付完成进行配送，24 小时限时到达。

案例 2 阿里巴巴

阿里巴巴集团的独资子公司阿里巴巴公司是全球和中国国内贸易领域领先的 B2B 网上交易市场。

2009 年上半年营收 17.149 亿元。国内交易平台有 3331 万名注册用户，438 万家企业网站/商铺。国际交易平台有 946 万名注册用户，112 万家企业网站/商铺，遍及全球 240 个国家或地区。

阿里巴巴定位在为小公司或小批发商提供服务上。正是这种战略，使阿里巴巴迅速发展成来自 190 多个国家或地区的成千上万的商人买卖各种商品的大市场。阿里巴巴是电子商务信息服务的第三方平台提供商。阿里巴巴实行会员制度，主要开展“诚信通”会员和“中国供应商”会员有偿服务。会员可以通过网站阅读行业新闻，了解行业市场动态，及时掌握供求状况，查询和发布供求信息。会员采购商和供应商通过阿里巴巴网站进行自由供需对接，达成企业间的合作与贸易。阿里巴巴作为平台提供者不介入会员企业间的交易行为。阿里巴巴网站分为中文、国际（英文）和日文网站，后增加淘宝网和支付宝网站，共 5 个站点。

在发展基于 WEB 交易模式的电子商务的同时还积极向下拓展，开发了阿里旺旺，并且确保了两者的相互整合及运用，进一步使得传统意义上的网页电子商务模式往软件类电子商务模式发展，并且在阿里旺旺上出现了类似 ERP 的一些基础功能（在此之前，国内知名软件厂商用友、金蝶已经被绑上阿里巴巴的扩张战车），进一步占领了市场，使得交易的流程更加清晰可见和明确，这一点被广大的电子商务网站效仿。

案例思考题

1. 对比以上两个案例，它们分别是什么类型的电子商务？
2. 你从上述案例中得到什么启示？

复习思考题

1. 什么是电子商务？电子商务有哪几种分类方法？
2. 一个完整的电子商务系统有哪些组成部分？
3. 电子商务的安全技术有哪些？
4. 什么是网上支付？网上支付有哪些组成部分？
5. 常用的网上支付有几种形式？
6. 电子商务的物流模式有哪些？
7. 电子商务的特殊法律问题有哪些？

第8章 管理信息系统总体规划

学习目标

了解管理信息系统总体规划的定义、目标和任务；熟悉管理信息系统总体规划的作用、理论模型及内容；掌握管理信息系统总体规划的组织及步骤；掌握常用的管理信息系统总体规划方法；了解管理信息系统总体规划方法的作用及工作步骤；掌握可行性研究内容；理解企业流程再造和管理信息系统总体规划的相互关系。

内容提要

1. 管理信息系统总体规划概述
2. 管理信息系统总体规划的策略和方法
3. 管理信息系统可行性研究
4. 企业流程再造

规划是面向长远发展的计划。管理信息系统总体规划是管理信息系统生命周期的第一个阶段，是开发管理信息系统的一项基础工作。这一阶段的主要目标是明确系统整个生命周期的发展方向、系统规模和开发计划。管理信息系统总体规划是站在企业组织的战略层次，把组织作为一个有机的整体，全面考虑组织所处的环境、组织本身的潜力、具备的条件及组织进一步发展的需要，勾画出组织在一定时期内所需开发的各类信息系统的应用项目，采用“自顶向下”方式，一步一步地达到建立企业管理信息系统的目标。管理信息系统总体规划是管理信息系统建设成功的关键之一。

8.1 管理信息系统总体规划概述

8.1.1 管理信息系统总体规划的必要性

1. 必要性问题提出

要设计制造一条新型船舶，首先要进行总体设计，一旦总体设计完成，各个部件的设计制造工作才可以按照总体设计的要求，由各不同的设计小组去完成，而作为总体设计者来说，他不能凭主观去详细规定每部分的设计细节，但却要负责这些设计小组之间的控制与协调工作，假如这些独立的设计小组只顾一门心思地建造他们自己的子系统，而没有任何来自上级的协调，最终得到的成果将无法使用。一项工程的建设必须要有总体规划，并且要在总体规划的指导下去完成相应的工作。

受信息系统项目本身特点的影响，管理信息系统项目的开发是一项复杂的系统工程，人们对于它的认识并不像对一般工程项目那样，更易于掌握并开展工作。在信息系统的建设过程中，由于各类人员之间的协调工作不到位，开发人员一门心思地开发各自负责的子系统，虽然从局部的角度考虑，属于“界面友好”的系统，但真正把各子系统组装成一个系统时，问题便暴露出来，往往需要做大量的修改工作，甚至有些系统集成后，由于修改工作量太大而被迫宣布重新再来。以往的教训，使人们越来越清楚地认识到，一个完整的管理信息系统，应该由许多分离的功能模块组成，各模块之间依靠数据联系在一起，即数据是被各功能模块共享的。只有这些数据被有效地设计出，各功能模块的开发设计工作才能有效地进行，同时也有利于今后的开发、调试工作。只有在统一的总体规划指导下，这种分散的功能模块才能被有机结合起来，构成一个有效的系统。对于管理信息系统的开发设计工作来说，总体规划是不可或缺的。

2. 必要性问题解释

由于管理信息系统的开发建设是一项耗资巨大、技术复杂、开发周期长的系统工程，所以它的成败将对企业的经营有重大影响。

“凡事预则立，不预则废”，科学的规划对信息系统建设非常重要。发达国家的调查表明，70%左右的企业管理信息系统项目的失败是规划不当造成的。对于企业而言，如果一个操作错误会造成几万元损失的话，那么，一个设计错误就会损失几十万元，一个计划错误会损失几百万元，而一个规划错误则将损失几千万元甚至上亿元。缺少管理信息系统规划，企业将面临很多问题：管理信息系统建设没有方向和目标；企业战略和关键业务得不到支持；导致企业内部“信息孤岛”，陷于 IT 投资黑洞与重复建设；技术风险和投资风险难以控制；IT 利器变成企业的包袱。所以，现代企业为了避免陷入信息化建设的泥潭，必须克服“重硬件、轻软件”的片面现象，首先要科学地制定管理信息系统总体规划，把管理信息系统的总体规划摆到重要的战略位置上。

3. 必要性问题体现

信息是企业的重要资源，应当被整个企业共享，只有经过开发的信息资源才能发挥其应有作用。由于企业或组织内外的信息很多，有大量的信息需要交换和共享，如何收集、存储、加工和利用这些信息，以满足各种不同层次的需要，这显然不是分散的、局部的考虑所能解决的问题，必须有来自高层的、统一的、全局的规划，将这些信息提取出来，才能实现信息的共享。

管理信息系统各子系统除了完成相对独立的功能外，相互之间还需要协调工作，总体规划的目的是使管理信息系统的各组成部分之间能够相互协调。子系统之间的协调必须有来自高层的总体规划，总体规划是站在总体的高度，识别并规划出支持各项管理的数据、数据产生的地点、使用的部门，负责协调相互之间的关系，以克服手工管理方式中的弊端。

总体规划主要使人力、物力、时间的安排合理、有序，以保证将来的子系统的开发工作顺利进行。由于管理信息系统的开发是一项长期而艰巨的任务，其内部各子系统的开发不能齐头并进，往往采用先开发一部分，再开发另外一部分这样一种循序渐进的开发过程。究竟哪些子系统先开发，在什么时间完成；哪些子系统后开发，从什么时间开始；在整个开发过程中，什么时间内完成哪个阶段的任务，这些任务的完成需要什么人做什么样的工作等有关开发进度的安排、人员的调配、设备的配置等一系列问题，都必须在总体规划阶段给予有效解决。

制定管理信息系统总体规划的必要性主要体现在如下几个方面。

① 管理信息系统总体规划是系统开发的前提条件。管理信息系统的开发是一项极其复杂的系统工程，它涉及由高层到低层、由整体到局部、由决策到执行的各个层次和多个管理部门，以及人、财、物等各种资源的合理配置等问题。如果没有一个总体规划来统筹安排和协调，盲目地进行开发，必将造成资源的浪费和开发的失败。所以管理信息系统总体规划是建设管理信息系统的先期工程，是开发的前提条件。

② 管理信息系统总体规划是系统开发的纲领。管理信息系统总体规划明确规定了系统开发的目标、任务、方法和步骤，系统开发人员和系统管理人员要共同遵守管理信息系统总体规划规定的内容，所以管理信息系统总体规划是指导系统开发的纲领性文件。

③ 管理信息系统总体规划是系统开发成功的保证。管理信息系统总体规划把企业的远期目标和近期目标、外部环境和内部环境、整体效益和局部效益、定性分析和定量分析、信息处理和辅助决策等诸方面的关系统筹协调起来。管理信息系统总体规划可以使系统的开发严格按计划有序地进行，同时也可以对在系统开发过程中出现的各种偏差进行微观调控、及时修改，可以有效地避免由于系统开发过程的失误造成的损失。

④ 管理信息系统总体规划是系统验收、评价的标准。新信息系统建成后，应该对系统运行后的情况进行测定验收，对系统的目标、功能、特点、可用性等进行评价，这些工作都是以管理信息系统总体规划为标准的。

8.1.2 管理信息系统总体规划的内容和任务

1. 管理信息系统总体规划的内容

管理信息系统总体规划由三方面的内容组成，即方向和目标、约束和政策、计划和指标。

① 方向和目标。方向和目标的设立工作往往是很困难的。作为企业组织的领导者，他们在设立方向和目标时，不得不考虑外部环境的影响和变化，同时受个人价值观念、工作风格等因素的影响，最后确定的目标往往不完全是个人意愿的表现，而是一个个人意愿和现实约束的综合体。

② 约束和政策。在进行管理信息系统总体规划的过程中，考虑到的约束和政策，多是对未来情况的考虑，即现在并未出现的机会和目前正在寻找的资源条件。目的是使企业组织能够合理地安排生产，使企业组织的资源、环境与机会能找到最好的平衡点，以最快的速度、最高的效率实现企业组织的目标。

③ 计划和指标。计划和指标与前两项内容有一定的区别，主要是近期的任务，考虑如何在目前或最近一段时间内，充分利用企业组织的资源，抓住机会，更好实现企业组织的目标。

2. 管理信息系统总体规划的任务

① 制定管理信息系统的发展战略。管理信息系统服务于企业管理，其发展战略必须与整个企业的战略目标协调一致。制定管理信息系统的发展战略，首先，通过调查分析企业的目标和发展战略，评价现行管理信息系统的功能、环境和应用状况；其次，确定管理信息系统的使命，制定管理信息系统的目标及相关政策。

② 制订管理信息系统的总体结构方案，安排项目开发计划。在调查分析企业信息需求的基础上，提出管理信息系统的总体结构方案。根据发展战略和总体结构方案，确定系统和应用项目的开发次序及时间安排。

③ 分析管理信息系统开发的可行性。可行性分析的任务是根据确定的问题，通过分析新系统需要的信息技术、可能发生的投资和费用、产生的效益，确定开发的管理信息系统成功的可能性。

④ 制订系统建设的资源分配计划。制订为实现开发计划所需要的硬件资源、软件资源、技术人员、资金、服务等计划，提出整个系统建设的概算。

8.1.3　管理信息系统总体规划的特点

管理信息系统总体规划具有以下几个特点。

① 管理信息系统总体规划是面向全局、面向长远的关键问题，具有较强的不确定性，结构化程度较低。

② 管理信息系统总体规划是高层次的系统分析，高层管理人员是工作的主体。

③ 管理信息系统总体规划不宜过细。管理信息系统总体规划的目的是为整个系统确定发展战略、总体结构和资源计划，而不是解决系统开发中的具体问题。它要给后续工作以指导，而不是代替后续工作。在系统规划阶段，系统结构着眼于子系统的划分，对数据的描述在于划分“数据类”，进一步的划分是后续工作的任务。

④ 管理信息系统总体规划是企业规划的一部分，并随环境变化而变化。

管理信息系统总体规划是一个管理决策过程，应用现代信息技术有效地支持管理决策的总体方案。它是管理与技术结合的过程，规划人员对管理和技术发展的见识、开创精神、务实态度是管理信息系统总体规划成功的关键因素。

8.1.4　管理信息系统总体规划的原则

管理信息系统总体规划应遵循以下原则。

① 支持企业的总体战略目标。企业的战略目标是管理信息系统总体规划的出发点。管理信息系统总体规划从企业目标出发，分析企业管理的信息需求，逐步导出管理信息系统的战略目标和总体结构。

② 整体上着眼于高层管理，兼顾各管理层的要求。由于不同管理层次的管理活动对信

息有不同的需求，因此必须建立一个合理的框架来定义管理信息系统。

③ 摆脱管理信息系统对组织结构的依从性。管理信息系统应具有可变性或对环境的适应性，只有摆脱对组织结构的依从性，才能提高管理信息系统的应变能力。

④ 使系统结构有良好的整体性。在管理信息系统开发过程中，由于数据处理单项开发容易形成信息的不一致，为此必须采用“自顶向下的规划”，制定统一的标准和规程，采用“自底向上的实现”过程，保证系统结构的完整性和信息的一致性。

⑤ 便于实施。管理信息系统总体规划应给后续工作提供指导，要便于实施。方案选择应追求实效，宜选择最经济、简单、易于实施的方案。技术手段强调实用，不片面求洋、求新。

8.1.5 管理信息系统总体规划的组织

管理信息系统总体规划需要成立一个领导小组，进行有关的人员培训，同时要明确规划工作的进度。

① 管理信息系统总体规划领导小组。为了实现规划目标，必须成立一支高层领导倡导、支持的强有力的规划队伍，通常称为“管理信息系统总体规划领导小组”，这个小组要在企业高层管理者的直接领导下，由一名全面负责规划工作的负责人和企业其他有关部门的主要负责人组成（包括信息管理负责人、系统分析负责人、财务负责人、各业务部门经理等）。管理信息系统总体规划负责人必须掌握一套成熟、科学的规划方法。

经验表明，没有高层领导参加，规划工作注定要失败。没有高层领导参加，所做出的规划看起来似乎挺完善，实际上系统开发人员不可能具有管理方面的丰富经验，也就难以理解信息需求的真实内容。因此，他们所做的规划，有时会引起系统内部的一些不必要的争议和矛盾，整个规划工作造成时间的浪费。高层领导的直接参与，能够使他们真正理解规划组在做什么及这些工作对系统的未来将产生什么影响，同时还可以负责各方面人员之间的协调工作，把握规划方向。总之，高层领导参与规划工作是确保管理信息系统开发利用成功的关键。

② 人员培训。进行管理信息系统总体规划需要采用一套成熟、科学的规划方法，这套方法对大多数人来说是陌生的，企业组织里很难挑选出既具有规划方法论知识，又具有丰富的管理和系统开发经验的人员，因此，应对高层管理人员、用户分析员及规划领导小组其他成员进行培训，使他们掌握制定管理信息系统总体规划的方法。

③ 外请顾问专家。外请顾问应该是管理信息系统开发方面的专家，他必须能提供一套成熟的、得到验证的科学方法。外请顾问一般不会受到本企业组织过去历史的限制和影响，他将会很好地解决将来的工作方式应该怎样的问题。

④ 规定进度。应该对规划工作给出一个大体上的时间限制，以便对规划过程进行严格管理，避免因过分拖延而丧失信誉或被迫放弃。

8.1.6 管理信息系统总体规划的步骤

① 确定总体规划的基本问题。明确管理信息系统总体规划的年限，规划方法的选

择、规划方式（集中或分散）的选择，以及是采取进取型的规划还是采取保守型的规划等。

② 收集相关信息。从各级主管部门、竞争者、本企业内部各职能部门，以及各种文件、书籍、报刊中收集信息。

③ 进行总体战略分析。对管理信息系统的目标、开发方法、功能结构、计划活动、信息部门情况、财务情况、风险度和政策等进行分析。

④ 定义约束条件。根据企业的人力、物力、财力等方面的限制，定义管理信息系统的约束条件和政策。

⑤ 明确规划目标。依据企业组织的整体目标确定管理信息系统的开发目标，管理信息系统目标应包括功能、服务范围、人员、组织及质量等。

⑥ 提出未来的略图。给出管理信息系统的初步框架。

⑦ 选择开发方案、提出实施进度。将管理信息系统的总体规划整理成规范的文档，在成文过程中，与用户、系统的开发人员及各级领导要不断协商，交换意见。对系统的人员、资金、运行控制和采取的安全措施，以及各子系统在中期和长期开发计划中的优先顺序等进行计划和安排。

⑧ 通过总体规划。整理成文的管理信息系统总体规划必须经过批准才能生效，否则只能返回到前面某一个步骤，重新再来。

8.1.7　管理信息系统总体规划的技术成果

管理信息系统总体规划的技术成果主要包括系统开发立项报告、可行性研究报告和系统开发计划书等技术文档。

① 系统开发立项报告。系统开发立项报告又称项目建议书，系统开发立项报告是对新系统开发的初步设想，也是可行性研究报告的依据。主要内容包括现行系统的描述、存在的问题、必要性及需求分析，新系统的期望目标、主要任务和需求、项目经费预算及来源、开发进度和计划完成期限、项目验收标准和方法、可行性研究的组织及预算、有关文档和其他需要说明的问题。

② 可行性研究报告。可行性研究报告是对所立项的系统就开发的可能性与必要性做出的研究结果。主要内容包括新系统的预期目标、要求和约束，进行可行性研究的基本原则，现行系统存在的主要问题，新系统对现行系统的影响，系统开发的投资和效益的分析，系统开发的各种可选方案及比较，可行性研究的有关结论等。

③ 系统开发计划书。系统开发计划书是对正式批准立项的系统所制订的详细系统开发计划。内容主要有新系统开发的目标、基本方针、人员组织、开发阶段等的描述，各主要开发阶段的任务、人员分工及负责人、时间分配、资金设备投入计划等，各项工作任务的验收方法和标准，系统开发中的单位、人员、开发阶段、责任与权益等的衔接、协调方式及协调负责人等。

8.2 管理信息系统总体规划的策略和方法

8.2.1 管理信息系统总体规划的策略

1. “自下而上”的开发策略

“自下而上”的开发策略是从现行系统的业务状况出发，先实现一个个具体的功能，逐步地由低级到高级建立管理信息系统的策略。因为任何一个管理信息系统的基本功能是数据处理，所以“自下而上”的策略首先从开发各项数据处理应用开始，然后根据需要逐步增加有关管理控制方面的功能。一些组织在“初装”和“蔓延”阶段，各种条件（设备、资金、人力）尚不完备，常常采用这种开发策略，其优点是可以避免出现大规模系统运行不协调的危险，缺点是不能如想象中的那样完全、周密。由于没有从整个系统出发考虑问题，随着系统的进展，往往要做许多重大修改，甚至重新规划、设计。

2. “自上而下”的开发策略

“自上而下”的开发策略强调从整体上进行协调和规划，由全面到局部，由长期到短期，从探索合理的信息流出发来设计信息系统。由于这种开发策略要求很强的逻辑性，因而难度较大，但这是一种重要的策略，是信息系统的发展走向集成和成熟的要求。整体性是系统的基本特性，虽然一个系统由许多子系统构成，但它们又是一个不可分割的整体。

通常“自下而上”的开发策略用于小型系统的设计，适用于对开发工作缺乏经验的情况。在实践中，对于大型系统往往把这两种方法结合起来使用，即先“自上而下”地做好管理信息系统总体规划，再“自下而上”地逐步实现各系统的应用开发。这是建设管理信息系统的正确策略。

8.2.2 管理信息系统总体规划的方法

管理信息系统总体规划的方法有多种，主要包括关键成功因素（Critical Success Factors，CSF）法、战略目标集转化法（Strategy Set Transformation，SST）、企业系统规划法（Business System Planning，BSP）。其他还有企业信息分析与集成技术（BIAIT）、投资回收法（ROI）等。用得最多的是前三种，下面我们只介绍前三种方法。

1. 关键成功因素法

（1）关键成功因素法的定义

关键成功因素（CSF）法是一种重点问题突破法，即抓住影响系统成功的关键因素，进行分析，确定企业组织的信息需求。

关键成功因素法是由哈佛大学 William Zani 教授和 MIT 大学 John Bockart 教授提出的，关键成功因素是指对企业成功起关键作用的因素。在每一个企业组织中，都存在着对该组织的成功起关键作用的因素。在不同的业务活动中，关键成功因素会有很大的不同，即使在同一类型的业务活动中，在不同时期内，其关键成功因素也会不同。我们应该把精力集中于那些对管理活动确有帮助的信息，必须具备鉴别与选择信息的能力，即侧重于“成功因素”。CSF 法是通过分析找出企业成功的关键因素，然后再围绕这些关键因素来确定系统的需求，并进行规划。关键成功因素法是一种较早应用于管理信息系统总体规划的方法。

（2）关键成功因素法的步骤

① 了解企业战略目标；

② 识别所有关键成功因素；

③ 识别性能的评价指标和标准；

④ 定义数据字典（识别测量性能的数据）。

关键成功因素法的步骤如图 8-1 所示。

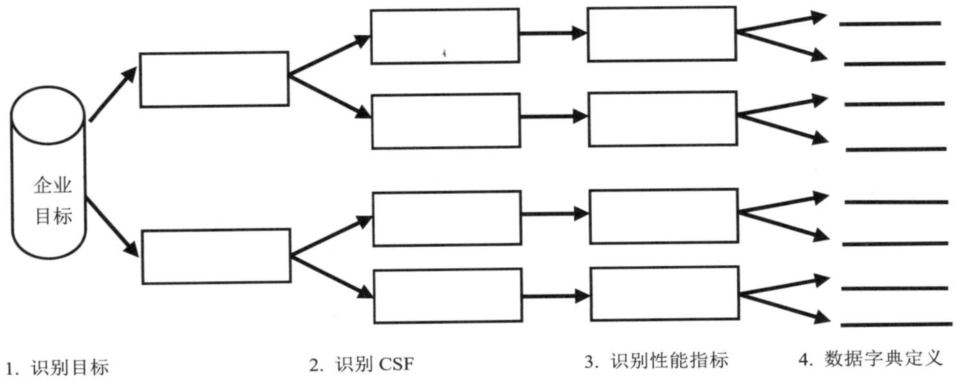

图 8-1　关键成功因素法步骤

（3）识别关键成功因素的工具

关键成功因素法源自企业目标，通过对目标的分解和识别、关键成功因素识别、性能指标识别，一直到产生数据字典，就好像建立一个数据库一样，一直细化到数据字典，因而有人把这种方法用于数据库的分析与建立。

关键成功因素法就是要识别联系于系统目标的主要数据类及其关系，识别关键成功因素所用的工具是树枝因果图（鱼刺图），如图 8-2 所示。例如，某企业有一个目标是提高企业产品竞争力，我们可以用树枝因果图画出影响它的各种因素，以及影响这些因素的子因素。图 8-2 中，影响企业目标——“提高产品竞争力”的因素有“降低成本”“提高质量”“市场服务”等，而“降低成本”又与“减少人员”“降低原料价格”等因素有关。然而，如何评价这些因素，不同的企业有不同的做法。对于一个习惯于高层人员个人决策的企业，主要由高层人员个人进行选择。对于习惯于群体决策的企业，可以用德尔菲法或其他方法把不同人的关键因素综合起来。关键成功因素法在高层应用，一般效果较好。

2. 战略目标集转化法

战略目标集转化法（SST）是将整个战略目标看成由使命、目标、战略和其他战略变量（如管理的复杂性、改革习惯及重要的环境约束等）组成的一个“信息集合”，这种方法是由 William King 于 1978 年提出来的。管理信息系统的战略规划过程就是把企业组织的战略目标转化为管理信息系统的战略目标（见图 8-3）。

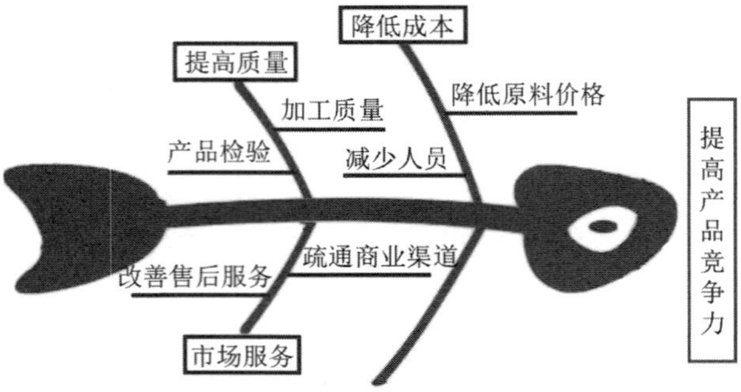

图 8-2 树枝因果图（鱼刺图）

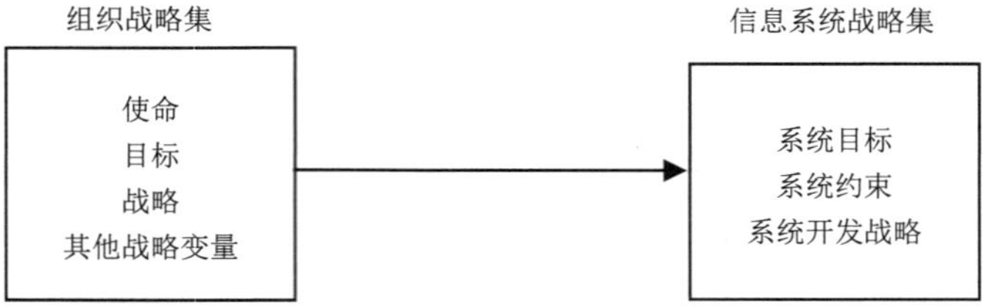

图 8-3 战略目标集转化法

这个方法的第一步是识别企业的战略目标集，先考察一下该企业是否有成文的战略或长期计划，如果没有就要去构造这种战略目标集。可以采取以下步骤：

① 描绘企业各类人员结构；

② 识别各类人员的目标；

③ 对于各类人员识别其使命及战略。

当企业战略初步识别后，应立即送交有关领导审阅和修改。

第二步是将组织战略目标集转化成信息系统战略，信息系统战略应包括系统目标、系统约束、系统开发策略和设计原则等。这个转化的过程包括对应企业战略目标集的每个元素识别对应的信息系统战略约束，然后提出整个信息系统的结构。

下面是某企业运用战略目标集转化法进行战略规划的示意图，如图 8-4 所示。

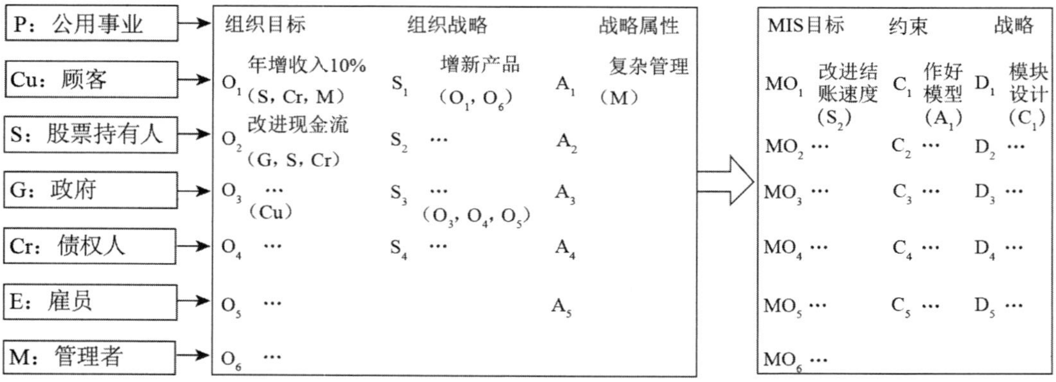

图 8-4 战略目标集转化法

从图中可以看出，企业组织的目标，组织战略是由不同的群体引出的。例如，组织目标 O_1 是由股票持有者 S、债权人 Cr 和管理者 M 共同引出的；组织战略 S_1 是由企业目标 O_1 和 O_6 引出的。依此方法，便可将企业组织的战略目标全部转化为管理信息系统的战略目标。

战略目标集转化法从另一个角度去识别企业组织的管理目标，清楚地反映了各类人员的要求，最后将企业的战略目标转化为管理信息系统的战略目标，描述全面，缺点是重点不突出。

3. 企业系统规划法

企业系统规划法（BSP）是一种对企业管理信息系统进行规划的结构化方法，与 CSF 法一样，也是自上而下识别系统目标、识别企业过程、识别数据，然后自下而上设计系统，以支持系统目标的实现。

BSP 从企业目标入手，逐步将企业目标转化为管理信息系统的目标和结构。它摆脱了管理信息系统对原组织结构的依从性，从企业最基本的活动过程出发进行数据分析，分析决策所需数据，然后自下而上设计系统，以支持系统目标的实现。

图 8-5 显示了企业系统规划法的基本思想和过程。

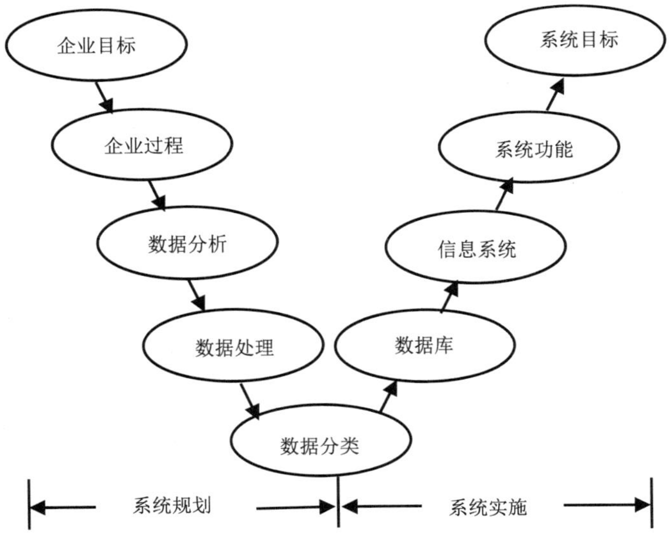

图 8-5　企业系统规划法的基本思想和过程

（1）BSP 的作用

① 确定未来管理信息系统的总体结构，明确整个系统的子系统组成及开发这些子系统的先后顺序。

② 对数据进行统一规划、管理和控制，明确各子系统之间的数据交换关系，保证信息的一致性。

BSP 的优点在于它能保证管理信息系统独立于企业的组织结构，使其具有对环境变更的适应性。即使将来企业的组织机构或管理体制发生变化，管理信息系统的结构体系也不会受到太大的冲击。

（2）BSP 的工作步骤

① 准备工作。

成立由企业最高领导牵头的总体规划委员会，下设具体规划小组。

确定总体规划的范围，一般要延伸到高层管理。

调查研究、收集数据。规划组成员通过查阅资料、深入各级管理层了解企业有关决策过程的主要活动及存在的主要问题。

制订计划，画出总体规划工作的计划评审技术图或甘特图。

开好管理信息系统建设的动员大会。

② 定义企业管理目标。

调查了解企业的管理目标和为了达到这个目标所采取的经营方针及实现目标的条件。通过定义企业管理目标，才能明确界定信息系统的目标。一个信息系统的好坏，不在于它的设备是否先进，而在于它是否适合企业的目标，是否能解决企业需要解决的问题。

③ 识别管理功能。

在系统初步调查基础上，进一步确定系统功能模型。系统功能应独立于现行系统的组织结构，它不是企业现行各组织机构职能的罗列，而是从企业的全部管理工作中理出相关的管理活动，即管理功能。这样得出的管理信息系统的功能与企业的组织机构相对独立，因此，组织结构的变动不会引起管理信息系统结构的变动。

识别系统功能的方法通常有两种。

第一种，归纳法。这是从现状出发，从基层开始，对现行各职能部门的职能进行整理、归纳，识别系统的管理功能。

第二种，演绎法。这是从各管理决策所需的信息角度出发，由高到低来分析企业的管理功能。

系统功能模型表示系统为了实现其目标而需具备的功能，它具有层次结构，最高层是功能整体，下一层功能是上一层功能的分解，逐层分解直到不再表现系统“做什么”，而表现系统“如何做”时为止，功能模型最底层为“任务层”。图 8-6 显示了某制造企业的功能模型。

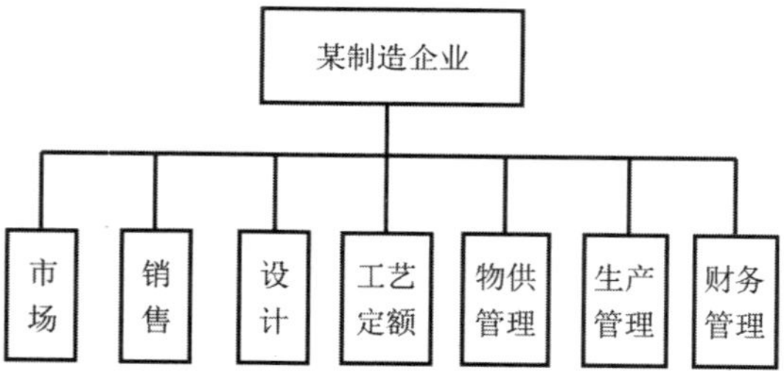

图 8-6　某制造企业的功能模型

④ 定义企业过程。

企业过程为逻辑上相关的一组决策或活动的集合，它构成整个企业的管理活动。

对功能模型进行进一步分解，就到了企业过程层次。一项任务可以分解为若干个执行过程，每个执行过程都是相对独立的一项功能，如销售功能可以分解为销售策略与管理、订货服务、合同管理、产品与库存管理等过程。

过程确定后，应结合功能模型和调查资料来检查过程的正确性和完备性，并对过程按功能分组。最后把过程与组织结构之间的关系列在组织/过程矩阵表上，如表 8-1 所示。

表 8-1　组织/过程矩阵表

过程＼组织	市场			销售				设计			工艺定额			物供管理			生产管理				财务管理			
	市场研究	市场/产品预测	市场计划	销售策略与管理	订货服务	合同管理	产品与库存管理	产品开发与设计	生产设计	技术规范	工艺过程设计	制定材料定额	制定工时定额	材料计划与采购	收、发、存管理	材料成本核算	生产计划大纲	作业计划	生产统计	调度	财务计划	资金筹措	成本控制	应收应付管理
规划	●																○							
经营	○	●	●	●	●	●	●										○							
设计								●	●	●	○	○												
工艺定额											●	●	●					○						
物供														●	●	○								
生产																	●	●	●	●				
财务																○					●	●	●	●
质管																								

注：●主要负责者；○主要参加者。

值得一提的是，管理功能和业务过程的确定应独立于当前的组织结构，组织结构可能变化，但企业仍然会执行同样的功能和过程。例如，“库存管理”可以由一个部门单独完成，也可以由多个部门联合完成。组织结构可以有变动，但库存管理的业务过程大体上是不变的。

⑤ 定义数据类。

数据类是指支持业务过程所需的逻辑上相关的数据，即业务过程产生和利用的数据，定义数据类的前提是识别数据类，识别数据类有两种方法——实体法和过程法。

- 实体法。实体法是先识别系统的实体，如记账凭证、物资、产品等，然后用四种类型的数据类描述每个实体，这四种类型分别为计划型、统计型、存储型和事务型，最后就可以得到实体/数据类型表，如表 8-2 所示。

表 8-2　实体/数据类型表

数据类 \ 实体	记账凭证	设备	材料	人员
计划	资金筹措计划	设备使用、添置、维修、保养	材料需求	人员需求计划
统计	统计销售收入、成本、应收、应付	设备利用率	材料耗用	各类人员统计
存储	凭证文件	设备维护使用记录	材料入库、出库记录	职工档案
事务	记账	设备进出记录	采购订货、收发	调动、晋升记录

- 过程法。它利用以前定义的企业过程，分析每一个过程利用什么数据、产生什么数据，或者说每一个过程的输入和输出的数据是什么，对每一个过程标出其输入、输出数据类。它可以用“输入—过程—输出” 图来形象地表达（见图 8-7），再与用第一种方法得到的数据比较并进行调整，最后归纳出系统的所有数据类。

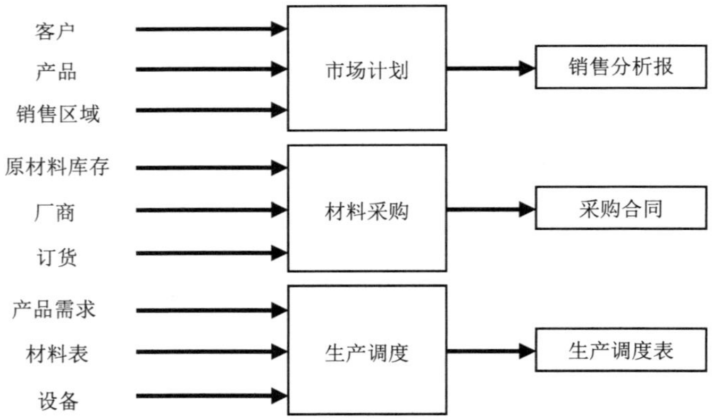

图 8-7　“输入—过程—输出”数据类图

⑥ 设计管理信息系统结构。

过程和数据类都定义好之后，可以得到一张过程/数据类表格，该表格又可称为过程/数据类矩阵或 U/C 矩阵，其表达过程与数据类之间的联系，如表 8-3 所示。过程与数据类的交叉点上标以 C（Creat）表示这个数据类由相应的过程产生，标以 U（Use）表示这个过程使用这个数据类。

- 划分子系统。

有了过程/数据类矩阵，就可以定义管理信息系统的结构了，即划分子系统。

步骤如下。

第一步，调整过程/数据类矩阵。

首先，过程这一列按过程组排列。过程组指同类型的过程，如“经营计划”“财务计划”“资产规模”属于计划类型，归入“经营计划”过程组。

表 8-3　过程/数据类矩阵

过程 \ 数据类	客户	订货	产品	操作顺序	材料表	成本	零件规格	材料库存	成品库存	职工	销售区域	财务	计划	机器负荷	材料供应	工作令
经营计划						U						U	C			
财务计划						U				U		U	C			
资产规模												C				
产品预测	U		U								U		U			
产品设计开发	U		C		U		C									
产品工艺			U		C		C									
库存控制								C	C						U	U
调度			U											U		C
生产能力计划				U										C	U	
材料需求			U		U										C	
操作顺序				C										U	U	U
销售区域管理	C	U	U													
销售	U	U	U								C					
订货服务	U	C	U													
发运		U	U						U							
通用会计	U		U							U						
成本会计		U				C										
人员计划										C						
人员考核										U						

其次，排列“数据类”这一行，使得矩阵中 C 最靠近主对角线。因为过程的分组并不绝对，在不破坏过程成组的逻辑性基础上，可以适当调配过程分组，使 U 也尽可能靠近主对角线。表 8-3 的过程/数据类矩阵经上述调整后，得到表 8-4 所示的过程/数据类矩阵。

表 8-4　调整后的过程/数据类矩阵

过程 \ 数据类	计划	财务	产品	零件规格	材料表	材料库存	成品库存	工作令	机器负荷	材料供应	操作顺序	客户	销售	订货	成本	职工
经营计划	C	U													U	
财务计划	C	U													U	U
资产规模		C														

续表

过程＼数据类	计划	财务	产品	零件规格	材料表	材料库存	成品库存	工作令	机器负荷	材料供应	操作顺序	客户	销售	订货	成本	职工
产品预测	U		U									U	U			
产品设计开发			C	C	U							U				
产品工艺			U	C	C											
库存控制						C	C	U		U						
调度			U					C	U							
生产能力计划									C	U	U					
材料需求			U		U					C						
操作顺序								U	U	U	C					
销售区域管理			U									C		U		
销售			U									U	C	U		
订货服务			U									U		C		
发运			U				U							U		
通用会计			U									U				U
成本会计														U	C	
人员计划																C
人员考核																U

第二步，画出过程组对应的方框，并起个名字，这就是子系统（见表 8-5）。

表 8-5　划分子系统

过程	＼数据类	计划	财务	产品	零件规格	材料表	材料库存	成品库存	工作令	机器负荷	材料供应	操作顺序	客户	销售	订货	成本	职工
经营计划	经营计划	C	U													U	
	财务计划	C	U													U	U
	资产规模		C														
技术标准	产品预测	U		U									U	U			
	产品设计开发			C	C	U							U				
	产品工艺			U	C	C											
生产制造	库存控制						C	C	U		U						
	调度			U					C	U							
	生产能力计划									C	U	U					
	材料需求			U		U					C						
	操作顺序								U	U	U	C					

续表

过程		计划	财务	产品	零件规格	材料表	材料库存	成品库存	工作令	机器负荷	材料供应	操作顺序	客户	销售	订货	成本	职工
销售	销售区域管理			U									C		U		
	销售			U									U	C	U		
	订货服务			U									U		C		
	发运			U				U							U		
财会	通用会计			U									U				U
	成本会计														U	C	
人事	人员计划																C
	人员考核																U

第三步，用箭头把落在框外的 U 与子系统联系起来，表示子系统之间的数据流。例如，数据类“计划”由经营计划子系统产生，而技术准备子系统要用到这一数据类（见表 8-6）。

表 8-6　子系统之间的联系

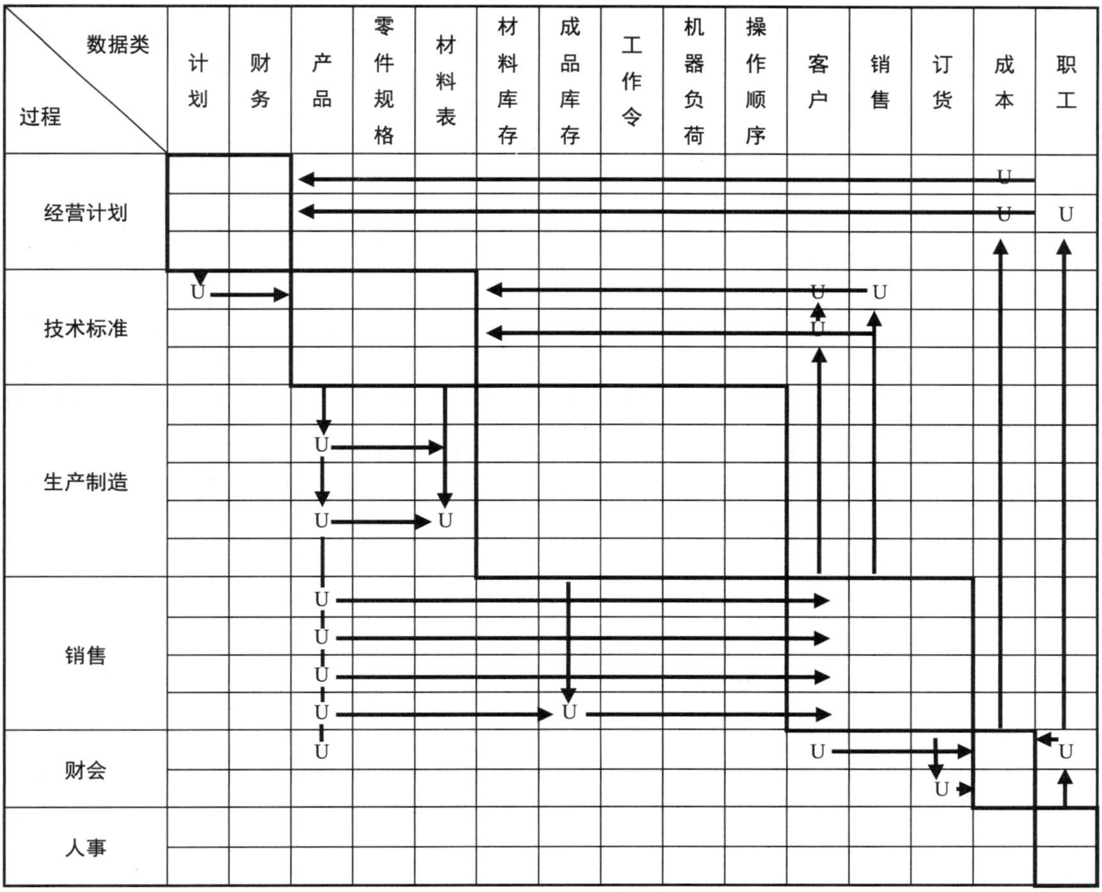

- 确定子系统实施顺序。

由于资源的限制，系统的开发总有先后次序，而不可能全面开发。划分子系统之后，根据企业目标和技术约束确定子系统实现的优先顺序。一般来讲，对企业贡献大的、需求迫切的、容易开发的优先开发。以下是确定子系统实施顺序的原则。

第一，系统需求程度与潜在的效益评估。

通过对管理人员、决策者的调查访问，进行定性评估。根据评估准则（如潜在效益、对企业的影响、迫切性等），管理人员和决策人员用评分的办法对每个子系统进行评估，把每个子系统的得分作为优先顺序的参考。

第二，技术约束分析。

对子系统之间的关联可用表 8-6 进行分析。利用该表很容易判断出每个子系统产生的数据有多少被其他子系统共享。有较多子系统共享的数据应较早实现，当然也要考虑数据的重要性及关联的紧密程度。

4. 三种系统规划方法的比较

关键成功因素（CSF）法能抓住主要矛盾，使目标的识别突出重点。由于经理们比较熟悉这种方法，所以，他们乐于去实现使用这种方法所确定的目标。该方法最有利于确定企业的管理目标。

战略目标集转化法（SST）从组织的各类管理者的角度识别管理目标，它反映了各种人的要求，能保证目标比较全面，疏漏较少，但它在突出重点方面不如前者。

企业系统规划法（BSP）的最大特点就是具有比较强大的数据结构规划功能，它全面展示了组织状况、系统或数据应用情况及其差距，可以帮助众多管理者和数据用户形成组织的一致性意见，并通过对管理者们的信息需求调查来帮助组织找出在信息处理方面应该做些什么。该方法比较适用于刚刚启动或可能产生重大变化的企业组织。该方法的缺点是收集数据的成本较高，数据分析难度大，实施起来耗时。

在总体规划中一定要强调数据位于管理信息系统中心的观念，即“数据中心”原理或“数据稳定性”原理。所谓“数据中心”原理是指，只要企业的性质和目标不变，它的数据类就是稳定的，任何经营管理活动都离不开对这些数据的存取。管理信息系统的开发应该面向数据类，而不应该面向处理过程，因为处理过程是多变的。尽管通过识别过程可以得到很多数据项，但开发新的管理信息系统时一定要明确“数据模型是稳定的而处理是多变的”基本原理和前提，在此基础上，尽量识别出企业的元数据和数据类。只有这样，开发的管理信息系统才有较强的适应性。

8.3 管理信息系统可行性研究

在做完总体规划之后，根据开发先后顺序的安排，确定近期需要开发的信息系统。这时就要仔细分析信息系统的开发是否可行，对目标系统进行可行性研究。对信息系统进行可行性研究，要从系统调查入手，再进一步从技术、经济和社会效益等方面论证其可行性，最后提交一份可行性研究报告。

8.3.1 管理信息系统可行性分析的初步调查

在决定开发管理信息系统应用项目之前，首先要做好系统开发的可行性分析。

可行性分析的任务是确定项目开发是否必要和可行。建设管理信息系统的必要性取决于需求的迫切性和实现的可能性。可行性并不等于可能性，如果领导或管理人员对信息的需求并不迫切，或各方面的条件不具备，就是不具备可行性。

用户提出管理信息系统的开发要求后，必须对用户的要求及当前系统进行初步调查，确定用户的开发要求是否可行。初步调查的主要内容如下。

① 新系统的目的和要求。初步调查的第一步就是从用户对新系统的要求和提出新系统开发的缘由入手，调查用户对新系统的需求及新系统预期达到的目的，包括对新系统的功能、性能的要求，以及新系统的运行环境、限制条件等。

② 组织机构的概况。主要包括组织机构的性质、内部的组织结构、办公楼或生产车间等的布局、上级主管部门、横向协作部门、下属部门等。这些与系统开发可行性研究、系统开发初步建议方案及进行详细调查直接相关，应该在初步调查中弄清楚。

③ 现行系统的运行情况。在决定是否开发新系统之前，一定要了解现行系统的运行状况、特点、所存在的问题、可利用的资源、可利用的技术力量及可利用的信息处理设备等。现行系统可能是计算机管理信息系统，也可能是手工处理信息系统。

初步调查工作为可行性研究提供依据，在此阶段对系统的业务流程等不可能进行很详细的调查，只是对系统的当前状况、系统结构等进行初步的了解。在确定系统具有可行性并正式立项后，将投入大量的人力和物力展开大规模的、全面的系统业务调查。

8.3.2 管理信息系统可行性研究的内容

可行性研究是在系统初步调查的基础上，对新系统是否能够实现和值得实现等问题做出判断，避免在花费了大量的人力和物力之后才发现系统不能用或新系统投入使用后没有任何实际意义而引起的浪费。对新系统可行性的研究要求用最小的代价在尽量短的时间内确定系统是否可行。

管理信息系统的可行性研究应从以下三个方面考虑。

1. 技术可行性

技术可行性分析要考虑将来采用的硬件和软件技术能否满足用户提出的要求（如计算机容量、计算机速度等）。此外，还要考虑开发人员的水平。信息系统是一种知识密集型行业，对技术要求较高，如果没有足够的技术力量，或单纯依靠外部力量开发系统，是很难成功的。

技术可行性可以概括如下。

第一，根据现有的技术条件，能否达到所提出的要求。

第二，所需要的物理资源是否具备，能否得到。

特别要注意，这里的技术条件是指已经普遍采用、确实可行的技术，而不是正在研究中的没有把握的新技术。

技术条件包括以下几个方面。

① 硬件：包括计算机存储量、运算速度，外部设备的功能、效率、可靠性，通信设备的能力、质量是否满足要求。

② 系统软件：包括操作系统提供的接口能力是否符合需要，如是否具备实时处理能力或批处理能力，分时处理的响应时间是否可接受，数据库管理系统的功能是否足够，程序设计语言的种类和表达能力是否满足要求，网络软件的性能是否满足需要等。

③ 应用软件：是否已经有专用的软件。

④ 技术人员：各类技术人员的数量、水平、来源。

2. 经济可行性

经济可行性主要是对项目的经济效益进行评价。一方面是支出的费用，其中包括设备购置费、软件开发费、管理维护费、人员工资和培训费等；另一方面是取得的收益，其中一部分可以用货币来衡量，例如，加强库存管理后，加快流动资金周转，减少资金积压等，收益的另一部分难以用货币表示，如比原系统提供更多的信息、缩短取得信息的时间等。

经济可行性分析要估计项目成本和效益，判断项目经济合理性。如果不能提供研制系统所需的经费，或者不能提高企业利润，或一定时期内不能回收它的投资，就不应该开发该项目。

经济可行性要解决两个问题：资金可得性和经济合理性。

（1）资金可得性

先要估计成本，计算项目投资总额。成本包括初始成本和日常维护费用。

系统的初始成本：

- 各种软硬件及辅助设备的购置、运输、安装、调试费用；
- 机房及附属设施费用；
- 其他（差旅等）费用。

系统的日常维护费用：

- 系统维护费用；
- 人员费用；
- 易耗品费用；
- 内务开销；
- 其他费用。

应注意防止成本估计过低的倾向，如只算开发费，不算维护费；只算硬件，忽视软件；只算主机，不算外设。

（2）经济合理性

考虑资金可得性要计算系统开支，要说明经济合理性，还要计算管理信息系统带来的效益。效益可分为直接经济效益和间接经济效益。直接经济效益为系统投入运行后对利润的直接影响。这些效益可直接折合成货币形式。把这种效益与系统投资、运行费用相比，可以估算出投资回收期。

管理信息系统的效益大部分是难以用货币形式表现出来的社会利益。例如，系统运行后，可以更及时地得到更准确的信息，对管理者的决策提供有力的支持，改善企业形象，增加竞争力等。据统计，管理信息系统的效益，按其重要性排列如下。

- 提供以前提供不了的统计报表和分析报告；
- 提供比以前准确、及时、适用、易理解的信息；
- 为领导决策提供有力的支持；
- 促进体制改革，提高工作效率；
- 减少人员费用；
- 改进服务，增强顾客信任度，增强企业的竞争地位；
- 改善工作条件；
- 具有将来需要的潜力。

由此看来，管理信息系统的效益主要是难以用货币表现的间接效益。

3. 社会可行性

社会可行性是指所建立的信息系统能否在该企业实现，在当前环境下能否很好地运行，即组织内外是否具备接受和使用新系统的条件。从组织内部讲，管理信息系统的建立可能导致某些制度，甚至某些体制的变动。对于这些变动，组织的承受能力影响这个系统的生存，尤其是从手工过渡到人机系统，这个因素影响更大。对于涉及社会经济现象的系统，还应考虑原始数据的来源有无保证。

社会可行性具体是指管理人员对开发信息系统的态度和管理方面的基础工作。主要领导不支持的项目肯定不可行。如果中高层管理人员抵触情绪很大，就有必要等一等，积极做工作，创造成熟的条件。管理基础工作好坏主要表现在管理制度和方法是否科学，规章制度是否齐全，以及原始数据是否正确等方面。

对提出的信息系统是否可行的结论有以下五种情况。

第一，条件具备，可立即开发。

第二，时机不成熟，需要增加资源才能进行开发（如增加投资、增加人力、延长开发时间等）。

第三，需要推迟，直到某些条件具备之后，才能进行开发（如管理工作的改进、组织机构的调整等）。

第四，目标太低或太高，需要对目标进行某些修改后，才能进行开发。

第五，不能或没有必要进行开发（如经济上不合算、技术条件不成熟等）。

8.3.3 管理信息系统可行性研究报告

总体规划的最后阶段是撰写可行性报告。可行性报告包括总体方案和可行性论证两个方面，一般内容有以下几点。

① 引言。说明系统的名称、系统目标和系统功能、项目的由来。

② 系统建设的背景、必要性和意义。报告要用较大的篇幅说明总体规划调查、汇总的全过程，要说明调查是真实的，汇总是有根据的，规划是可信的。

③ 拟建系统的候选方案。这部分要提出信息系统的逻辑配置方案，可以提出一个主要方案及几个辅助方案。

④ 可行性论证。从技术、经济、社会三个方面对规划进行论证。

⑤ 几个方案的比较。若结论认为是可行的，则给出系统开发的计划，包括各阶段人力、资金、设备的需求及开发进度。

8.4 企业流程再造

8.4.1 企业流程再造的概念

企业流程再造也叫业务流程重组，是指为了完成企业目标或任务而进行的一系列跨越时空的逻辑相关的业务活动。业务流程重组是指以作业流程为中心、打破传统的金字塔形组织结构，使组织结构向平板形发展，即扁平化管理结构。这种管理结构有利于企业员工参与企业管理与实现企业内部各层次的有效沟通，并具有较强的应变能力和较大的灵活性。业务流程重组强调以业务流程为改造对象，以客户满意度为目标，对企业现有的业务流程进行根本的再思考和彻底的再设计，并利用先进信息技术，实现管理组织结构扁平化，最终实现企业经营在成本、质量、服务和速度等方面“戏剧性”的改善。“根本性”“彻底性”“戏剧性”和“流程”是业务流程重组的四个核心内容。

① “根本性”是指企业进行业务流程重组时，根本不考虑企业现状，而对问题进行根本性的思考，这样就可能发现企业原来的流程是过时的，甚至是错误的。通过回答“我们为什么要做现在的工作？”“我们为什么要用现在的方式做这份工作？”“为什么必须是由我们而不是别人来做这份工作？”等问题的方式来判断企业的现状。

② “彻底性”表明企业对流程的变革不是进行简单的、肤浅的改变或修补，而是抛弃所有效益低下甚至毫无效率的作业方式，创造全新的工作方法。

③ “戏剧性”说明业务流程重组追求的是企业效益的显著增长，而不是略有改善、稍有好转或简单提升等，这是 BPR 的标志与特点。

④ “流程”是指企业的业务流程。业务流程是指为顾客带来满意度，为企业创造效益的相互关联的一组活动。业务重组的工作都是围绕企业的业务流程而展开的，它要彻底改革无效的、不创造价值的“流程”。

这四点核心内容说明了业务流程重组的原则。

在手工管理方式下，企业已经形成了一个比较成熟的业务流程和管理方法。

例如，仓库收货的业务流程可能是保管员验收货物并做记录、通知采购员、签收货物发运单、填写入库单并入库、分发入库单、填写送验单等。信息技术的应用有可能改变原有的信息采集、加工和使用方式，甚至使信息的质量、获取途径和传递手段等都发生根本性的变化。人们发现在传统的劳动分工原则下，业务流程被分割为分裂的环节，每一环节关心的焦点仅仅是单个任务和工作，而不是整个系统的全局最优。在管理信息系统建设中仅仅用计算机系统去模拟手工管理系统，并不能从根本上提高企业的竞争能力，人们需要重组业务的流程。按现代化信息处理的特点，对现有的业务流程进行重新设计，成为提高企业运行效率的重要途径。业务流程重组的本质就在于根据新技术条件信息处理的特点，从事物发生的自然过程中寻找解决问题的途径。

业务流程与企业的运行方式、组织的协调合作、人的组织管理、新技术的应用及融合等紧密相关，因而，业务流程的重组不仅涉及技术因素，也涉及人文因素，主要包括观念的重组、流程的重组和组织的重组，以新型企业文化代替旧的企业文化，以新的企业流程代替原有的业务流程，以扁平化的企业组织代替金字塔形的企业组织。其中，信息技术的应用是流程重组的核心，信息技术既是流程重组的出发点，也是流程重组的最终目标的体现者。

8.4.2　企业流程再造的方法

企业流程再造要求企业上上下下必须彻底变更原有的思想观念，重新构造企业的管理流程与管理组织。这种彻底性的变更必须遵循科学的方法，同时与企业实际、市场情况相结合。业务流程重组应该分阶段不断改进、不断提升，它是一个螺旋式循环上升的过程，实施的方法可按照图 8-8 所示流程进行。

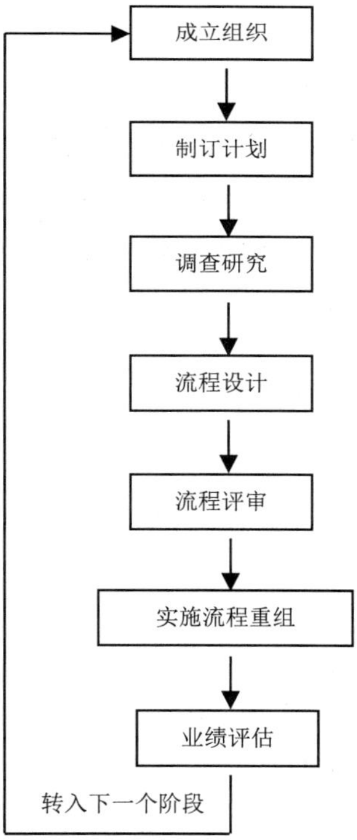

图 8-8　业务流程重组实施流程

1. 成立组织

业务流程重组应成立一个权威的、业务经验丰富的改革组织，改革组织的事务如下。

① 任命高级主管并成立专门委员会。

② 获得高层经理人员对业务重组项目的支持。

③ 挑选业务重组小组成员。

④ 选择咨询顾问或外部专家参与组织。

2. 制订计划

该过程要分析现行业务流程，确立需要重组的业务，有关事务如下。

① 识别重组的关键流程。

② 拟订项目计划书，定义项目范围，确定可以量化的目标和精心挑选的实施方法及详细的项目进度计划。

③ 与高层经理人员在项目的目标和范围上取得一致。

④ 计划和启动，识别准备变革的关键业务并评估不进行变革的结果。

⑤ 排除干扰，训练业务重组小组。

⑥ 开始（业务）变更管理行动并准备一个沟通（交流）计划。

3. 调查研究

对流程深入研究，可以编制有关“业务流程与岗位职责调研”的问卷来帮助调研。本阶段工作安排如下。

① 调查研究，对公司进行基础性的研究。

② 通过与客户面谈，核心小组识别当前及未来需求。

③ 与雇员及经理人员交流，以了解业务实际并通过头脑风暴法获取业务变更的灵感。

④ 研究相关著作及期刊以了解行业发展趋势并寻找最佳实践方法。

⑤ 记录与分析流程、相关数据。

⑥ 回顾技术改造及可选项。

⑦ 与委员会主管及高级经理交流。

⑧ 深入现场或参加学术交流。

⑨ 从外部专家和咨询顾问处获取有用的信息。

4. 流程设计

流程设计的方法如下。

① 设计创新设想（头脑风暴法、灵机一动），创造新思维。

② 进行“如果……那么……”设想，吸收其他公司的成功经验。

③ 由领域专家形成 3～5 个模型；吸收不同模型的长处形成综合模型。

④ 建立理想的流程场景。

⑤ 定义新的流程模型并用流程图描述这些流程。

⑥ 设计与新流程适应的组织结构模型。

⑦ 定义技术需求，选择能够支持新流程的平台。

⑧ 将短期成果与长期效益分开。

5. 流程评审

对流程的设计方案进行评定和审核，措施如下。

① 作成本与收益分析报告，明确投资回报。

② 对客户及雇员的影响进行评估。

③ 对竞争地位变化进行评估。

④ 为高级经理人员准备实际案例。

⑤ 召开评估会，向委员会和高级经理人员展示并获得批准（项目实施）。

6. 实施流程重组

进入关键性的实施阶段，要注意实施的策略，教育与行政手段结合，步骤如下。

① 业务流程及组织模型的详细设计，详细定义新的任务角色。

② 开发支撑系统。

③ 实施的导航方案及业务小范围的实验。

④ 与员工就新的方案进行沟通。

⑤ 制订并实施变更管理计划。

⑥ 制订阶段性实施计划。

⑦ 制订新业务流程和系统的培训计划并对员工进行培训。

⑧ 制订并执行阶段性实施计划。

7. 业绩评估

业绩评估阶段是将业务流程重组的实施效果与计划目标对比，进行总结、评定，对存在的问题集中分析，为巩固本阶段成果制订管理依据与方法，并为下一阶段流程重组的实施提供依据。有关的事务如下。

① 评估新流程的效果。

② 定义关键的衡量标准以进行周期性评估。

③ 对新流程实施持续改进方案。

④ 向委员会和高层经理人员发表最终报告，以获得认可。

8.4.3　业务流程重组的注意事项

业务流程重组有高收益的机会，但伴随着巨大的风险。据统计，70%的企业在重组中失败，留给了我们许多思考与研究的课题。应该说业务流程重组理论并没有完全成熟，尤其在我国长期计划经济的管理模式影响下，进行业务流程重组要更加小心。

1. 时机选择

① 企业到了非常重要（或说生死存亡）的时刻。营业额和市场占有率大幅度下降，产生严重的亏损现象。面临生存危机时，能够留下继续工作的员工有着与企业共存亡的意识，愿意为企业生存承担额外的工作与风险。

② 趁主要竞争对手进行流程重组之际，进行本企业的流程重组，以超越对手为目标，在企业内部催化一种强大的动力。

③ 积极捕捉新科技、新技术，并预见其对市场未来产生的巨大影响，此时企业思索新的经营模式，进行流程重建，能够领先于市场。

④ 必须有一定的信息共享平台作为保障。流程重组面向的是流程，它打破了传统管理面向职能的方式，跨越职能，实现流程短路，这需要有共享的业务数据为依托，否则难以实现，业务处理甚至比传统的管理模式更为漫长。

2. 流程选择

业务流程重组不能全面出击，要有选择性地进行重组。重组流程时应该考虑的问题如下。

① 该流程是否已经成为企业发展的瓶颈？

② 该流程重建后能否解决企业面临的危机？

③ 该流程重建成功的概率有多大？

④ 该流程重建失败的后果有多严重？

同时要抓住流程控制点。同种业务类别可能属于不同的流程过程。例如，采购业务的生产材料采购与办公用品采购，可以分流程考虑，因而流程的线路是不同的。办公用品的采购流程控制点可以放在行政部门，而生产材料的采购则应由采购部门控制。

3. 领导班子

负责业务重组的领导班子应该由具有领导权威、富有创新精神、管理经验丰富、业务熟悉和善于沟通的人员组成。

4. 组织模型

业务流程重组组织结构应该以产出为中心而不是以任务为中心。这条原则是指业务流程重组工作应由一个人或一个小组来完成流程中的所有步骤，围绕目标或产出而不是单个任务来设计业务流程重组工作人员的工作。让那些需要得到流程产出的人自己来执行流程。过去由于专业化分工太精细，企业的各个专业部门只做一项工作，同时又是其他部门的“顾客”。例如，行政部门只做行政工作，当该部门需要一些办公用品时也要求助于采购部，于是采购部需要完成寻找供货商、讨价还价、发出订单、验收货物，付款等一系列的工作。但是，采购部门应把精力集中在生产辅料需求或贵重货物购买等业务上，而对于公共用品这类廉价的物品，这一流程就显得没有价值了，并且流程过长，效率低下。因此，可以通过共享数据库和业务专家管理系统，由行政部门自己做出采购计划，并发出订单、验收货物。

流程的控制点是这个流程的最终负责点，因此，控制点的责任人代替了原来金字塔形管理中的业务部门，管理模型因此而变得扁平化。组织模型的可能差异分析分别如图 8-9 和图 8-10 所示。

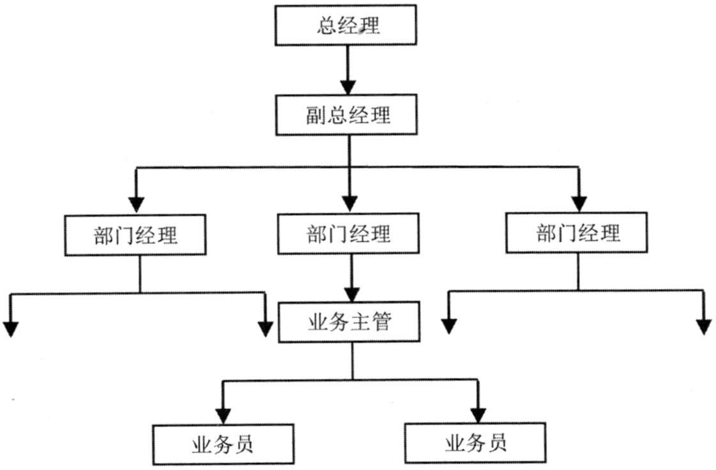

图 8-9　金字塔形管理模型

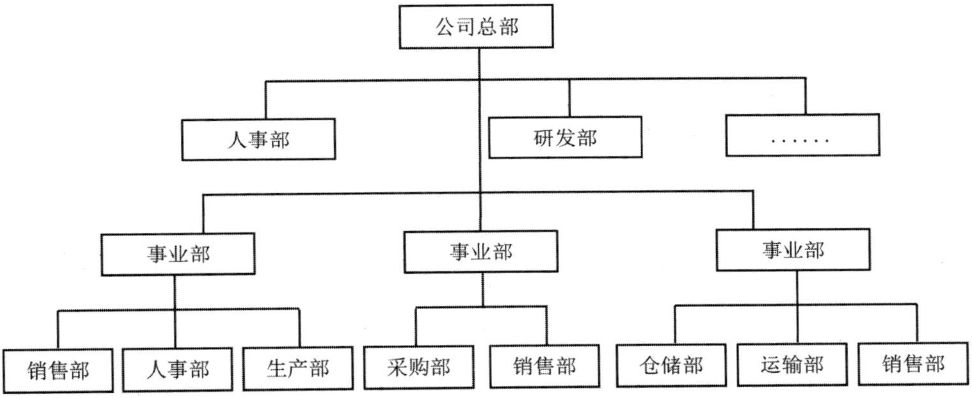

图 8-10　扁平化组织模型

在扁平化组织模型中，中层领导的职能和作用发生了变化，他们由业务负责人转化为监督、训导和行政管理的角色，并对企业的业务进行全局平衡。而各个流程控制点和负责人实际上是对企业的最终流程业务负责，也就是对企业最高领导负责。这样将决策点定位于业务流程执行的地方，在业务流程中建立控制程序，从而可以大大消除原有各部门间的摩擦，降低管理费用和管理成本，减少无效劳动和提高对顾客的反应速度。当然，流程重组的组织变化并不一定按理想化的模型进行，它是一个逐步推广和扩展的过程。企业的管理结构也在不断地扁平化，进行高效运作，所以要充分理解这种管理模型的变化。

8.4.4　基于企业流程再造的管理信息系统总体规划

企业流程再造作为一种新的组织变革理念，对管理信息系统总体规划有着非常重要的影响。企业流程再造与管理信息系统总体规划相互作用，相辅相成。一方面，管理信息系统总体规划要以流程重组为前提，并且在管理信息系统总体规划的整个过程中以业务流程为主线，企业流程再造的深入，要求业务系统不断提高其集成化、智能化及网络化的程度，对管理信息系统总体规划提出了新的要求，要求信息系统定位于面向客户、面向不断变化的业务流程。另一方面，面向流程的管理信息系统总体规划驱动企业流程再造。系统的科学规划使信息的收集、存储、整理、利用和共享更为方便、快捷，使得同产品的市场调查、产品构想、工程设计、生产制造和销售服务等环节的并行成为可能，从而打破了企业传统的专业化分工，为业务战略的实现设计新的业务流程或改造现有流程，借助系统的规划与系统的最终实施来实现企业业务流程的重建。基于业务流程重组的管理信息系统总体规划能够适应企业当前或未来的发展需要，使管理信息系统的建设更具有效性与灵活性。

基于企业流程再造的管理信息系统总体规划一定要突破以现行职能部门为基础的分工式流程的局限，从供应商、组织、客户的价值链出发，确定企业信息化的长远目标，选择核心业务流程为重组的突破口，在业务流程创新及规范化的基础上，进行管理信息系统总体规划。

基于企业流程再造的管理信息系统总体规划主要步骤如下。

① 系统战略规划阶段。系统战略规划阶段主要是明确企业的战略目标，认清企业的发展方向，了解企业的运营模式；进行业务流程调查，确定成功实施企业战略的关键成功因素。在此基础上，定义业务流程远景和管理信息系统战略规划，以保证流程重组、系统目标与企业目标保持一致，为未来工作的进行提供战略指导。

② 系统流程规划阶段。系统流程规划是数据规划与功能规划的基础。系统流程规划阶段的主要任务是选择核心业务流程，并进行流程分析，识别出关键流程及需要重组的流程，并勾画重构后的业务流程图，直至流程重组完毕，形成系统的流程规划方案。

③ 系统数据规划阶段。这一阶段是在流程重构的基础上识别和分类由这些流程所产生、控制和使用的数据。首先，定义数据类。然后，进行数据的规划。按时间长短，可以将数据分为历史数据、年报数据、季报数据、月报数据和日报数据等；按数据是否共享，可以将数据分为共享数据和部门内部使用数据等；按用途不同，可以将数据分为系统数据（系统代码等）、基础数据和综合数据等。

④ 系统功能规划阶段。这一阶段是在对数据类和业务流程了解的基础上，建立数据类与过程的关系矩阵（U/C 矩阵），对它们的关系进行综合，并通过 U/C 矩阵识别子系统，进一步进行系统总体逻辑结构规划（功能规划），识别功能模块。

⑤ 实施阶段。实施阶段主要是进行系统的总体网络布局，针对这些应用项目的优先顺序给予资源上的合理分配，并根据项目优先顺序来进行具体实施。

本章小结

管理信息系统总体规划是一个企业战略规划的重要组成部分，是关于管理信息系统长远发展的规划。管理信息系统总体规划的主要任务是制定信息系统的发展战略，确定总体方案、开发计划，分析项目开发的可行性，制订资源分配计划。

管理信息系统总体规划方法有多种，主要有关键成功因素法、战略目标集转化法和企业系统规划法等。关键成功因素法是通过分析找出企业成功的关键因素，然后再围绕这些关键因素来确定系统的需求，并进行规划。战略目标集转化法把企业的战略目标看成是一个“信息集合”，由使命、目标、战略和其他战略变量等组成。战略规划过程是把组织的战略目标转变为信息系统战略目标的过程。企业系统规划法从企业目标入手，逐步将企业目标转化为管理信息系统的目标和结构。它摆脱了管理信息系统对原组织结构的依从性，从企业最基本的活动过程出发，进行数据分析，分析决策所需数据，然后自下而上设计系统，以支持系统目标的实现。

可行性研究是分析信息系统的开发是否可行，对目标系统进行可行性研究。对信息系统进行可行性研究，要从系统调查入手，再进一步从技术上、经济上和社会效益等方面论证其可行性，最后提交一份可行性研究报告。

本章还对业务流程重组的概念、方法及注意事项进行了简要介绍。业务流程重组是指为了完成企业目标或任务而进行的一系列跨越时空的，与逻辑相关的业务活动。业务流程重组强调以业务流程为改造对象，以关心客户满意度为目标，对企业现有的业务流程进行根本的再思考和彻底的再设计，并利用先进信息技术，实现管理组织结构扁平化，最终实现企业经营在成本、质量、服务和速度等方面“戏剧性”的改善。业务流程重组有高收益的机会，但也伴随着巨大的风险，所以需要注意业务流程重组的时机选择、流程选择、领导班子的确定及组织模型选择等问题。

综合案例

东海公司管理信息系统总体规划

1. 东海公司现有信息技术力量

东海公司信息化领导机构决定着手信息系统开发工作，同时向公司“计算机站”下达了信息系统开发任务书。

计算机站属于公司物资部，现有 6 名工作人员，主要负责现有计算机软硬件设备的维修工作。

工作人员接到任务书后，进行了多次讨论，普遍认为这项工作时间紧、任务重，单靠计算机站现有工作人员很难完成。

2. 着手总体规划工作

在说明情况后，公司信息化领导机构决定：聘请外部专家辅助公司信息系统开发工作，同时将计算机站升级为信息中心，并进一步做好引进培养信息化人才的工作。

公司聘请东海大学的金教授做为项目组组长。之后在金教授的组织下，由东海大学信息管理专家和公司信息中心工作人员组成的联合项目组开始进入了信息系统开发的第一阶段——总体规划。

3. 开始总体规划

总体规划的第一步，也是最重要的一步，是进行初步调查。金教授是信息系统开发专家，在这一领域颇有建树。但由于是第一次涉足港口企业信息系统开发工作，他不具备港口企业的管理、业务流程等方面的知识。不具备上述知识，意味着不具备与公司管理人员对话的能力。这会在一定程度上影响总体规划的速度。所以，公司的技术力量应全力配合，弥补金教授在港口企业的管理、业务流程等方面知识的不足。

4. 初步调研方案

第一步：收集国内外港口企业的行业、管理、生产作业、信息化方面的资料。

第二步：分成若干调研小组，到各业务部门进行业务流程访谈。

第三步：与信息中心工作人员座谈。

第四步：设计信息系统开发调查问卷（计算机软硬件基础知识、信息化心理、对信息系统的看法等）。

第五步：与各业务部门负责人座谈。

第六步：与公司高管人员进行座谈。

第七步：进行专项调研，汇报并撰写初步调研报告。

5. 修正后的调研方案

第一步：收集国内外港口的行业、管理、生产作业、信息化方面的资料。

第二步：与公司高管人员进行座谈。

第三步：与信息中心工作人员座谈。

第四步：设计信息系统开发调查问卷（计算机软硬件基础知识、信息化心理、对信息系统的看法等）。

第五步：与各业务部门负责人座谈。

第六步：分成若干调研小组，到各业务部门进行业务流程访谈。

第七步：专项调研，汇报并撰写初步调研报告。

6. 调研工作规定

金教授在设计初步调研方案的同时，对调研工作做出了以下规定。

- 时间：原则上不应超过 2 周。
- 例会：项目组人员每晚必须开“碰头会”。
- 资料：尽可能将“看”到的、“听”到的所有资料（报表、单证、文件）原样复印。

7. 调研成果

调研结束后，项目组通过对现状的进一步分析，主要完成了以下工作。

- 初步厘清了各业务部门的信息需求。
- 确定了信息系统建设总体目标和分阶段目标。
- 设计了综合开发平台及总体结构。
- 制定了信息系统开发原则和指导思想。
- 进行了可行性分析，并最终撰写完成报告。

（1）各业务部门的信息需求

- 货运商务的需求。
- 生产调度的需求。

- 财务管理的需求。
- 安全与质量管理的需求。
- 基本建设和基础设施维护需求。
- 提高企业管理效率的需求。
- 公司外部环境的需求。

（2）信息系统建设总体目标和分阶段目标

① 总体目标。

- 建立健全先进、实用、安全的信息系统（DongHai Management Information System，简称 DHMIS）。
- 完善公司通信网络，实现生产指挥调度的自动化和可视化，主要装卸及仓库作业的自动化，企业资源规划一体化，市场营销网络化和国际化，企业管理办公自动化，实现对公司生产经营决策的智能化支持。
- 实现公司物流、资金流、信息流的高度集成。

② 分阶段目标。

- 近期（1 年内）、中期（2 年内）、远期。
- 近期首先开发物资管理和人力资源等子系统。
- ……

（3）综合开发平台及总体结构

① 信息系统层次结构。

② 统一编码设计原则。

③ 网络总体设计。

④ 子系统功能与数据接口设计。

（4）信息系统开发原则和指导思想。

① 一把手亲自领导原则。

② 与现有系统数据共享原则。

③ 与地方政府上级单位间数据交换原则。

④ 统一编码、统一平台、统一开发工具、统一设备配置、统一开发原则。

⑤ 先进性、实用性结合原则。

⑥ 先软件开发，后大规模购置硬件的原则。

（5）可行性分析，并最终撰写完成报告

从技术、管理、经济、人员、时间等几个方面论证上述方案是可行的，最终汇集为报告。

案例思考题

1. 案例中东海公司采取怎样的系统开发方法及规划方法？
2. 东海公司采取什么规划策略？前后两种规划策略的主要区别是什么？

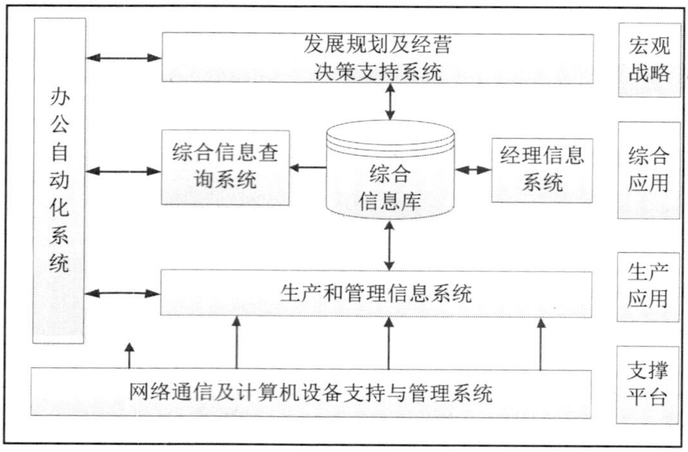

DHMIS 总体结构

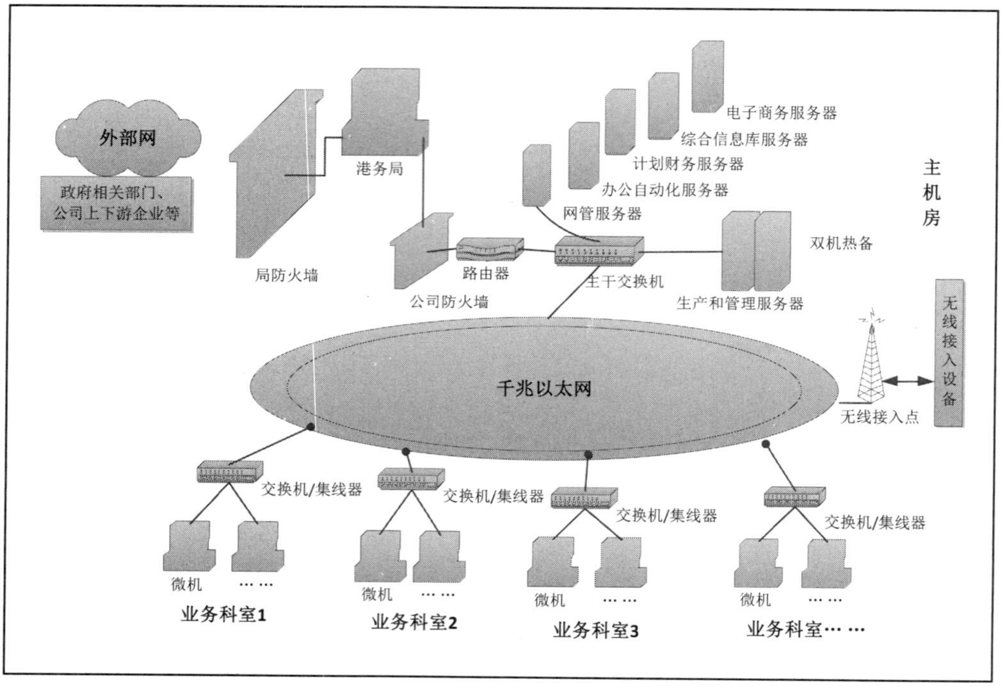

网络总体设计图

复习思考题

1. 为什么要进行管理信息系统的总体规划？总体规划的任务是什么？
2. 总体规划有什么特点？
3. 试述 BSP 方法的工作步骤。
4. 制定管理信息系统总体规划时使用 BSP 主要想解决什么问题？
5. 可行性的内容是什么？信息系统的可行性研究报告包括哪些内容？

第9章 管理信息系统开发

学习目标

了解管理信息系统的开发任务、开发特点及开发要求。掌握管理信息系统的开发原则。掌握管理信息系统的开发方式和开发模型。掌握管理信息系统的常用开发方法。

内容提要

1. 管理信息系统开发概述
2. 管理信息系统的开发方式
3. 管理信息系统的开发模型
4. 管理信息系统的开发方法

管理信息系统开发是在信息系统规划的指导下，分析、设计、实现一个管理信息系统，是一个信息系统项目建设工程。信息系统项目建设有不同的策略，信息系统开发也有不同的方法。信息系统开发是指在信息系统开发过程中的指导思想、逻辑、途径、工具的组合。

管理信息系统的开发是一项复杂而艰巨的系统工程，需要投入大量的人力、财力、物力和时间等资源。为保证系统开发的顺利进行，在开发过程中，采取合适的开发策略，选择合适的开发方式，遵循一定的开发原则，借鉴一定的开发模型，选用恰当的开发方法是十分必要的。

9.1 管理信息系统开发概述

9.1.1 管理信息系统的开发任务和开发特点

管理信息系统的开发任务是根据企业管理的目标、内容、规模和性质等具体情况，从系统论的观点出发，运用软件工程和系统工程的方法，按照管理信息系统发展的规律，为企业建立起计算机化的管理信息系统。其中，核心的工作就是开发出一套满足现代企业管理要求的应用软件系统。

与一般技术工程相比，管理信息系统的开发特点表现为复杂性高、质量要求高。管理信息系统开发是无形产品，是集体的创造性活动，历史较短、经验和积累较少。

9.1.2 管理信息系统的开发要求

管理信息系统开发有以下要求。

① 管理信息系统需正确反映管理需求，满足用户需求，使所开发的管理信息系统为管理决策提供信息支持。

② 有效地管理系统开发过程，提高软件开发速度，提高软件生产效率，降低费用。

③ 增强管理信息系统软件产品的功能，提高软件产品质量。

④ 充分利用软件技术，尽快跟上硬件发展速度，最大限度地发挥和挖掘硬件的功能。

⑤ 合理组织和充分利用人力、物力和财力等资源。

9.1.3 管理信息系统的开发原则

管理信息系统开发有以下原则。

1. 务实创新原则

务实创新原则要求开发人员既要及时了解新技术，使用新技术，又要在创新的同时充分考虑技术实现的可行性，以务实的态度进行创新。

2. 综合整体原则

企业管理可以理解为一个合理的“闭环”系统，目标应当是这一“闭环”系统的完善。企业完整地实现计算机管理不一定必须在企业的各个方面同时实现，但必须完整地设计系统的各个方面。

9.2 管理信息系统的开发方式

早期的管理信息系统具有一定的探索性，主要依靠企业自己开发或委托高校、研究机构等进行专门的开发。随着管理信息系统应用的拓宽和逐渐成熟，出现了专门从事管理信息系统开发并实施服务的企业，出现了以软件包形式出售的商品软件。目前，管理信息系统的开发方式主要有自行开发方式、外包开发方式、合作开发方式、购买现成的软件包开发方式和二次开发方式等。

9.2.1 自行开发方式

由用户依靠自己的力量独立完成系统开发的各项任务。这种开发方式适合有较强专业开发队伍和程序设计人员、系统维护使用队伍的组织和单位，如大学、研究所、计算机公司、高科技公司等。

自行开发方式的优点是容易开发出适合本单位需要的系统，方便维护和扩展，有利于培养自己的系统开发人员。缺点是开发队伍不够专业，除了缺少专业开发人员的经验和熟练水平，还容易受业务工作的限制，系统整体优化不够，开发水平较低。同时，开发人员一般都是临时从所属各单位抽调出来进行管理信息系统的开发工作，他们都有自己的工作，精力有限，这样就会造成系统开发时间长、开发人员调动工作后系统维护工作没有保障的情况。

随着专门的第四代软件工具和信息系统生成器的发展，越来越多的企业进行自行开发是可能的。采用自行开发方式时，应注意以下两点。

① 需要大力加强领导，实行“一把手”原则。

② 向专业开发人士或公司进行必要的技术咨询，或聘请他们为开发顾问。

9.2.2　外包开发方式

使用单位（甲方）通常委托有丰富开发经验的机构或专业开发人员（乙方），按照用户的需求承担系统开发的任务。这种开发方式适合使用单位（甲方）没有进行管理信息系统的系统分析、系统设计及软件开发人员或开发队伍力量较弱但资金较为充足的情况。开发一个小型管理信息系统需要几万元，开发一个大型管理信息系统则需要几十万元、几百万元甚至上千万元。甲乙双方应签订管理信息系统开发项目协议，明确新系统的目标与功能、开发时间与费用、系统标准与验收方式、人员培训等内容。

外包开发方式的优点是省时、省事，开发的系统技术水平较高。缺点是费用高、系统维护与扩展需要开发单位的长期支持，不利于本单位的人才培养。

采用外包开发方式应注意以下两点。

① 使用单位（甲方）的业务骨干要参与系统的论证工作。

② 开发过程中需要开发单位（乙方）和使用单位（甲方）双方及时沟通，进行协调和检查。

9.2.3　合作开发方式

由使用单位（甲方）和有丰富开发经验的机构或专业开发人员（乙方）共同完成开发任务。双方共享开发成果，实际上是一种半外包性质的开发工作。合作开发方式适合有一定的管理信息系统分析、设计及软件开发人员，但开发队伍力量较弱，希望通过管理信息系统的开发建立、完善和提高自己的技术队伍，便于系统维护工作展开的单位（甲方）。

合作开发方式的优点是相对于外包开发方式比较节约资金，可以培养、增强使用单位的技术力量，便于系统维护工作，系统的技术水平较高。缺点是双方在合作中容易出现问题，因此，需要双方及时达成共识，进行协调和检查。

9.2.4　购买现成的软件包开发方式

目前，软件的开发正在向专业化方向发展。一些专门从事管理信息系统开发的公司已经开发出大量使用方便、功能强大的应用软件包。应用软件包是预先编制好的、具有一定功能的、供出售或出租的成套软件系统。它可以只有单一的功能，也可以由多个功能模块组成。为了避免重复劳动，提高系统开发的经济效益，可以利用现成的软件包开发管理信息系统，也可以购买现成的应用软件包或开发平台，如财务管理系统、小型企业管理信息系统、供销存管理信息系统等。这种开发方式对于功能单一的小系统的开发颇为有效，但不太适用于规模较大、功能复杂、需求量的不确定性程度比较高的系统开发。

购买现成的软件包开发方式的优点是能缩短开发时间，节省开发费用，技术水平比较高，系统可以得到较好的维护。缺点是功能比较简单，通用软件的专用性比较差，难以满足特殊要求，需要有一定的技术力量根据使用者的要求做软件改善和编制必要的接口软件等二次开发工作。

9.2.5 二次开发方式

二次开发方式一般有两种：一种是在现有信息系统购置的基础上，根据业务新需求，扩充、增加新的信息系统功能模块的二次开发方案；另一种是在确定购置软件包之后，对于所购软件包不能满足的企业业务需求的部分，要求软件包提供商对这部分需求进行定制开发方案。

二次开发方式多数用于一般通用软件功能不能满足系统需求的情况，适合需要定制化开发系统业务需求的企业。二次开发也要委托原信息系统建设的开发公司承担此项工作，其多数出现在较大型的企业中。

二次开发方式的优点是能缩短开发周期，可以进行比较好的维护，减轻组织内部对系统开发的阻碍；缺点是实施的费用随客户化工作量的增大而急剧上升。

在实际开发过程中，企业可以综合运用上述方式中的一种或几种进行管理信息系统开发。管理信息系统开发方式的比较如表 9-1 所示。

表 9-1 管理信息系统开发方式的比较

管理信息系统开发方式	对本企业开发能力的要求	系统维护的难易程度	开发费用（购置费用）	
			用于企业内部	用于企业外部
自行开发方式	非常需要	容易	大	小
外包开发方式	不太需要	相当困难	小	大
合作开发方式	需要	比较容易	中等	中等
购买现成的软件包开发方式	不太需要	困难	小	小
二次开发方式	不太需要	困难	较小	大

9.3 管理信息系统的开发模型

典型的管理信息系统开发模型有瀑布模型（Waterfall Model）、快速原型模型（Rapid Prototype Model）、增量模型（Incremental Model）和螺旋模型（Spiral Model）等。

9.3.1 瀑布模型

1970 年，温斯顿·罗伊斯提出了著名的瀑布模型，直到 20 世纪 80 年代早期，它一直是被广泛采用的软件开发模型（见图 9-1）。

瀑布模型将软件生命周期划分为制订计划、需求分析、软件设计、程序编写、软件测试和运行维护六项基本活动，并且规定了它们自上而下、相互衔接的固定次序，如同瀑布流水，逐级下落。

在瀑布模型中，软件开发的各项活动严格按照线性方式进行，当前活动接受上一项活动的工作结果，实施完成所需的工作内容。当前活动的工作结果需要进行验证，如果验证通过，则该结果作为下一项活动的输入，继续进行下一项活动；否则，返回修改。

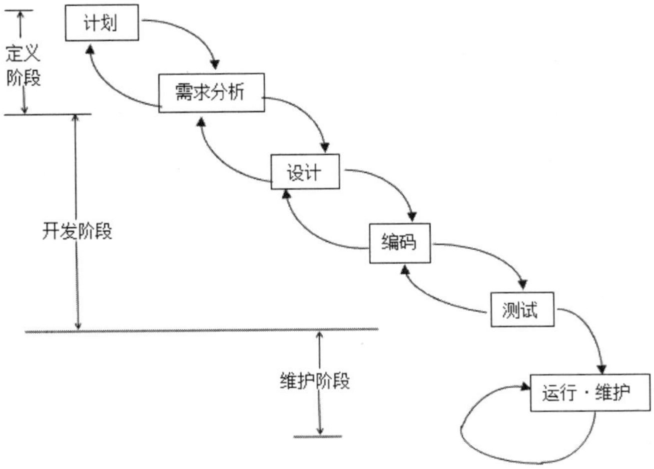

图 9-1　瀑布模型

瀑布模型强调文档的作用，并要求每个阶段都要仔细验证。但是，这种模型的线性过程太理想化，不适合现代的软件开发模式，其主要问题在于以下几方面。

① 各阶段的划分完全固定，阶段之间产生大量的文档，极大地增加了工作量。

② 由于开发模型是线性的，因而用户只有等到整个过程的末期才能见到开发成果，增加了开发的风险。

③ 早期的错误可能要等到开发后期的测试阶段才能发现，进而带来严重的后果。

9.3.2　快速原型模型

快速原型模型的第一步是建立一个快速原型，实现客户与系统的交互，客户对原型进行评价，进一步细化待开发软件的需求。通过逐步调整原型使其满足客户的要求，开发人员可以确定客户的真正需求是什么。第二步是在第一步的基础上开发客户满意的软件产品。显然，快速原型模型可以克服瀑布模型的缺点，降低由于软件需求不明确带来的开发风险。

快速原型模型的关键在于尽可能快速地建立软件原型，一旦确定了客户的真正需求，所建造的原型将被丢弃。因此，原型系统的内部结构并不重要，重要的是必须迅速建立原型，随之迅速修改原型，以反映客户的需求。

9.3.3　增量模型

在增量模型中，软件被当作一系列的增量构件来设计、实现、集成和测试，每一个增量构件都是由多种相互作用的模块所形成的提供特定功能的代码片段构成的。与建造大厦相同，软件也是一步一步建造起来的。

增量模型在各个阶段并不交付一个可运行的完整产品，而是交付满足客户需求的一个子集的可运行产品。整个产品被分解成若干个构件，开发人员逐个交付产品。这样做的好处是软件开发可以较好地适应变化，客户可以不断地看到所开发的软件，从而降低开发风险。但是，增量模型也存在以下缺陷。

① 由于各个构件是逐渐并入已有的软件体系结构中的，因而新加入构件不能破坏已构造好的部分，这需要软件具备开放式的体系结构。

② 在开发过程中，需求的变化是不可避免的。增量模型的灵活性使其适应这种变化的能力大大优于瀑布模型和快速原型模型，但边做边改很容易使软件的整体性失去控制。

在使用增量模型时，第一个增量构件往往是实现基本需求的核心产品。核心产品交付用户后，经过评价形成下一个增量构件的开发计划，它包括对核心产品的修改和一些新功能的发布。这一过程在每个增量构件发布后不断重复，直到产生最终的完善产品。例如，企业使用增量模型开发字处理软件，第一个增量构件发布基本的文件管理、编辑和文档生成功能；第二个增量构件发布更加完善的编辑和文档生成功能；第三个增量构件实现拼写和文法检查功能；第四个增量构件完成高级的页面布局功能。

9.3.4 螺旋模型

1988 年，巴利 • 玻姆（Barry Boehm）正式发表了软件系统开发的螺旋模型（见图 9-2）。

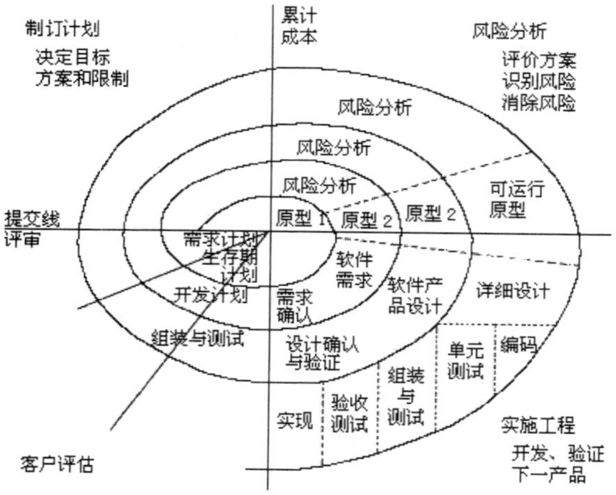

图 9-2 螺旋模型

螺旋模型将瀑布模型和快速原型模型结合起来，强调了其他模型所忽视的风险分析，特别适合大型复杂的系统。

螺旋模型沿着螺线进行若干次迭代，图 9-2 中的四个象限代表了以下活动。

① 制订计划：确定软件目标，选定实施方案，弄清项目开发的限制条件。

② 风险分析：分析评估所选方案，考虑如何识别和消除风险。

③ 实施工程：实施软件开发，验证下一产品。

④ 客户评估：评价开发工作，提出修正建议，制订下一步计划。

螺旋模型由风险驱动，强调可选方案和约束条件，支持软件的重用，有助于将软件质量作为特殊目标融入产品开发之中。但是，螺旋模型也有一定的限制条件，具体如下。

① 螺旋模型强调风险分析，但要求许多客户接受和相信这种分析并做出相应的反应是不容易的。因此，这种模型往往适用于内部的大规模软件开发。

② 如果执行风险分析将大大影响项目的利润，那么进行风险分析毫无意义。因此，螺旋模型只适合大规模软件项目。

③ 软件开发人员应该擅长寻找可能的风险，准确地分析风险，否则，将会带来更大的风险。

要完成一个阶段，首先，应确定该阶段的目标，确定这些目标的选择方案及其约束条件。然后，从风险管理的角度分析方案的开发策略，努力排除各种潜在的风险，有时还需要通过建造原型来完成。若某些风险不能排除，则该方案立即终止；若能排除，则启动下一个开发步骤。最后，评价该阶段的结果，并设计下一个阶段。

每个软件开发组织应该选择适合该组织的软件开发模型，开发模型应该随着开发产品特性的变化而变化，以弱化其缺点，充分利用其优点。表 9-2 列出了几种常见模型的优缺点。

表 9-2　管理信息系统开发模型优缺点对比

典型模型	优　点	缺　点
瀑布模型	文档驱动	系统可能不满足客户的需求
快速原型模型	关注满足客户需求	可能导致系统设计差、效率低，难以维护
增量模型	开发早期反馈及时，易于维护	需要开放式体系结构，可能会导致系统设计差、效率低
螺旋模型	风险驱动	风险分析人员需要有经验且经过充分训练

9.4　管理信息系统的开发方法

管理信息系统的开发是一项复杂的系统工程。它涉及的知识面广、部门多，不仅涉及技术，而且涉及管理业务、组织和协调。管理信息系统开发的效率、质量、成本及用户满意度等，在很大程度上取决于开发方法的选择。目前，管理信息系统常用的开发方法有结构化系统开发方法、原型法、面向对象方法和计算机辅助软件工程等。

9.4.1　结构化系统开发方法

1. 结构化系统开发方法的基本思想

结构化系统开发方法是建立在信息系统生命周期理论基础之上的一种比较经典的系统开发方法。

结构化系统开发方法认为：任何事物都有产生、发展、成熟、消亡（更新）的过程，管理信息系统也不例外。管理信息系统在使用过程中随着环境的变化，要不断维护、修改，当它不能适应企业的管理要求时，则被淘汰，由新系统代替旧系统，这种周期循环被称为管理信息系统的生命周期。管理信息系统的生命周期如图 9-3 所示。

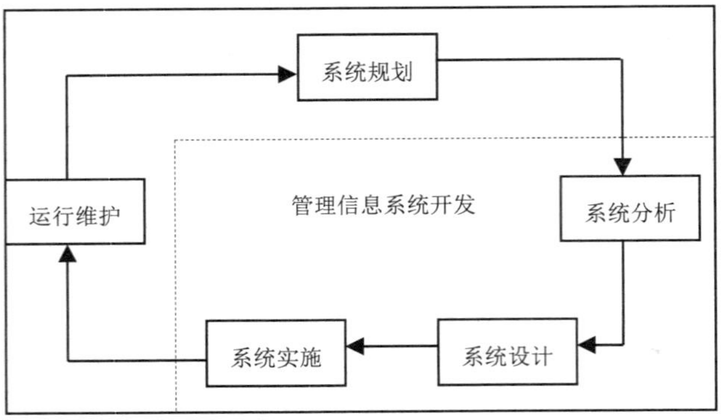

图 9-3　管理信息系统的生命周期

结构化系统开发的基本思想是用系统工程的思想和工程化的方法，按用户至上的原则，结构化、模块化、自顶向下地对系统进行分析与设计。首先将整个管理信息系统的开发划分成不同阶段，如系统分析、系统设计、系统实施；然后在系统分析和系统设计阶段采用自顶向下的方法对系统进行结构化划分；最后在系统实施阶段，采用自底向上的方法逐步实施。

2. 结构化系统开发方法的开发过程

① 系统分析阶段。系统分析阶段的任务是根据系统设计任务书所确定的范围，通过对组织的现行系统进行详细调查分析，描述现行系统的业务流程，指出现行系统的局限性和不足之处，确定新系统的基本目标和逻辑功能要求，即提出新系统的逻辑模型。这个阶段又被称为系统逻辑设计阶段。这个阶段是整个系统建设的关键阶段。系统分析阶段的工作成果体现在系统分析说明书中。它是信息系统开发的必备文件，也是下一阶段的工作依据。因此，系统分析说明书既要通俗又要准确。用户通过系统分析说明书可以了解未来系统的功能。系统分析说明书一旦讨论通过，就是系统设计的依据，也是将来验收系统的重要依据。

② 系统设计阶段。简单地说，系统分析阶段要回答系统“做什么”的问题，而系统设计阶段要回答系统“怎么做”的问题。该阶段的任务是根据系统分析说明书中规定的功能要求，考虑实际条件，具体设计实现逻辑模型的技术方案，即设计新系统的物理模型。这个阶段又被称为物理设计阶段。这一阶段可分为总体设计和详细设计两个阶段。这个阶段的主要技术文档是“系统设计说明书”。

③ 系统实施阶段。系统实施阶段是将设计的系统付诸实施的阶段。这一阶段的任务包括计算机等设备的购置、安装和调试，程序的编写和调试，用户人员的培训，数据文件转换，系统调试与转换等。这一阶段的特点是几个相互联系、相互制约的任务同时展开，必须精心安排、合理组织。系统实施是按实施计划分阶段完成的，每个阶段应写出实施进度报告。系统测试之后写出系统测试分析报告。

3. 结构化系统开发方法的特点

① 系统观点。要采用结构化系统开发方法，就要把待解决的问题看成一个系统，也就

是说，建立这个系统的整个过程是一个系统，我们要按照系统的观点来分析和解决它。首先，要明确信息系统建立的目的，要把企业的需求搞清楚；其次，要从整体的角度出发分析问题和解决问题，不能只管局部而忽略全局；最后，还要考虑系统的相关性及环境适应性，注重子系统之间的各种联系，并给系统留有一定的扩充余地。

② 严格区分工作阶段，每个阶段都有明确的任务和应得的成果。结构化方法强调按照时间顺序、工作内容，将系统开发过程划分为几个阶段，如系统分析阶段、系统设计阶段、系统实施阶段。明确每个阶段的任务和目标，在开发领导小组的检查和督促下逐一完成各个阶段的任务，前一阶段是后一阶段的工作依据，不可打乱或颠倒顺序。

③ 自顶向下的系统分析与系统设计和自底向上的系统实施。按照系统的观点，任何事情都是互相联系的整体。因此，在进行系统分析与系统设计时要站在整体的角度，自顶向下地工作。但在系统实施时，先对最底层的模块编程，然后一个模块、几个模块地调试，最后自底向上逐步构成整个系统。

④ 工作成果文档化，文档资料规范化、标准化。管理信息系统开发是一项复杂的系统工程，参加人员多，经历时间长，为了保证工作的连续性，根据系统工程的思想，管理信息系统的各个阶段性的工作成果必须文档化，文档资料标准化、格式化。只有这样，才能更好地实现用户与系统开发人员的交流，才能确保各个阶段的无缝连接。因此，必须充分重视文档资料的规范化、标准化工作，充分发挥文档资料的作用，为提高管理信息系统的适应性提供可靠保证。

4. 结构化系统开发方法的优缺点

（1）优点

整体思路清楚，能够从全局出发，步步为营，减少返工，有利于提高开发质量；设计工作阶段性非常强，每一阶段均有工作成果出现，每一阶段的工作成果是下一阶段工作的依据，工作进度比较容易把握，有利于系统开发的总体管理和控制。另外，由于该方法强调从整体上分析和设计整个系统，因此，可以在系统分析时诊断出原系统中存在的问题和结构上的缺陷，这一点是其他方法难以做到的。

（2）缺点

① 系统的开发周期太长，有时系统开发尚未完成，而内外环境已经发生了变化，对系统的需求也发生了变化。

② 这种方法要求系统开发者在调查中充分地掌握用户需求、管理状况及预见可能发生的变化，这不大符合人们循序渐进地认识事物的规律。

③ 需要大量的文档和图表，这方面的工作劳动量非常大，有时会造成效率低、成本高的问题。

5. 结构化系统开发方法的适用范围

结构化系统开发方法主要适用于大型系统或系统开发缺乏经验的情况。

9.4.2 原型法

原型法（Prototyping）是与结构化系统开发方法完全不同的开发方法，它是在 20 世纪 80 年代随着计算机技术的发展，特别是在关系数据库、第四代语言和各种系统开发环境产生的基础之上提出的一种具有全新的设计思想的系统开发方法。与结构化系统开发方法相比，原型法扬弃了对现行系统的全面、系统的详细调查与分析，根据系统开发人员对用户需求的理解，在强有力的软件环境支持下，快速开发出一个原型系统，提供给用户，与用户一起反复协商修改，直至实现新系统。其系统开发是一个分析、设计、编程、运行、评价多次重复、不断演进的过程。因此，原型法一经问世，立即得到广泛的重视，迅速得以推广。

1. 原型法的基本概念

在建筑学和机械设计中，“原型”是指其结构、大小和功能都与某个物体相似，模拟该物体的原始模型。在信息系统中，“原型”是指该系统早期可运行的一个版本，反映系统的部分重要功能和特征，其主要内容包括系统的程序模块、数据文件、用户界面、主要输出信息和其他系统的接口。信息系统的原型不是对原系统的仿真，而是区别于最终系统的初始模型。这种原型经过多次修改完善后，成为最终的系统。

原型法的基本思想：开发管理信息系统，首先要对用户提出的基本需求进行总结，然后构造一个合适的原型并运行，最后通过系统开发人员与用户对原型运行情况进行不断分析、修改和研讨，不断扩充和完善系统的结构和功能，直到符合用户的要求。

原型法不同于结构化系统开发方法，它不区分系统开发的各个阶段，而是同时完成各个阶段的活动，并快速反馈给用户，通过反复迭代，完成系统的开发过程。

2. 原型法的开发过程

原型法的开发过程分为以下阶段。

① 确定用户的基本需求。要在很短的时间内调查并确定用户基本需求，这时的需求可能是不完全的、粗糙的，但也是最基本的，如系统功能、数据规范、结果格式、屏幕及菜单等。

② 开发初始原型系统。开发者根据用户基本需求开发一个应用系统的初始原型，并交付原型的基本功能及有关屏幕画面。

③ 对原型进行评价。让用户试用原型，根据实际运行情况，明确原型存在的问题。

④ 修正和改进原型系统。开发者根据用户试用情况及提出的问题，与用户共同研究确定修改原型的方案，经过修改和完善得到新的原型。然后再试用、评价，再修改完善，多次反复一直到满意为止。

⑤ 若用户和开发者对原型比较满意，则将其作为正式原型。双方继续进行细致的工作，对开发原型过程中的许多细节问题逐个补充、完善，最终形成一个适用的管理信息系统。

原型法的开发过程是一个循环的、不断修改完善的过程，其开发流程如图 9-4 所示。

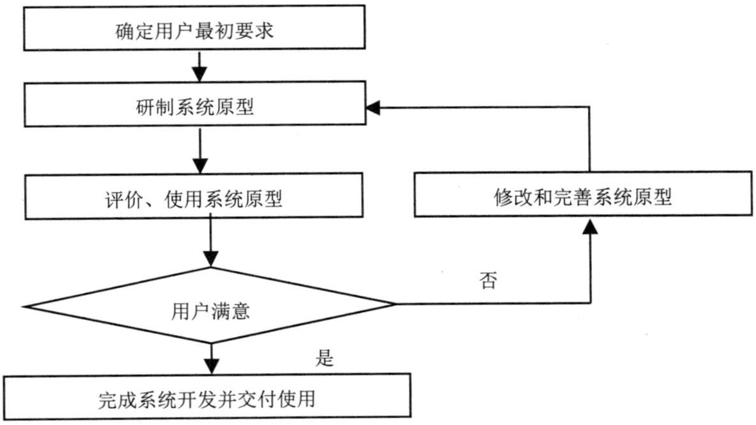

图 9-4　原型法开发流程示意图

3. 原型法的特点

（1）优点

① 认识论上的突破。开发过程是一个循环往复的反馈过程，它符合用户对计算机应用的认识逐步发展、螺旋式上升的规律。开始时，用户和设计者对系统功能要求的认识是不完整的、粗糙的。通过建立原型、演示原型、修改原型的循环过程，设计者以原型为媒介，及时得到来自用户的反馈信息，不断发现问题，反复修改、完善系统，确保用户的要求得到较好的满足。

② 提高了综合开发效益。原型法缩短了大量重复的文档编制时间，缩短了开发周期，缩短了用户培训时间，降低了开发成本，加快了开发进度，从而提高了综合开发效益。

③ 提高了用户满意度。强调了用户的主导作用，增进了用户与开发人员之间的沟通，用户的直接参与能及时地发现问题并进行修正，因而可以减少产品的设计性错误，提高用户的满意程度。

（2）缺点

① 开发工具要求高。原型法需要有现代化的开发工具支持，否则开发工作量太大。成本过高就失去了采用原型法的意义。开发工具水平的高低是原型法能否顺利实现的第一要素。

② 文档欠缺、维护困难。因为强调以“原型迭代”的演进方式代替完整的分析与设计方式，为了加快开发进度而取消或降低对软件文档的要求，或者忽略建立完整的开发文档和详细的测试工作，短期内能满足用户需求，但长期来看，系统维护困难并且系统容易失败。

③ 解决复杂系统和大型系统问题很困难。对大型系统或复杂系统的原型化过程，反复次数多、周期长、成本高的问题很难解决。另外，对于大型系统，如果不经过系统分析的整体性划分，直接用屏幕一个一个地模拟是很困难的。

4. 原型法的适用场合

① 用户事先难以说明需求的较小的应用系统。

② 决策支持系统。

③ 与结构化系统开发方法结合起来使用。整体上仍使用结构化系统开发方法，而仅对其中功能独立的模块采用原型法。

9.4.3 面向对象方法

面向对象方法又称快速原型法，是一种面向对象的思想应用于软件开发过程中指导开发活动的系统方法。它最初被用于程序设计，后来扩展到系统开发的全过程，出现了面向对象的分析与设计。面向对象方法为管理信息系统的开发提供了全新思路。

1. 面向对象方法的基本思想

面向对象方法是分析问题和解决问题的新方法，其基本出发点就是尽可能按照人类认识世界的方法和思维方式来分析和解决问题。客观世界是由各种各样的对象组成的，每种对象都有各自的内部状态和运动规律，不同对象之间的相互作用和联系构成了不同的系统。我们设计和实现一个客观系统时，如果能在满足需求的条件下，将系统设计成由一些不可变的（相对固定）部分组成的最小集合，这个设计就是最好的。因为它把握了事物的本质，不会被周围环境（物理环境和管理模式）的变化及用户需求的变化所左右，这些不可变的部分就是对象。客观事物都是由对象组成的，对象是在原来事物基础上抽象的结果。任何复杂的事物都可以通过对象的某种组合而构成。面向对象方法正是以对象作为最基本的元素和分析问题、解决问题的核心。

面向对象方法使设计的软件尽可能直接地描述现实世界，构造模块化、可重用、维护性好的软件且能控制软件的复杂性和降低开发费用。

2. 面向对象方法的基本概念

① 对象。对象是现实世界中具有相同属性、服从相同规则的一系列事物的抽象，也就是将相似事物抽象化，其中的具体事物称为对象的实例。对象可以是具体的，如一台空调、一辆轿车等；也可以是概念化的，如一种思路、一种方法等。

对象是一个封闭体，由一组数据和施加于这些数据上的一组操作组成。

② 对象的属性。对象的属性是指描述对象的数据，可以是系统或用户定义的数据类型，也可以是抽象的数据类型。

③ 类。类是具有相同属性和相同行为描述的一组对象。例如，人、公司、高校、管理信息系统都是类。类有明显的层次结构，相对上层是父类，相对下层是子类，如图 9-5 所示。类的定义决定了类具有抽象、继承、封装和多态等特征。

④ 行为。行为是指对象在属性改变或消息收到后所进行的行动和反应。对象的行为完全取决于它的活动。

⑤ 关系。关系是指现实世界中对象之间的相互作用和影响。比如交易关系、师生关系、上下级关系等。

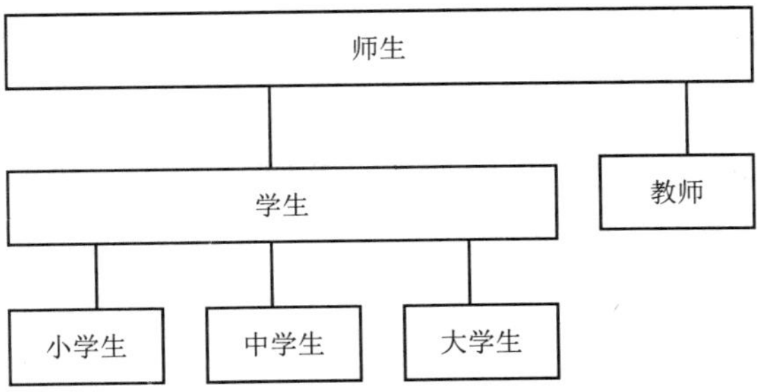

图 9-5 类的层次结构举例

3. 面向对象方法的特点

面向对象方法是以对象为中心的一种开发方法，具有以下特点。

① 封装性。在面向对象方法中，程序和数据是封装在一起的，对象作为一个实体，其操作隐藏在行为中，其状态由对象的“属性”来描述，并且只能通过对象的“行为”来改变，外界一无所知。不难看出封装性是一种信息隐蔽技术，是面向对象方法的基础。因此，面向对象就是“对象+属性+行为”。

② 抽象性。在面向对象方法中，把抽出实体的本质和内在属性而忽略一些无关紧要的属性称之为抽象。类是抽象的产物，对象是类的一个实例。同类对象具有类中规定的属性和行为。

③ 继承性。继承性是指子类拥有父类的属性与操作，即子类不必重新定义已在父类中定义过的属性和操作，而是自动地、隐含地拥有父类的属性和操作，这是类特有的性质。可见，继承大大地提高了软件的可重用性。

④ 动态链接性。动态链接性是指各种对象间统一、方便、动态的消息传递机制。

4. 面向对象方法的四大开发阶段

① 系统分析阶段。根据用户对系统开发的需求进行调查研究，在繁杂的问题领域中抽象地识别出对象及其行为、结构、属性等。

② 系统设计阶段。根据系统分析阶段的文档资料，做进一步地抽象、归类、整理，运用雏形法构造出系统的雏形。

③ 系统实现阶段。根据系统设计阶段的文档资料，运用面向对象的程序设计语言加以实现。

④ 系统运行维护阶段。进行系统的日常运行管理、维护与评价工作。

5. 面向对象方法的优缺点

面向对象方法的优点是更接近现实世界，可以很好地减小由于不同的人对于系统的不同理解所造成的偏差。它以对象为中心，利用特定的软件工具直接完成从对象客体的描述到软件结构间的转换，缩短了开发周期，是一种很有发展潜力的系统开发方法。缺点是需要一定的软件支撑，并且在大型管理信息系统开发中不经过自顶向下的整体划分，而直接采用自底向上的开发，同样会造成系统结构不合理，各部分比例失调等问题。

9.4.4 计算机辅助软件工程

计算机辅助软件工程（Computer Aided Software Engineering，CASE）是计算机技术在系统开发活动、技术和方法中的应用，是软件工具与开发方法的结合体。CASE 工具则是指能够支持或使结构化系统开发方法中一个或多个阶段自动化的计算机程序（软件）。CASE 的目的是使开发支持工具与开发方法学统一和结合起来，通过实现分析、设计与程序开发、维护的自动化，提高管理信息系统开发的效率和管理信息系统的质量，最终实现系统开发自动化。

严格地讲，CASE 并不是一种真正独立的系统开发方法，而只是一种系统开发环境，但目前就 CASE 工具的开发和它对整个开发过程的支持程度来看，它又是一种实用的信息系统开发方法，所以值得推荐。在具体开发时，仍需与其他方法结合。

1. CASE 环境的特点

① 在实际开发一个系统时，CASE 环境的应用必须依赖一种具体的开发方法，如结构化系统开发方法、原型法、面向对象方法等，而一套大型完备的 CASE 产品，能为用户提供支持上述各种方法的开发环境。

② CASE 只是一种辅助的开发方法。这种辅助主要体现在它能帮助开发者方便、快捷地产生出系统开发过程中的各类图表、程序和说明性文档。

③ 由于 CASE 环境的出现从根本上改变了开发系统的软件基础，所以利用 CASE 开发一个系统时，在考虑问题的角度、开发过程的做法及实现系统的措施等方面都与传统方法有所不同。

2. CASE 采用的软件工具

① 查询语言。用来从数据库中检索数据的高级语言，如 SQL。

② 报表生成器。

③ 图表软件。

④ 决策支持系统生成器。

⑤ 应用软件包等。

应当指出，上述对开发方法的分类并不是严格的，因为这些方法之间有不少交叉的内容。例如，用结构化系统开发方法时，部分内容可能采用原型法，而用 CASE 方法开发时，首先要认真做好结构化的系统分析。应该说，结构化系统开发方法才是真正能够全面支持整个系统开发过程的方法，其他方法尽管有很多优点，但只能作为结构化系统开发方法在局部开发环节上的补充，暂时不能替代其在系统开发过程中的主导地位，尤其是对大型系统开发过程中的系统分析环节，主要应用结构化系统开发方法。

管理信息系统开发方法的比较如表 9-3 所示。

表 9-3　管理信息系统开发方法的比较

开发方法	基本思想	优　　点	缺　　点	适用范围
结构化系统开发方法	用系统的思想和系统工程的方法，按照用户至上的原则结构化、模块化，自上而下对系统进行分析与设计	严格区分系统开发的阶段性；自上而下的整体性分析与设计和自下而上的逐步实施相结合；遵循用户至上原则，深入调查研究；系统开发过程工程化，文档资料标准化	系统开发周期过长、复杂、成本高；要求在开发初期全面认识系统的信息需求；没有充分调动用户参与系统开发的积极性	适用于一些组织相对稳定、业务处理过程规范、需求明确且在一定时期内不会发生大的变化的大型复杂系统的开发
原型法	在开发的开始阶段，凭借系统开发人员对用户需求的理解与用户共同确定系统的基本要求和主要功能，在强有力的人、软件环境支持下，给出一个满足用户需求的初始系统原型，然后与用户反复协商修改，最终形成适用的管理信息系统	改进了用户和系统开发人员的交流方式，通过用户与系统原型的交互作用，能够启发用户的需求；有利于用户及早参与开发过程，激发用户的热情和积极性；利用最新的软件工具，提高了系统开发效率，降低了风险；开发进程加快，周期缩短，反馈及时	解决复杂系统和大型系统很困难；开发进程管理复杂，对用户和开发人员的管理水平要求高；依赖于强有力的软件支撑环境，开发工具要求高	适用于小型、简单、处理过程比较明确、没有大量运算和逻辑处理过程的系统，适用范围比较有限
面向对象方法	客观世界是由各种各样的对象组成的，每种对象都有各自的内部状态和运动规律，不同对象之间的相互作用和联系就构成了各种不同的系统	对象之间可互送消息，其思维方法更接近人的思维方法；开发周期短，费用低；避免了其他开发方法在开发过程中的不一致性、复杂性	设计者无法正确识别出对象	适用于较小的简单系统的开发
计算机辅助软件工程	必须依赖于一种具体的开发方法，全面支持系统开发过程的自动化的系统开发方法	解决了从客观对象到软件系统的映射问题，支持系统开发的全过程；提高了软件质量和软件重用性；加快了软件开发速度；简化了软件开发的管理和维护；自动生成开发过程中的各种软件文档	仍是一个发展中的概念，各种 CASE 软件也较多，没有统一的模式和标准	采用 CASE 工具进行系统开发，必须结合一种具体的开发方法，如结构化系统开发方法、面向对象方法或原型法等；CASE 方法只是为具体的开发方法提供了支持每一个过程的专门工具

本章小结

本章介绍了管理信息系统开发的相关内容。管理信息系统开发的核心任务是开发出一套适合现代企业管理要求的应用软件系统。管理信息系统开发策略一般采用自上而下的规划分析和自下而上的设计实施。管理信息系统的开发可以采用自行开发、外包开发、合作开发、购买现成的软件包开发和二次开发多种方式，各种方式各有利弊。开发模型有瀑布模型、快速原型模型、增量模型、螺旋模型。常见管理信息系统开发方法有结构化系统开发方法、原型法、面向对象方法和计算机辅助软件工程。

综合案例

日本 7-11 公司的管理信息系统的开发

世界著名的连锁零售企业——日本 7-11 公司最初诞生在美国。早在 1927 年,“便利店”这种经营模式刚刚在美国出现，美国得州达拉斯就成立了一家名为“南大陆制冰公司”的冰块销售门店，其主要业务是零售冰品、牛奶和鸡蛋。到了 1946 年，该公司推出了便利服务的“创举”，将营业时间延长为早上 7 点至晚上 11 点。自此，“7-11”这一在当今世界具有极高知名度的品牌应运而生。到 20 世纪 60 年代，黑咖啡、三明治和热炸面包等方便食品进入千家万户，便利店也迅速成为零售业的一种重要业态，被广大消费者接受。美国 7-11 公司也因而赢得了快速的发展，先后并购了数十家公司，迅速成为全美第一大便利店公司。

日本 7-11 公司是美国 7-11 公司向外扩张的产物，日本第一家 7-11 门店诞生于 1974 年 5 月。日本 7-11 门店在当年迅速发展到 15 家。随着日本经济的快速增长，日本的零售和流通迎来了新的发展时期，为 7-11 连锁零售业务的发展提供了广阔的空间。20 世纪 80 年代，7-11 公司在日本迅猛发展的同时，美国本部的业务因为便利店竞争的加剧及郊外大型购物中心和折扣店的涌现而遇到了前所未有的挑战。1987 年，美国 7-11 公司的总部为了摆脱困境，将特许契约抵押给租赁公司；1989 年，又不得不将夏威夷和加拿大的分公司转让给日本 7-11 公司。1992 年，日本 7-11 公司正式“当家做主”，成为 7-11 公司的总部。目前，日本 7-11 公司的业务已遍及全球 20 多个国家和地区，共设立 23 000 多个零售点，每天为近 3000 万名顾客服务。

日本 7-11 公司的快速发展与其对信息技术的高度重视和科学应用密切相关。早在 20 世纪 80 年代中期，7-11 公司就在全球范围内率先使用能够监控顾客购买行为的时点销售管理系统，以取代老式的现金出纳机，开创了便利店经营的先河。1992 年，公司总部正式在日本成立时，7-11 公司已经对内部的管理信息系统进行了 4 次升级与改造，这在当时的大型零售经营企业中是不多见的。

1995 年前后，随着公司业务的快速发展及管理复杂性的不断提高，7-11 公司意识到必须建设专门的管理系统以适应业务的迅猛发展。这一被称为“综合信息网络管理系统”的项目是由 7-11 公司自行设计的，硬件由世界著名的电子消费品专业制造商日本 NEC 公司提供。考虑到自行开发合适的软件难度很大，7-11 公司把基于 Windows 的定制系统最终交给微软公司来开发。到 1996 年，日本 7-11 公司的所有便利店、总部和供应商公司的大约 61 000 部计算机全部安装了微软公司为其定制的软件。1998 年，这项耗资达 600 亿日元的专用系统基本建成，一条直通微软公司西雅图总部的专线为这一业务系统提供实时的技术支持、软件备份，并经常监视和自动记录系统出错的信息，如果系统出错多于两次，就会自动向当地的维修部门发出警报。

目前，日本 7-11 公司的所有便利店都装有卫星天线，用于各种业务数据的传输。卫星天线比电话线费用低，而且这对于许多位于乡村地区的便利店来说是唯一的选择。因为日本很多地区经常发生地震，卫星天线比电话线多了一层保护，并能将东京和大阪的主机隔离开来，对保障数据的安全具有重要的作用。

日本 7-11 公司这一耗资巨大的业务系统把所有的供应商、便利店、员工甚至银行连接在一起，对提高公司的业务管理水平、降低业务经营成本、提高公司适应市场的能力和培养企业的竞争力起到了极为重要的作用，为大型零售企业的发展树立了成功的典范。

案例思考题

1. 日本 7-11 公司对信息技术的重视表现在哪些方面？
2. 你认为日本 7-11 公司管理信息系统的开发方式属于哪一种？系统开发的参与方有哪些？

复习思考题

1. 管理信息系统的开发要求有哪些？
2. 常见的管理信息系统的开发方式有哪几种。
3. 管理信息系统的开发原则是什么？
4. 管理信息系统的开发模型有哪些？
5. 常见的管理信息系统的开发方法有哪些？
6. 简述结构化系统开发方法、原型法和面向对象方法的特点。

第 10 章 结构化信息系统的开发过程

学习目标

了解结构化信息系统开发的一般步骤。了解信息系统开发文档编制标准，能够按标准要求书写相关文档。掌握系统设计各过程的常用方法及具体实现；掌握系统实施的过程及注意事项。能对日常生活中简单的信息系统进行分析与设计。

内容提要

1. 结构化信息系统开发的系统分析
2. 结构化信息系统开发的系统设计
3. 结构化信息系统开发的系统实施

本章以结构化信息系统开发过程为例，分析信息系统的开发过程。结构化信息系统开发是一种由系统分析员、软件工程师、程序员及最终用户参与，按照用户至上的原则，自上而下分析与设计，自下而上逐步实施的建立计算机信息系统的过程，是组织、管理和控制信息系统开发过程的一种基本框架。开发过程分为系统分析阶段、系统设计阶段、系统实施阶段。

10.1 结构化信息系统开发的系统分析

系统分析是由系统分析人员和用户单位的管理人员和业务人员按照系统观点，在对现有系统进行深入调查和需求分析的基础上，综合运用系统科学、管理科学、计算机科学、通信网络技术和软件工程等知识，深入研究现行系统的活动和各项工作、用户的各种需求而绘制描述系统总体逻辑方案的图表或建立目标系统逻辑模型的活动。

10.1.1 信息系统分析的任务

信息系统分析是在系统规划指导下，对组织信息系统解决问题的分析，该阶段相当于工程建设中的初步方案设计，只涉及解决什么问题和在逻辑上如何解决，不涉及解决问题的具体做法，所以系统分析也称逻辑设计，即建立新系统的逻辑模型。在逻辑上规定新系统的功能但不涉及新系统具体的物理实现，也就是要解决系统“做什么”而不是“如何做”

的问题。其任务可以归纳如下。

1. 分析用户要求

分析用户要求就是分析用户在系统功能、性能等方面的要求及用户在硬件配置、开发周期、处理方式等方面的意向与打算。其中，明确用户在功能、性能等方面的要求是系统分析的核心，需要用户和系统分析人员共同完成。先由用户提出初步的要求，然后由系统分析人员通过对系统的详细调查，进一步完善系统在功能、性能方面的要求，最终以软件需求说明书的形式将用户要求确定下来。

2. 现行系统的详细调查

现行系统的详细调查是通过各种方式和方法对现行系统进行详细、充分和全面的调查，弄清现行系统的边界、组织机构、人员分工、业务流程、各种计划、单据和报表的格式、处理过程、企业资源及约束情况等，使系统开发人员对现行系统有一个比较深刻的认识，为新系统开发做好原始资料的准备工作。

3. 组织结构与业务流程分析

详细了解各级组织的职能和有关人员的工作职责，决策内容对新系统的要求，业务流程各环节的处理业务及信息的来龙去脉。

4. 系统数据流程分析

在对业务流程分析的基础上，分析数据的流动、传递、处理与存储过程，用数据流程图进行描述，建立数据字典。

5. 建立新系统的逻辑模型

在系统调查和系统化分析的基础上建立新系统的逻辑模型，采用一组图表工具来表达和描述新系统的逻辑模型，使新系统的概貌清晰地呈现在用户面前，方便分析人员和用户针对模型进行交流讨论，在与用户充分交流的基础上使新系统的逻辑模型得到完善。

6. 提出系统分析报告

对前面的分析结果进行总结，把用户的要求成文，完成系统分析报告。系统分析报告是系统分析阶段的成果和总结，是向开发单位有关领导提交的正式书面报告，也是下一工作阶段系统设计的依据。

10.1.2　业务流程分析

业务流程是为达到特定的价值目标而由不同的人共同完成的一系列活动。不但活动之间有严格的先后顺序限定，而且活动的内容、方式、责任等也都有明确的安排和界定，使不同活动在不同岗位角色之间进行转手交接成为可能。业务流程分析是在业务功能基础上的细化，是根据系统调查所获得的有关业务流程资料，将业务处理过程中的每一个步骤用一个完整的图形串联起来，以表达现行系统的业务流程。此完整图形就是业务流程图，通过对业务流程图的整理、分析，我们可以实现对现有流程的改进和优化。

1. 组织结构图、功能结构图

（1）组织结构图

组织结构图是一种传统的、非结构化的图形工具，是用图的形式来描述组织的总体结构及组织内部各部分之间的联系的。它把企业组织分成若干部分，按级别、分层次地以树型结构显示出来，是一张反映组织内部之间隶属关系的树状结构图。通常用矩形框表示组织机构，某企业的组织结构图如图 10-1 所示。

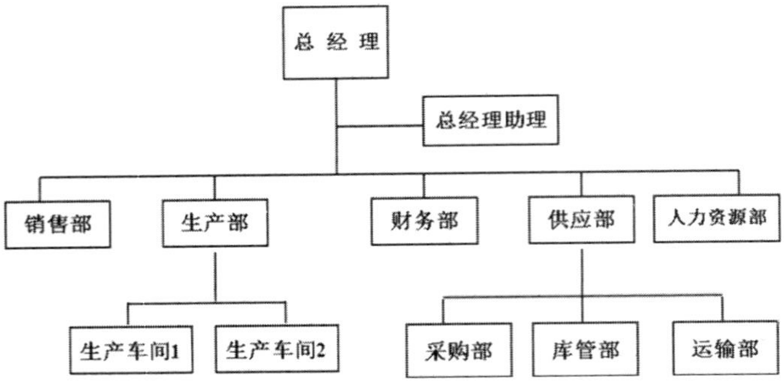

图 10-1　企业组织结构图

（2）功能结构图

功能是指完成某项业务工作的能力。每个信息系统都具有一定的功能，以组织结构图为背景，对调查资料进行整理，分析清楚各部门的功能后，分层次将其归纳、整理出以系统目标为核心的整个系统的功能结构图，某企业销售管理功能结构图如图 10-2 所示。

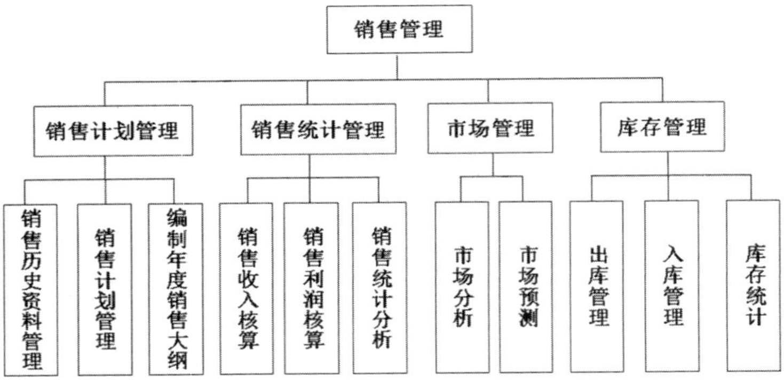

图 10-2　某企业销售管理功能结构图

组织结构图、功能结构图说明了信息处理工作主要集中在哪些部门，以及这些部门的主要职能，下一步要弄清这些职能是如何在有关部门具体完成的，以及在完成这些职能时信息处理工作的具体详细情况。

2. 业务流程图、表格分配图

流程就是做事的顺序，它是一组将输入转化为输出的相互联系或相互作用的活动。流程由活动组成，各个活动之间有特定的流向，它包含明确的起始活动和终止活动。业务流程是在功能确定的组织结构中，实现业务目标和决策的、相互连接的过程和活动的集合。

（1）业务流程图

业务流程图（Transition Flow Diagram，TFD）是一种描述管理系统内各单位、人员之间业务关系、作业顺序和管理信息流动的流程图，它用一些规定的符号及连线表示某个具体业务的处理过程，它可以帮助分析人员找出业务流程中的不合理流向。

业务流程图按照业务的实际处理步骤和过程绘制，是一种用图形方式反映实际业务处理过程的“流水账”。绘制这个“流水账”对于开发者理顺和优化业务过程是很有帮助的。现行系统的业务流程图是分析和描述现行系统的重要工具，是业务流程调查结果的图形化表示。它反映现行系统各机构的业务处理过程和各机构之间的业务分工与联系，以及连接各机构的物流、信息流的传递和流动关系，体现现行系统的界限、环境、输入、输出、处理和数据存储等内容。TFD 是一种用尽可能简单的形式描述业务处理过程的方法。由于它的符号简单明了，所以非常易于阅读和理解业务流程；由于对一些专业性较强的业务处理细节缺乏足够的表现手段，它比较适用于反映事务处理类型的业务过程。

① 业务流程图的基本符号。

业务流程图的基本图形符号有四个，如图 10-3 所示。

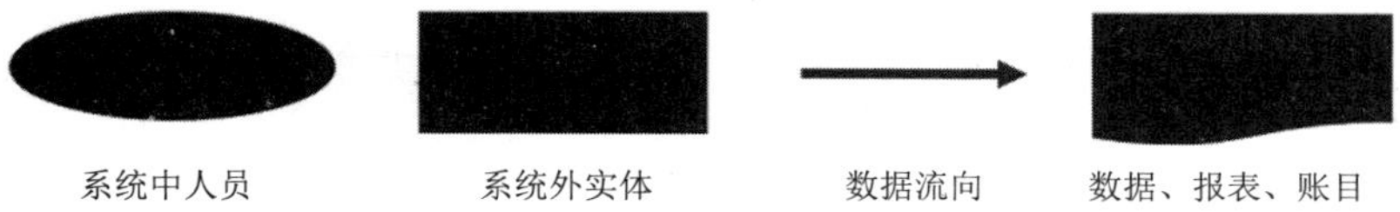

图 10-3　业务流程图的基本图形符号

② 业务流程图的绘制。

TFD 根据系统调查表中所得到的资料和问卷调查的结果，按业务实际处理过程，用给定的符号将它们绘制在同一张图上。在绘制 TFD 的过程中可以发现问题、分析不足、优化业务处理过程，所以说绘制 TFD 是分析业务流程的重要步骤。TFD 的绘制并无严格的规则，只需简明扼要地如实反映实际业务过程。

某企业库存管理领料业务流程图如图 10-4 所示，具体业务过程如下：车间填写领料单给仓库要求领料，库长根据用料计划审批领料单，不合格的领料单不予批准，未批准的领料单退回车间，已批准的领料单批转到仓库保管员处，由他首先查阅库存账，若账上有货则通知车间前来领取所需物料，并修改库存账，否则生成缺货通知单，交给采购人员。

（2）表格分配图

为了传递信息，管理部门经常将某种单据或报告复印多份分发到多个部门，在这种情况下，可以采用表格分配图来描述有关业务，如图 10-5 所示。这是一张描述物资采购业务的表格分配图。图中采购部门准备采购单一式四联，第一联交给供货单位，第二联交给收货部门，用于登记待收货登记表，第三联交给会计部门作应付款处理，记入应付账，第四联留在采购部门备查。表格分配图表达清楚，可以帮助系统分析人员描述系统中复制多份的报告或单据的数量，以及这些报告或单据都与哪些部门发生业务联系。

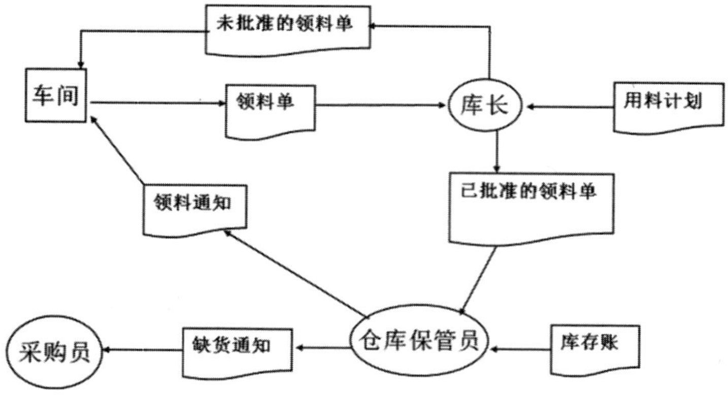

图 10-4　某企业领料业务流程图

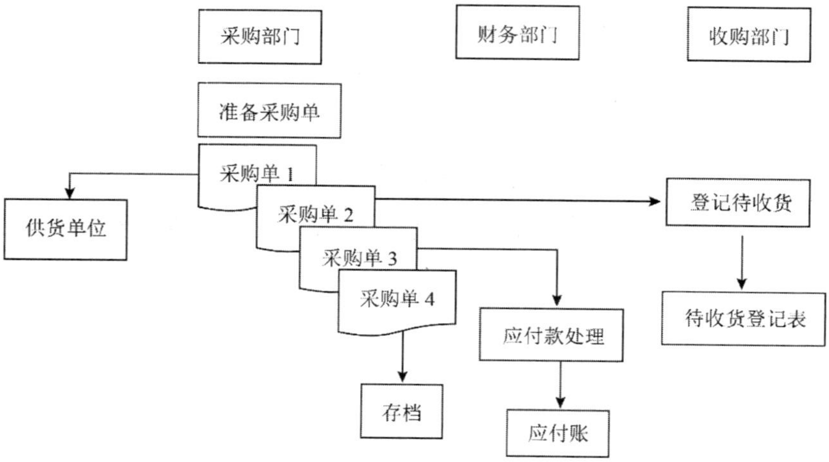

图 10-5　采购业务的表格分配图

10.1.3　数据流程分析

1. 数据流程图

数据流程图（Data Flow Diagram，DFD）是进行数据流程分析的主要工具，也是描述系统逻辑模型的主要工具。数据流程图用几种基本符号反映了信息在系统中的流动、存储和处理。

（1）数据流程图的特性

① 抽象性。数据流程图不考虑具体的物理因素，如具体的组织结构、工作场所、物流、存储介质、具体的处理方法和技术手段等内容，只是抽象地反映信息的流动、加工存储和使用的情况，使我们能抽象地总结出管理信息系统的任务，以及各项任务之间的顺序和关系，从信息处理的角度将一个复杂的实际系统抽象成一个逻辑模型。

② 概括性。数据流程图把系统对各种业务的处理过程联系起来，形成一个整体，从而给出一个系统全貌。无论是手工操作部分还是计算机处理部分，都可以用它系统地表达出来。

（2）数据流程图的基本成分

数据流程图由四种基本符号组成，如图 10-6 所示。

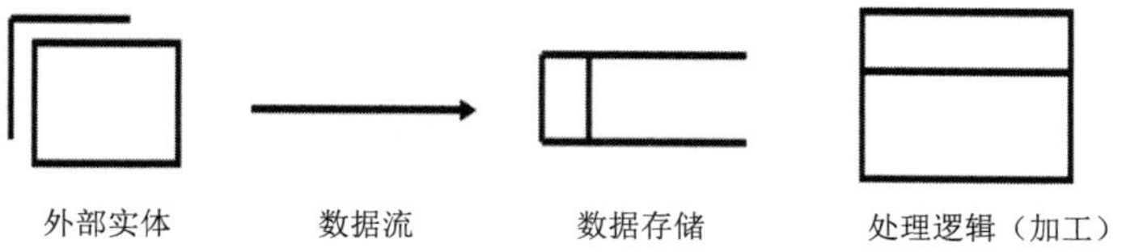

图 10-6　数据流程图的基本符号

① 外部实体。外部实体是指在所研究系统外、独立于系统而存在、跟系统有联系的实体，它表示数据的外部来源和去向，它可以是某个人员、某个组织、某一信息系统或某种事物，它是系统的数据来源或数据终点。确定系统的外部实体，实际上就是明确系统与外部环境之间的界限，从而确定系统的范围。例如，银行系统中的顾客是数据的源头，存取款人的信息、存取款类型、金额、密码等都需要由顾客提供。我们用一个正方形，并在其左上角外边另加一个直角来表示，在正方形内写上这个外部实体的名字。

② 数据流。数据流表示流动着的数据，它可以是一项数据，也可以是一组数据（如扣款数据文件、订货单等）。数据流用带有名字的箭头表示，名字表示流经的数据，箭头则表示流向。

③ 数据存储。它指逻辑意义上的数据存储环节，即信息处理功能需要的、不考虑存储的物理介质和技术手段的数据存储环节，如数据文件、文件夹或账本等。用一个右边开口的长方形表示，图形右部填写存储的数据和数据集的名字，左边填入该数据存储的标识，标识号通常是“D”开头。

④ 处理逻辑（加工）。这是对数据进行的操作，处理逻辑也称为处理。处理逻辑包括两方面的内容：一方面是变换数据的组成，即改变数据结构；另一方面是在原有的数据内容基础上增加新的内容，形成新的数据。处理逻辑用上下相连的两个矩形表示，上部为标识号，通常是“P”开头，下部为功能描述、执行部门或程序名。

说明：在一些介绍结构化系统分析的书中，所用符号可能与本书所用的符号有所不同，但基本元素都是以上四种。

（3）数据流程图的绘制

绘制数据流程图的一般步骤如下：

① 确定与本系统有关的外部实体，即确定与本系统有关的单位、部门和人员。

② 确定系统的处理逻辑。

③ 确定系统的存储单元，即确定系统中需要存储的文件和数据。

④ 绘制顶层的数据流程图。按照系统功能结构绘制顶层的数据流程图，即按照从左到右、自顶向下的顺序，将各个处理单元和存储单元通过数据流连接起来，并填写处理单元、存储单元及数据名称，但顶层的数据流程图是概要性的，不涉及细节，不考虑特殊情况。

⑤ 绘制底层的数据流程图。将顶层的数据流程图中的处理单元展开，扩展成多个子处理框，进行详细描述，并加入特殊情况的处理。底层的数据流程图的绘制方法与顶层的相

似，这样逐层细化，直到对处理过程进行足够详细的描述为止，从而得到多个分层的数据流程图。

⑥ 组织用户领导、管理人员和业务人员等反复讨论、分析、比较，直到得到一个用户和开发人员都能理解的、满意的数据流程图。

某企业库存管理领料业务的顶层数据流程图，如图 10-7 所示。

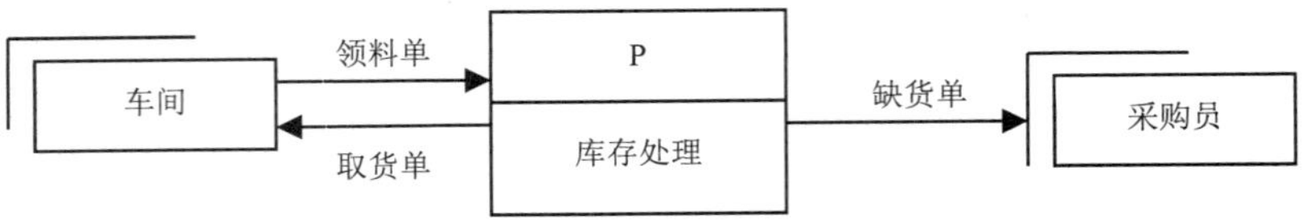

图 10-7　某企业库存管理领料业务的顶层数据流程图

（4）绘制数据流程图的注意事项

数据流程图是系统分析人员与用户信息交流的主要工具。这种流程图符号少、通俗易懂、层次性强，适合对不同管理层次的业务人员进行业务调查。在调查过程中，随手就可记录有关情况，并与业务人员讨论，不足的地方得到补充，有出入的地方得到纠正。最后绘制出正式的流程图，在绘制数据流程图时要注意以下几点。

① 数据流是现实环境中传递的一组数据，是由一组数据项组成的。数据流可以从一个处理逻辑流向另一个处理逻辑，也可以从一个处理逻辑流向一个文件（数据存储），或从一个文件流向一个处理逻辑。每一数据流都要有一个合适的名字，一方面为了区别不同的数据流，另一方面能使人容易理解数据流的含义。

② 处理逻辑是对数据进行处理的单元。在分层数据流程图中，要对处理逻辑进行编号，以便进行管理。处理逻辑也要选取合适的名字，以提高数据流程图的可读性。

③ 数据存储是用来存储数据的文件，如图 10-8 所示。但是要注意：数据流方向从文件到处理逻辑表示读文件，数据流方向从处理逻辑到文件表示写文件。

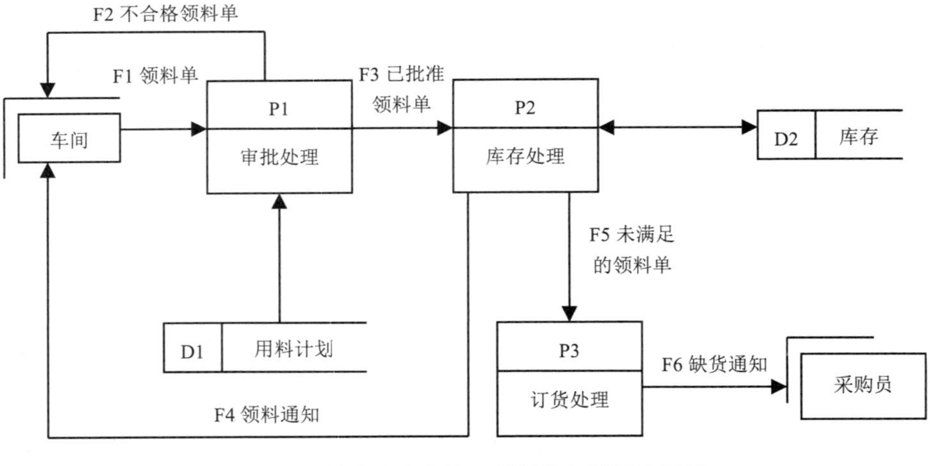

图 10-8　某企业库存管理领料业务数据流程图

• 审批处理 P1。将不符合用料计划的领料单退回车间，将合格的领料单送到下一步“库存处理”。

- 库存处理 P2。查阅库存台账，根据库存情况分为两类情况，若账上有货则将领料情况通知车间，并修改库存账，否则送到下一步“订货处理”。
- 订货处理 P3。开缺货通知单，交给采购员。

④ 关于层次的划分。最上层的数据流程图概括地反映出信息系统最主要的逻辑功能、最主要的外部实体和数据存储。逐层扩展数据流程图是对上层图（父图）中某些处理加以分解。下层图（子图）是上层图中处理框的“放大”。因此，凡是与这个处理框有关系的外部实体、数据流、数据存储必须在下层图中反映出来。逐层扩展的目的，是把一个复杂的功能逐步分解为若干较为简单的功能。逐层扩展不是肢解和蚕食，使系统失去原来的面貌，而应保持系统的完整性和一致性。

⑤ 需要说明的是，数据流程图的表示方法不是唯一的，系统分析员的个人经验和水平不同，对问题的理解不同，所绘制的数据流程图可能也有所不同。

（5）数据流程图的用途

① 利用它系统分析人员可以自顶向下地分析整个系统的信息流程。

② 根据逻辑存储，可以进一步做数据分析，向数据库设计过渡。

③ 根据数据流向，确定存储方式。

④ 可以在流程图上标出需要计算机处理的部分。

⑤ 对应一个处理过程，用相应的程序语言、判断表等工具来表达处理方法，向程序设计过渡。

2. 数据流程图与业务流程图的关系

业务流程图主要描述业务走向，比如说“看病”这一过程，病人首先要挂号，到医生那里看病开药；然后交款，到药房领取药物；最后回家。而数据流程图描述数据的走向，再以“看病”为例，这个时候主要了解的是病人挂号系统需要哪些表，数据如何存储；医生看病用到哪些表，数据如何存储等。

业务流程图描述的是完整的业务流程，以业务处理为中心，一般没有数据的概念。数据流程图描述的是处理和数据，不强调流程的先后，以处理逻辑、数据流、数据存储为核心。

从业务流程图到数据流程图的本质是抽象，其主要的工作是抽象出业务流程中的内部人员的管理工作。数据流程图是在业务流程图的基础上形成的。

10.1.4　数据字典

数据流程图从数据流向的角度描述了系统的组成和各部分之间的联系，但却没有具体说明各个组成部分和数据流的具体含义。为此，还需要其他工具对数据流程图加以补充说明。

数据字典就是这样的工具之一，数据字典（Data Dictionary，DD）是关于数据的数据，是描述系统中数据流程图中全部组成部分的清单，它能弥补数据流程图对数据的具体内容不能详细说明的不足。数据流程图包括数据流、数据存储、处理逻辑和外部实体，数据字典正是对这些组成部分进行说明、保存和维护。数据字典的建立能帮助系统分析师确定用户的要求，而且为以后的系统设计提供参考依据。

1. 数据字典的定义

所谓数据字典，是以特定格式记录下来的、对系统的数据流程图中各个基本要素（数据流、数据存储、处理逻辑和外部实体）的内容和特征所做的完整的定义和说明。它是结构化系统分析的重要工具之一，是对数据流程图的重要补充和说明。

2. 数据字典的内容

数据字典的内容包括六个方面：数据项、数据结构、数据流、处理逻辑、数据存储和外部实体。

① 数据项。也称数据元素，具有独立逻辑含义的最小数据单位，是不可再分的数据单位，如学号和姓名等。数据项的定义包括数据项的名称、数据项编号、数据项的取值范围、数据项的长度等。

② 数据结构。

数据结构用于描述某些数据项之间的关系。数据结构可以是由若干个数据项组成的，也可以是由若干个数据结构组成的，还可以是由若干个数据项和数据结构组成的。数据结构是一个递归概念。数据字典中对数据结构的描述应该包括数据结构的名称、数据结构的编号、数据结构的简要说明和数据结构的组成等。

③ 数据流。

数据流由一个或一组固定的数据项组成。在数据字典中，关于数据流的描述除数据流名称、数据流编号外，还应该包括以下属性：

- 数据流的来源。数据流可以来自某一外部实体、数据存储或某一处理逻辑。
- 数据流的去向。若数据流的去向不止一个，则要分别说明。
- 数据流的组成。数据流的组成是指数据流所包含的数据结构。
- 数据流的流通量。数据流的流通量是指单位时间里的数据传输次数。

④ 处理逻辑。

数据字典中的处理逻辑仅是对数据流程图中最底层的处理逻辑加以说明。除简要说明处理逻辑的名称、编号外，它还要说明处理逻辑的输入数据流和输出数据流。处理过程描述的目的是使读者有一个比较明确的概念，并了解这一处理框的主要功能。

⑤ 数据存储。

数据存储主要描写该数据存储的结构及有关的数据流、查询要求。

⑥ 外部实体。

3. 数据字典的使用与管理

数据字典的建立有两种方式，即手工方式和计算机方式。手工方式是将各类条目按上面所介绍的格式写在卡片上或写在纸上，并分类建立一览表。计算机方式是在手工方式的基础上，将数据整理、存储在计算机中，由软件进行管理。一些大中型计算机有专门的自动化数据字典软件对数据进行管理，使数据的查询和修改都十分方便。规模较小的系统，比较适合采用手工方式。

数据字典实际上是“关于系统数据的数据库”。在整个系统开发阶段及系统运行与维护阶段，数据字典是必不可少的工具。在系统分析的过程中，使用数据字典可以很方便地通过名称去查询数据的定义；同时，也可以按照各种要求，随时列出各种表，以满足分析员的需求。使用数据字典时，也可以由描述内容去查询数据的名称。

数据字典可以确保数据在系统中的完整性和一致性。例如，人们通过检查各类条目的规定格式，可以发现是否存在没有指明来源和去向的数据流、处理逻辑与输入的数据项是否匹配、是否存在没有输入或没有输出的数据存储等问题。

数据字典必须有专人管理。数据管理员的职责就是维护和管理数据字典，保证数据字典内容的完整性和一致性。包括系统分析员、系统设计员、程序员在内的任何人要修改数据字典的内容，都必须通过数据管理员。数据管理员要负责把数据字典的最新版本及时通知有关人员。

10.1.5　表达处理逻辑的工具

数据流程图中的处理逻辑已在数据字典中做出简要的定义，但对一些比较复杂的处理逻辑，还有必要作更为详细的说明。对处理逻辑加以说明，只需针对数据流程图中最底层的处理逻辑进行即可，而不必去描述各上层数据流程图中的处理逻辑，因为上层处理逻辑仅是底层处理逻辑的概括。

为了简洁地表达处理逻辑中的一些难以说明的逻辑判断功能，可以采用以下几种工具。

1. 结构化查询语言

结构化查询语言是由结构化程序设计思想启发而来的，是介于形式语言和自然语言之间的一种语言，主要作用是解决自然语言描述不准确的问题。结构化程序设计只允许三种基本结构。结构化查询语言也只允许三种基本语句，即简单的祈使语句、判断语句、循环语句。结构化查询语言与程序设计语言的差别在于结构化查询语言没有严格的语法规定，与自然语言的区别在于它只有有限的词汇和语句。在结构化查询语言中使用三类词汇，即祈使句中的动词、数据字典中定义的名词及某些逻辑表达式中的保留字。

（1）祈使语句

祈使语句指出要做什么事情，包括一个动词和一个宾语。动词指出要执行的功能，宾语表示动作的对象，如计算利息、输入年限等。需要注意祈使句中的动词要表达明确，祈使句力求准确、精练。

（2）判断语句

判断语句类似于结构化程序设计中的分支结构，其一般形式如下。

如果　条件成立

则　动作 A

否则（条件不成立）

动作 B

例如，对图 10-8 中的处理逻辑“审批处理”用判断语句进行描述：

如果 领料单合格

则 输出合格领料单

否则 输出不合格领料单

（3）循环语句

循环语句表达在一定条件下重复执行的相同动作，重复执行的次数取决于循环的条件。循环语句的一般形式如下。

当 条件 成立时

执行动作 A

2. 决策树

当某个动作的执行不是只依赖于一个条件，而是和若干个条件有关时，如果仍然用结构化查询语言表达，可能要使用多层判断语句，结构会较复杂，不能一目了然。在这种情况下使用决策树进行表达比较合适。

决策树又称判断树，是用来表示逻辑判断问题的一种图形工具。它用“树”图来表达不同条件下的不同处理，比用语言的方式更为直观。

判断树的左边为树根，从左向右依次排列各种条件，左边的条件比右边的优先考虑。

根据每个条件的取值不同，树可以产生很多分支，各分支的最右端（树梢）为不同的条件取值状态下采取的行动（也称策略）。

例如，某公司的折扣政策如下。年购货额在 5 万元以上的顾客，如果最近 3 个月无欠款，则折扣率为 20%；虽然有欠款但与公司已经有 5 年以上的交易关系，则折扣率为 10%；否则折扣率为 5%。年购货额在 5 万元以下的顾客没有折扣。

通过分析得知，该折扣政策取决于三个条件：年购货额、客户的支付信用及与本公司的业务史，采取的行动分别为 20%的折扣、10%的折扣、5%的折扣和没有折扣四种。具体表示方法如图 10-9 所示。

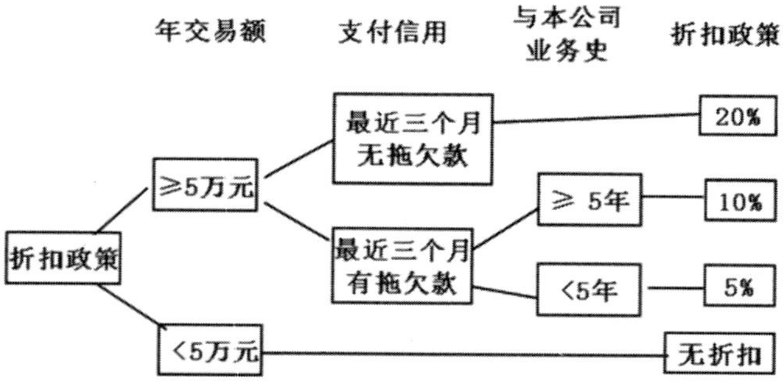

图 10-9 某公司顾客购货折扣政策的决策树

由上可知，决策树的优点是直观和明确，可以清楚地看出各种条件的不同取值状态下应当采取的行动，还可以看出根据条件的优先级别逐步判断、决策的过程。

3. 决策表

决策表也称判断表，也是一种表达逻辑判断的工具，它以表格的形式给出各种条件的全部组合，以及在各种组合下应采取的行动。当条件的个数较多、每一条件的取值有若干个、相应的动作也很多时，使用决策表比使用决策树更加有效和清晰。

决策表分成四部分，左上角为条件说明，左下角为行动说明，右上角为各种条件的全部组合，右下角为各种条件组合下采取的行动，如图 10-10 所示。

条件说明	条件组合
行动说明	采取行动

图 10-10　决策表结构

决策表要反映出所有的条件组合，若有 C_1，C_2，…，C_n 共 n 个条件，每个条件分别可能取 S_1，S_2，…，S_n 个值，则全部的条件组合有 $S_1 \times S_2 \times \cdots \times S_n$ 个。前面所举的例子中，由于各条件均取两个值，所以共有 2×2×2=8 个条件组合，每个条件组合及相应的行动如表 10-1 所示。表中“Y”表示条件成立，“N”表示条件不成立，“√”表示采取此行动。

上述某公司顾客购货折扣政策的例子，可用表 10-1 表达。

表 10-1　某公司顾客订货折扣政策的决策表

条件和行动 \ 各条件组合	1	2	3	4	5	6	7	8
C1：年购货额大于或等于 5 万元	Y	Y	Y	Y	N	N	N	N
C2：最近 3 个月无欠款	Y	Y	N	N	Y	Y	N	N
C3：与本公司交易大于或等于 5 年	Y	N	Y	N	Y	N	Y	N
A1：20%	√	√						
A2：10%			√					
A3：5%				√				
A4：没有折扣					√	√	√	√

通过对折扣政策的分析，我们可以看出，当顾客的年购货额小于 5 万元时，不管其他两个条件是否成立，结果都是无折扣。也就是说，和其他两个条件无关。所以，我们可以把上面决策表的后四列进行合并，用一列表示。同理，第一、二列也合并为一列。具体表示方法如表 10-2 所示。

表 10-2　某公司顾客订货折扣政策的决策表

条件和行动 \ 各条件组合	1	2	3	4
C1：年购货额大于或等于 5 万元	Y	Y	Y	N
C2：最近 3 个月无欠款	Y	Y	N	Y/N
C3：与本公司交易大于或等于 5 年	Y/N	N	Y	Y/N
A1：　20%	√			
A2：　10%		√		
A3：　5%			√	
A4：没有折扣				√

根据以上内容，我们可以总结出构造决策表的方法。

① 列出所有可能的条件及方案。

② 按全部方案列出其选择的行动。

③ 按合并规则简化决策表，减少表的列数，即在相同的行动列中，寻找不必要存在的条件所列出的方案，并将这些方案从表中删除。

10.1.6 系统分析说明书

1. 系统分析说明书的内容

系统分析说明书是系统分析阶段的技术文档，也是系统分析阶段的工作成果。系统分析说明书一般包括以下部分。

（1）概况介绍

概况介绍主要说明所开发信息系统的项目名称、专门术语等。

（2）现行系统的调查情况

现行系统的调查情况指在系统分析说明书中概括阐明现行系统的目标、主要功能、主要业务、组织机构存在的问题和薄弱环节，并阐述用户提出开发新系统请求的主要原因。数据流程图是描述现行系统的主要工具。

（3）目标系统的逻辑模型

人们通过对现行系统的综合分析，找出影响现行系统的主要矛盾，进行必要的改动，就可以得到目标系统的逻辑模型。通过系统分析的多方面工作，目标系统的目标已经明确，对目标系统的目标应该尽量给出数量和指标。新的目标也是将来验收目标系统的标准。

目标系统的逻辑模型的具体内容包括以下几点。

① 数据流程图的进一步说明。它主要包括目标系统与现行系统在处理功能、计算机信息系统的处理和数据存储等方面的异同。

② 数据存储的要求。它主要指目标系统中要建立哪些数据文件，包括数据的用途、组织方式及数据共享的方式等。

③ 与其他子系统的关系。一般来说，业务信息系统是整个组织的一个子系统，它的开发和建立将影响与其他子系统之间的关系，系统之间的接口和信息流通方式等都将发生变化。目标系统的逻辑模型也是通过相应的数据流程图来加以说明的。数据字典、决策树和决策表等往往篇幅较大，可作为系统分析说明书的附件。但是，由它们得出的主要结论，如主要的业务量和总的数据存储量等，应该列在系统分析说明书的正文中。

（4）实施计划

系统分析说明书的实施计划主要有以下内容。

① 工作任务的分解：对系统开发中的各项工作负责。

② 工作进度安排：安排各项工作的预定开始日期和结束日期，规定系统开发的进度和各项任务完成的次序。

③ 开发费用预算：估算本项目所需要的劳务及经费。

2. 系统分析说明书的审议

系统分析说明书的审议由开发人员、企业领导、业务人员和系统分析专家共同进行。若在评审中，有关人员发现开发人员对系统的了解存在比较大的差错、遗漏，对系统分析说明书中所提出的方案不满意，开发人员则需要返工，重新进行系统调查和分析，直至系统分析说明书被通过为止。

系统分析说明书一旦通过审议，则将成为目标系统开发的权威性文件，它是下一阶段系统设计的主要依据，同时，系统分析说明书也成了用户与开发人员之间的技术合同，是将来对系统进行验收的标准之一。

10.2　结构化信息系统开发的系统设计

系统设计是在系统分析的基础上，按逻辑模型的要求，科学合理地进行系统的总体设计和详细设计。总体设计又称结构设计，内容包括系统功能结构图设计、功能模块结构图设计、系统设计说明书等；详细设计包括代码设计、数据库设计、用户界面设计、处理流程设计、系统物理配置方案设计等。选择介绍如下。

10.2.1　功能模块结构图设计

功能模块结构图就是按照功能从属关系画成的图表，图中每一个框称为一个功能模块。功能模块可以根据具体情况划分得大一点或小一点。分解的最小的功能模块可以是一个程序中的一个处理过程，而较大的功能模块则可能是完成某一任务的一组程序。图 10-11 是某企业 ERP 系统的功能模块结构图。

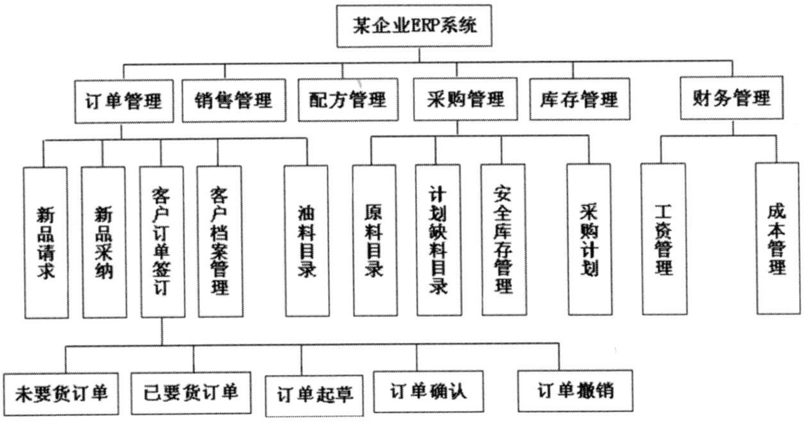

图 10-11　企业 ERP 系统的功能模块结构图

由图 10-11 可见，经过层层分解，可以把一个复杂的系统分解为多个功能较单一的功能模块。在信息系统领域，模块是指能实现某种事物处理或管理业务的一个程序化的软件单元。这种把一个信息系统设计成若干模块的方法称为模块化。模块化是一种重要的设计思想，这种思想把一个复杂的系统分解为一些规模较小、功能较简单、更易于建立和修改的部分。一方面，各个模块具有相对独立性，可以分别加以设计实现；另一方面，模块之间的相互关系（如信息交换、调用关系）则通过一定的方式予以说明。各模块在这些关系的约束下共同构成一个统一的整体，实现系统的功能。

10.2.2 代码设计

代码是代表客观存在的事物名称、属性和状态等的符号，通常由数字、字母或数字与字母混合组成。

1. 代码的功能

① 使用代码可以提高计算机处理的效率和精度。按代码对事物进行分类、合并、更新和检索，十分迅速。

② 利用代码可以节省计算机的存储空间，提高运算速度。例如，在物资管理信息系统中，相应的代码就可以反映出物资的种类、规格和型号等内容。因此，它可以减少计算机处理的数据量，提高处理速度，并可以节省存储空间。

③ 利用代码可以提高系统的可靠性。在代码中加入校验码，可以在输入数据时利用计算机进行检验，保证输入的数据准确、可靠，从而可以提高整个系统的可靠性。

④ 利用代码可以提高数据的全局一致性。同一事物在不同场合有不同的叫法，但可以用代码统一起来，减少因数据不一致而造成的错误。

⑤ 代码是人和计算机的共同语言，是两者交换信息的工具。现代企业的编码系统已由简单的结构发展成为十分复杂的系统。为了有效地推动计算机应用和防止标准化工作走弯路，我国十分重视制定统一编码标准的问题。在系统设计时，设计人员要认真查阅、借鉴和使用国家或部门已经颁布的各类标准。

代码设计在系统分析阶段就已经开始，由于代码的编制需要仔细调查和多方协调，是一项很烦琐的工作，因而在系统设计阶段才能最后确定。

2. 代码设计的原则

合理的编码结构是信息系统具有生命力的一个重要因素。设计人员在设计代码时应遵循以下基本原则。

① 唯一性。每个代码只能唯一地代表系统中的一个实体或实体属性，而一个实体或实体属性也只能由唯一的代码来表示。

② 标准性。代码设计时要尽量采用国际或国家的标准代码，以方便信息的交换，并有利于系统的更新和维护。

③ 合理性。代码设计必须与编码对象的分类体系相适应，以使代码对编码对象的分类具有标识作用。

④ 可扩充性。编码时要留有足够的备用代码，以适应今后扩充代码的需要。但是，备用代码也不能留得过多，以免增加处理的难度。

⑤ 简单性。代码结构应简单，并尽量缩短代码的长度，以方便输入，提高处理效率，并 且便于记忆，减少读、写的差错。

⑥ 适用性。代码设计要尽量反映编码对象的特点，以便于识别和记忆，使用户容易了

解和掌握。

⑦ 规范化。代码的结构、类型和编码格式必须严格统一，以便于计算机处理。

3. 代码设计的步骤

代码设计的步骤如下。

① 确定代码对象。

② 考察是否为标准代码。如果国家标准化管理委员会、某一部门对某些事物已经规定了标准代码，那么就要遵循这些标准代码。如果没有标准代码，那么在代码设计时要参考国际标准化组织和其他国家、部门和单位的编码标准，设计出便于今后标准化的代码。

③ 根据代码的使用范围、使用时间及实际情况，选择代码的种类与类型。

④ 考虑检错功能。

⑤ 编写代码表。代码编好后，要编制代码表，并进行详细说明，对使用部门进行培训，使其能够正确使用。

10.2.3　数据库设计

数据库设计是指在一个给定的应用环境下，确定一个最优数据模型和处理模式，构建既能满足多个用户的数据需求与处理要求，又能被某一数据库管理系统所接受，并且能安全、有效和可靠地存取数据的数据库。

数据库设计的主要任务是设计出能够反映实际信息关系、数据冗余少、存储效率高、易于实施维护并能满足各种应用要求的数据模型。

10.2.4　用户界面设计

输入/输出设计是设计管理信息系统与用户的界面。一般而言，输入/输出设计对于系统开发人员并不重要，但对于用户，却显得尤为重要。它是一个组织系统形象的具体体现，能够为用户建立良好的工作环境，激发用户努力学习、主动工作的热情。输入/输出设计要符合用户习惯，方便用户操作，为用户提供易读、易懂的信息形态。

1. 输入设计

输入设计的任务是根据具体业务要求，确定适当的输入形式，使管理信息系统获取管理工作中产生的正确信息。输入设计的目的是提高输入效率，减少输入错误。

① 输入设计的原则。输入设计的原则包括以下方面：第一，要控制输入量，尽可能利用计算过程减少输入延迟；第二，要减少输入错误，采用多种校验方法和验证技术；第三，要避免输入的额外步骤，简化输入过程。

② 输入设计的内容。输入设计的内容主要包括输入界面设计和输入设备选择两个方面。输入设计首先要确定输入设备的类型和输入介质。目前，常用的输入设备有键盘、输入装置、光电阅读器和终端输入等。

③ 输入数据的校验。输入数据的校验方法包括数据录入前的人工复查、重复录入校验、人工复核、数据类型校验、数值范围及合理性校验、平衡校验和控制总数校验等。在进行选择时，设计人员可根据具体校验对象的不同有针对性地选择校验方法。

2. 输出设计

输出设计的任务是使管理信息系统输出满足用户需求的信息。输出设计的目的是正确、及时地反映和组成用于管理各部门需要的信息。信息能够满足用户需要，直接关系到系统的使用效果和系统的成败。

① 输出设计的内容。

输出信息使用情况，它包括信息的使用者、使用目的、信息量、输出周期、有效期、保管方法和输出份数。

输出信息内容，它包括输出项目、精度、信息形式（文字、数字）及输出格式（表格、报告、图形）等。

输出设备和介质，输出设备包括打印机和显示器等，输出介质如移动存储器、光盘和纸张（普通纸张、专用纸张）等。

② 输出方式的选择。在系统设计阶段，设计人员应给出系统输出的说明。这一说明既是将来设计人员在软件开发中进行实际输出设计的依据，也是用户评价系统实用性的依据。因此，设计人员应能选择合适的输出方式，并以清楚的方式表达出来。常见的输出方式包括显示输出、打印输出、磁盘输出、光盘输出和绘图输出等。

③ 输出设计的评价。我们对输出设计进行评价一般要考虑以下方面。

能否为用户提供及时、准确、全面的信息服务。

是否便于阅读和理解，符合用户的习惯。

是否充分考虑和利用了输出设备的功能。

是否为今后的发展预留了一定的余地。

10.2.5 系统设计说明书

系统设计完成之后，系统设计人员应将系统设计的全部结果（包括系统结构图、模块说明书、系统配置方案及各项详细设计内容等）形成系统设计说明书。通常，在系统设计完成以后，评审人员要对其结果进行一次阶段评审。系统设计说明书一经评审通过，并经有关部门和领导审核批准，则系统设计阶段的工作即告结束。一般系统设计说明书至少应包括以下几项。

1. 引言

系统设计说明书的引言部分主要包括以下内容。

① 摘要：目标系统的名称、目标和主要功能。

② 对象。

③ 工作条件与限制。

④ 参考和引用的资料。

⑤ 专门术语解释。

2. 总体设计方案

总体设计方案主要包括以下内容。

① 模块结构设计。
② 系统配置设计。
③ 数据库设计。
④ 代码设计。
⑤ 输入设计。
⑥ 输出设计。
⑦ 对话设计。

3. 方案实施计划

方案实施计划主要包括以下内容。
① 工作任务的分解。
② 任务进度。
③ 经费预算。

10.3 结构化信息系统开发的系统实施

系统实施是指将系统设计阶段的结果在计算机上实现，即将原来纸面上、类似于设计图的新系统方案转换成可执行的应用软件系统。

同样地，系统实施也是一项复杂的工程。一般来说，系统实施阶段主要包括以下工作。
① 物理系统的实施和数据库系统的建立。
② 程序设计。
③ 系统测试和调试。
④ 系统切换。
⑤ 人员培训。

上述各方面的工作可并行进行，以缩短系统实施的周期。

10.3.1 物理系统的实施和数据库系统的建立

物理系统的实施是指计算机系统和通信网络系统设备的订购、机房的准备和调试、系统软件的安装和调试、基础数据的收集和录入等一系列活动。物理系统的实施主要包含以下内容。

1. 计算机系统的实施

计算机系统的实施包括计算机品牌选择，按照系统的要求确定计算机配置，根据应用环境进行相关配件（如 UPS）采购决策。

2. 网络系统的实施

网络系统的实施就是用通信线路把各种设备连接起来组成网络系统，它主要包括网络设备供应商的选取、网络设备产品的选购、网络物理结构的搭建、通信设备的选择及建设工作。

3. 整理基础数据，建立数据库系统

企业中有许多固定信息和历史信息，如产品结构、各种台账和统计信息等。在手工信息系统中，它们是保存在纸介质上的；而实现计算机信息系统后，它们将转存到计算机存储系统中。这些存储实体的代码、存储信息的数据模型及所用的数据库管理系统在系统分析和系统设计阶段均已确定。在系统实施阶段，开发人员按照数据流程分析、数据过程分析及数据库设计的结果，在计算机内建立数据库系统，整理固定信息和历史信息，以备新系统运行时使用。若上述工作进行得比较顺利，并且开发者对数据库技术比较熟悉，则按照数据库设计的要求，在短时间内即可建立起一个数据库结构，并着手进行基础数据的整理和从旧系统中导入所需要的数据。由于手工系统中有些数据残缺不全，有些数据不够准确，因而在存入新系统时，需要花大力气进行补充、整理和校验，还应力求完整、准确。

10.3.2 程序设计

程序设计是指设计人员根据系统分析和系统设计产生的功能结构图、数据流程图、数据字典及计算机系统提供的有关资料和系统选定的程序设计语言而编写一系列语句或指令以完成系统的功能，满足用户需求。

10.3.3 系统测试和调试

系统测试是指测试人员根据系统开发各阶段的规格说明和程序的内部结构而精心设计一批测试用例，并利用这些测试用例去运行系统，以发现系统错误的过程。好的测试方案是尽可能地发现至今尚未发现的错误的测试方案。成功的测试则是发现至今尚未发现的错误的测试。测试并不能保证程序是完全正确的，成功的测试也不应是没有发现错误的测试。

在管理信息系统开发及实施过程中，系统测试是保证系统得以顺利运行的关键一步，它是提高软件质量和可靠性的有效手段。系统测试主要包括以下步骤。

1. 单元测试

单元测试主要以模块为单位进行测试，即测试已设计出的单个模块的正确性。测试的主要内容如下。

① 模块接口测试。模块接口测试即测试模块之间信息是否能够准确地流进、流出。

② 数据结构测试。数据结构测试即测试模块在工作过程中，其内部的数据能否保持完整性，包括数据的内容、形式及相互关系是否正确。

③ 边界条件测试。边界条件测试即测试为限制数据加工商设置的边界处模块能否正常工作。

④ 覆盖条件测试。覆盖条件测试即测试模块的运行能否满足特定的逻辑覆盖。

⑤ 出错处理测试。出错处理测试即测试模块工作中发生错误时，其中的出错处理措施是否有效。

2. 组装测试

在每个模块完成单元测试后，工作人员需按照所设计的结构图把它们连接起来。组装

测试的内容如下。

① 各模块是否允许错误地连接。

② 能否保证数据有效传输及数据的完整性和一致性。

③ 人机界面及各种通信接口能否满足设计要求。

④ 能否与硬件系统的所有设备正确连接。

3．确认测试

组装测试完成后，工作人员在各模块接口无错误并满足软件设计要求的基础上测试。

确认测试的主要内容如下。

① 功能方面：测试系统输入、处理、输出是否满足要求。

② 性能方面：测试系统的数据精确度、时间特性（响应时间、更新处理时间、数据转换及传输时间、运行时间等）、适应性（在操作方式、运行环境及其他软件的接口发生变化时，应具备的适应能力）是否满足设计要求。

③ 其他限制条件的测试：包括可使用性、安全保密性、可维护性、可移植性、故障处理能力等的测试。

4．系统测试

在软件完成确认测试后，应对软件与其他相关部分或全部软件、硬件组成的系统进行综合测试。系统测试的内容包括对各子系统或分系统之间的接口正确性的检查和对系统的性能、功能的测试。

5．验收测试

系统测试完成，在系统试运行了预定的时间后，企业应进行验收测试，包括对测试有关的文档资料的审查验收和对程序测试验收，确认已开发的软件能达到验收标准。对于一些关键性的软件，企业还必须按照合同进行一些严格的特殊测试，如强化测试和性能降级执行方式测试等。验收测试应在软件投入运行后所处的实际工作环境中进行。验收测试的内容如下。

① 文档资料的审查验收。文档资料的审查验收即检查所有与测试有关的文档资料是否编写齐全，并得到分类编目。这些文档资料主要包括各测试阶段的测试计划、测试申请及测试报告等。

② 余量要求。它实际考察计算机存储空间，输入、输出通道和批处理时间的使用情况，要保证它们至少都有 20%的余量。

③ 功能测试。它是根据系统实施方案中规定的功能对被验收的软件逐项进行测试，以确认该软件是否具备规定的各项功能。

④ 性能测试。它是根据系统实施方案中规定的性能对被验收的软件进行逐项测试，以确认该软件的性能是否得到满足。

⑤ 强化测试。强化测试按照软件开发规范中的强化测试条款进行，开发单位必须设计强化测试用例，其中包括典型运行环境、所有运行方式及在系统运行期间可能发生的其他情况。

⑥ 性能降级执行方式测试。它是在某些设备或程序发生故障时，对于允许降级运行的

系统，必须确定能够安全完成的性能降级方式。开发单位必须按照应用企业指定的所有性能降级执行方式或性能降级执行方式组织来设计测试用例，设定典型的错误原因所导致的性能降级执行方式。开发单位必须确保测试结果与需求规格说明中包括的所有运行性能需求一致。

以上测试是一个商品化系统测试和调试所不可或缺的。每种测试都要事先设计并在事后写报告归档。由于难以判定软件是否还有错误，因而何时停止测试就难以断言。增加测试可以增加可靠性，但测试费用也会相应增加。通常，停止测试的条件是在规定的测试时间以后没有再发现问题（如微软对一般系统的测试时间是 72 小时），或是执行完所有测试用例以后没有再发现问题。

10.3.4 系统切换

系统切换是指系统开发完成后新老系统之间的转换。一般在系统总调试完毕后的基础上进行系统切换工作。系统切换包括把原来全部用人工处理的系统转换为新的以计算机为基础的信息系统，也包括旧的信息系统向新的信息系统的转换。切换工作还包括旧系统的数据文件向新系统的数据文件的转换，人员、设备和组织机构的改造、调整，有关资料的建档和移交等。系统切换的最终形式是将全部控制权移交给用户单位。系统切换有四种方式，人们可以根据各系统的不同情况，采取不同的转换方式。

1. 直接转换方式

直接转换方式是用新系统直接代替旧系统，没有中间过渡阶段。直接转换方式的优点是转换简便、节省费用，缺点是风险较大。因为系统虽然经过试运行并经联调，但隐含的错误往往是不可避免的。实际应用中应采取加强维护和数据备份等措施，保证新系统的安全运行。直接转换方式一般适用于一些处理过程不太复杂并且数据不很重要的场合。

2. 平行转换方式

平行转换方式是使新、旧系统并行运行一段时间。并行运行期间，新、旧系统同时工作，互相对比校验，以检查新系统中隐含的错误。平行转换方式的优点是转换安全，缺点是在并行运行期间增加了用户的工作量，增加了转换费用。这种方式比较适用于银行和一些企业的核心系统。

3. 试运行转换方式

试运行转换方式是对一些关键子系统进行一段时间的试运行，试运行较稳定时再用新系统正式代替旧系统。因此，它的安全系数更高一些。

4. 逐步转换方式

逐步转换方式是分期、分批地转换，即缓慢地逐步停止旧系统中的某些部分时，缓慢地逐步采用新系统的相应部分。当确认新系统的运行符合要求时，旧系统就可以完全停止。这种方式实际上结合了直接转换方式和平行转换方式的优点，能防止直接转换方式产生的危险性，也能减少平行转换方式的费用。但是，在混合运行过程中，必须事先考虑好它们之间的接口。当新、旧系统差别太大时，不宜采用这种方式。

10.3.5 人员培训

人员培训需从编程和调试阶段开始，因为编程开始后，系统分析人员就有时间开始用户培训（假定系统分析人员与程序员有职责的严格区分）；编程完毕后，系统即将投入试运行和实际运行，这时才开始培训系统操作和运行管理人员，将会影响整个实施计划的执行。用户受训后能够有效地参与系统测试，系统分析人员也能对用户需求有更清楚的了解。系统投入运行后，除硬件维护人员外，还有其他工作人员在系统中工作，如系统主管人员、数据控制人员和数据录入人员等，这些人员都需要进行专门的技术培训，以适应新系统的要求。此外，对于新系统的用户，即各类管理人员，也要进行培训。他们在系统分析与设计阶段已不同程度地了解了系统功能，他们应通过培训进一步了解整个系统，学会系统的使用方法。

人员培训的主要内容如下。

① 系统整体结构和系统情况。

② 系统分析与系统设计每一步的考虑。

③ 计算机系统的操作与使用。

④ 系统所用主要软件工具。

⑤ 汉字输入方式的培训。

⑥ 系统输入方式和操作方式的培训。

⑦ 可能出现的故障及故障的排除。

⑧ 文档资料的分类及检索方式。

⑨ 数据收集、统计渠道和统计口径等。

本章小结

本章重点介绍了结构化信息系统开发的具体过程。其中，重点介绍了系统分析的常用方法及具体过程，详细描述了系统设计的内容、原则及基本思想，阐述了系统实施的内容及注意事项。

复习思考题

1. 系统设计的目标是什么？
2. 简述数据库设计的主要任务。
3. 输入设计的原则有哪些？输入数据的校验方法有哪些？
4. 简述系统设计说明书的主要内容。
5. 简述系统实施阶段的主要内容。
6. 简述系统测试的方法和基本步骤。
7. 简要说明人员培训的重要性。
8. 试比较系统切换的常用方式的优缺点及适用范围。

第 11 章 信息系统的管理

学习目标

掌握信息系统运行管理的内容。掌握信息系统项目管理的内容。掌握信息系统文档管理的内容。掌握信息系统安全管理的内容。掌握信息系统外包管理的内容。

内容提要

1. 信息系统运行管理
2. 信息系统项目管理
3. 信息系统文档管理
4. 信息系统安全管理
5. 信息系统外包管理

信息系统的开发是一个复杂的系统工程项目，其中“三分靠技术，七分靠管理”，不仅需要先进的科学技术，更需要强有力的管理方法。管理措施有效与否直接影响着信息系统的开发效率和效果。由此可见，在信息系统开发过程中管理活动的重要性和作用。信息系统的管理主要包括以下几个方面的内容：信息系统运行管理、信息系统项目管理、信息系统文档管理、信息系统安全管理、信息系统外包管理等。

11.1 信息系统运行管理

随着信息技术的发展及其在企业管理活动中的普遍应用，目前，具有一定规模的企业都设置了信息管理部门，该部门的主要职能是全面负责企业信息管理方面的各项工作。

11.1.1 信息系统管理机构的设置

由于企业组织规模大小的不同，目前国内企业的信息管理部门的结构、名称和人员的构成上也存在一定的差别。从组织结构上来看，主要包括两大类：一类是传统的职能型结构；另一类是按照项目团队来划分的矩阵型结构。一般规模较大的企业组织，由于其专业化分工较为精细，一般按照部、中心、组来划分；而较小规模的企业，没有较为明确的分工，没有独立的部门和称谓。在人员构成方面，主要是以信息管理与信息系统、计算机专业的专业人才为主。根据部门所承担的工作任务及其职责的划分，一般企业较为完善的信息管理部门的结构大致上应该包括各个分支机构、岗位和信息人员的配置（见图 11-1）。

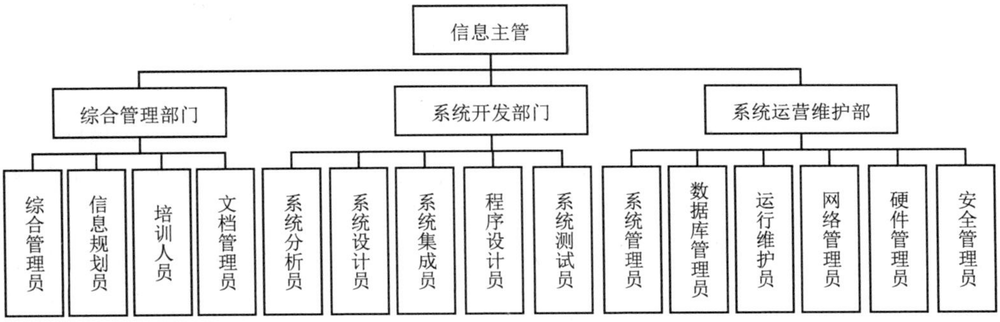

图 11-1　企业信息系统管理部门的机构设置

从上图中可以看出，企业信息系统管理部门的机构设置主要包括信息主管、综合管理部门、系统开发部门、系统运营维护部门等。

第一，信息主管（Chief Information Officer，CIO）全面管理信息化建设，对组织的最高领导负责。CIO 一般由组织的高层决策者担任，其地位如同企业的副总经理，有的甚至更高。

第二，综合管理部门负责信息化综合性的工作任务，主要包括信息化规划、为各业务部门提供培训、信息化各项工作的文档管理，以及信息管理部门的内部事务管理等。

第三，系统开发部门承担信息系统的开发工作，负责信息系统开发的全部工作，包括商品软件购置的谈判与合作、系统升级及业务更新、调整等。按照项目开发阶段的划分，其部门主要包括系统分析人员、系统设计人员、系统集成人员、程序设计人员和系统测试人员等。

第四，系统运营维护部门负责保障信息系统的正常运行与维护；接受并维护系统开发部门移交的已进入运行的信息系统；承担相关数据库（数据仓库）的各种日常运营维护工作；负责信息系统的网络建设与管理，保护网络的正常运行；维护信息系统的安全相关的问题。

由于各个企业的实际情况不同，其目标与战略的不同，组织结构设置往往会有所差异，故而不能用一种组织机构设置模式来套用。设置信息管理职能部门是未来发展的趋势，具体实施的过程中，要根据企业的实际情况进行组织结构的调整与创新，选聘合适的人员构建其部门。

11.1.2　信息系统管理人员及其职责

信息管理部门的主要职责包括管理正在开发或已实施的信息系统项目；负责信息系统的正常运行与维护；建立和实施企业信息系统使用的指导手册和规章制度；向企业各业务部门提供信息技术服务；支持企业战略目标的实现。

信息主管是信息管理部门的总负责人，其主要任务是承担有关信息技术的应用、信息资源的开发和利用等管理工作，通过信息技术和信息资源为企业获得竞争优势提高竞争力做出应有的贡献。信息主管作为信息部门的管理者要对有关信息化建设的战略性和方向性的工作负责，如信息化的规划、信息资源的配置、信息人才队伍的建设，以及参与组织高层的决策，尤其是组织变革创新方面的重大决策。具体来讲，其主要职责包括以下几个方面：第一，在企业高层领导的指挥协调下，制定和修改企业信息资源开发、利用和管理的全面规划和计划工作；第二，主持管理信息系统开发建设；第三，审批企业信息管理有关规章制度、标准、规范并监督实施控制；第四，负责信息管理与信息技术人员的招聘、选拔与培养工作；第五，负责企业信息资源开发、利用与管理所需资金等有关资源的预算与筹措工作；第六，参与企业组织高层的重大决策。

企业信息管理部门的中层管理者主要包括综合管理部门、系统开发部门、系统运营维护部门等部门负责人。企业信息系统管理的基层管理人员主要包括系统分析员、系统设计员、程序员、系统文档管理员、硬件维护员、软件维护员、数据库维护员和网络维护员等，这些中基层信息部门的管理者主要是执行层面的管理人员，主要在信息主管的领导下，负责相应具体事务性的工作。此外，信息管理部门作为企业的重要职能部门之一，也需要与企业的其他职能部门（如产品与技术的研究与开发部门、市场营销部门、人力资源管理部门、质量管理部门、生产与物资管理部门、宣传与教育部门、政策研究与法律咨询部门等）及其承担重要信息管理工作的负责人进行沟通和协调。

11.2 信息系统项目管理

11.2.1 信息系统项目管理概述

1. 项目管理的定义

项目是指为了实现企业某个特定的目标，在有限的资源约束条件下完成的一系列相关活动的综合。该定义包括三个层面的含义。

① 项目是一项有待完成的任务，有特定的环境与要求。

② 在一定的组织机构内，利用有限资源（人、财、物等），在规定时间内完成任务。

③ 任务要满足一定性能、质量、数量、技术指标等要求。

信息系统项目包括开发新的系统、加强现有信息系统、升级或更新企业组织的信息技术基础构架等。

项目管理是指在一定的资源约束条件下，实现项目既定目标，对项目整个过程进行计划、组织、领导和控制的管理活动。

2. 项目管理的特征

总的来说，项目管理是一项系统综合性的管理活动；需要跨部门的团队协作；具有严格的时间限制；具有高度的不确定性和复杂性；在确定的期限内提供不完全确定的产品。具体来讲，主要包含以下几个方面。

① 项目管理的对象是项目。项目管理是针对项目的特点而形成的一种管理方法，特别适用于大型复杂的项目工程。

② 系统工程思想贯穿于项目管理的整个活动过程，在其过程中要统筹全局、追求系统最优。

③ 项目管理的组织具有一定的特殊性。项目管理中要有团队概念，基于项目本身的需求来组织相应的人力资源，为项目的完成提供必要的人员保障和支持，且团队具有一定的临时性和柔性。

④ 项目管理的体制是基于团队管理的项目主管负责制，项目主管是整个团队中协调、控制的关键岗位。

11.2.2 信息系统开发项目的特征

与其他项目相比，信息系统开发项目具有以下特征。

① 信息系统开发项目的目标具有不精确性、模糊性。在一般情况下，客户起初往往只有一些初步的功能要求，给不出具体的明确要求和想法，提不出精确的信息要求。信息系统项目的任务范围很大程度上取决于项目组团队所做的系统规划和需求分析，而客户对信息技术的各项性能指标的熟悉程度低，所以，质量要求更多是由项目组团队来定义的，客户进行审查和确认。为了更好地定义或审查信息系统项目的任务范围和质量要求，客户可以聘请第三方进行信息系统监理或咨询。

② 信息系统开发项目的需求变更较为频繁。信息系统项目进行过程中，客户的需求会不断被激发、明确，可能导致项目的范围、进度、费用等计划不断变更。这便要求项目主管要不断监控和调整项目的计划执行情况，要有较强的范围变更管理能力。

③ 信息系统开发项目受到人力资源的影响。信息系统开发项目是劳动和智力密集型的项目，项目成员的结构、责任心、能力和稳定性对信息系统开发项目的质量，以及成功与否都有决定性的影响。开发的应用软件作为信息系统建设的核心成果，它是不可见的逻辑实体。人员流动对于后续开发工作影响巨大，信息系统的建设特别是软件的开发渗透了人的因素，带有较强的个人风格。当人员流动发生时，对于后续开发工作的影响是巨大的，若缺乏信息系统开发实践经验，是不可能做到无缝承接系统项目开发后续工作的。

典型的信息系统开发项目还具有其他一些特征，比如技术人员高度专业化、设备和软件的供应商比较多、项目生命期通常比较短、采用大量的新技术、使用与维护的要求比较复杂、信息系统应用的行业特性比较强等。这些特征要求系统开发人员除了要有 IT 方面的技术，还要有较丰富的行业经验。

11.2.3 信息系统项目管理的内容

信息系统项目管理包括项目研发中的计划制订、进度估计与安排、资源分配与使用、人员配备、组织机构、质量监控等诸多问题。基于信息系统项目的特点，下面将重点介绍信息系统项目的计划管理、人员管理与质量管理等内容。

1. 计划管理

管理职能中计划职能具有首要性和先导性，任何活动的开展都必须有明确的目标和计划进度安排，这不仅是为了降低不确定性，也是为了规避风险。信息系统项目管理也不例外，一定要事先编制好各种计划，这样可以有效地避免信息系统开发过程中超出预算或拖延进度等各种情况的出现，可以达到事先控制的作用和效果。信息系统项目中的计划有进度安排计划、费用计划（预算）、人员安排计划等。除了这些与信息系统项目密切相关的实质性计划之外，还要编制一些保证性计划，比如质量保证计划、风险管理计划等，这些是能够保障信息系统项目建设顺利实施的保障性计划。

信息系统的项目计划主要包括两类：一类是涉及项目全过程的总计划；另一类是阶段性计划或子系统计划。基于信息系统项目的特征，为了使项目团队更加有效地开展工作，顺利完成任务，总计划要具有一定的弹性和柔性，留有一定的余地，而各种阶段性计划和子系统计划则要依据总计划，按照近细远粗的方法展开。这样，随着系统项目的不断开展，后期客户的要求和期望会越来越具体和明确，阶段性计划和各种子系统计划亦可以随之精细化、具体化，而全过程的总计划则能够基本稳定。

在制订项目计划时，可以利用管理学中所学的甘特图、网络计划技术等方法，这里主要介绍甘特图。甘特图也叫横道图或条形图，是由亨利·甘特开发的，是一种有效显示行动时间规划的方法，主要用于项目计划和项目进度安排，如图 11-2 所示。它基本上是一种线条图，横轴代表时间，纵轴表示要安排的活动，线条表示计划的和实际的活动开始和完成情况。它可以直观地表明任务计划在什么时候进行，也可以标注出实际进展与计划要求的对比。甘特图的优点是简单、明了、直观，能够清楚地反映工作任务的开始和结束时间，它既是计划工具，也是一种有效的控制工具。

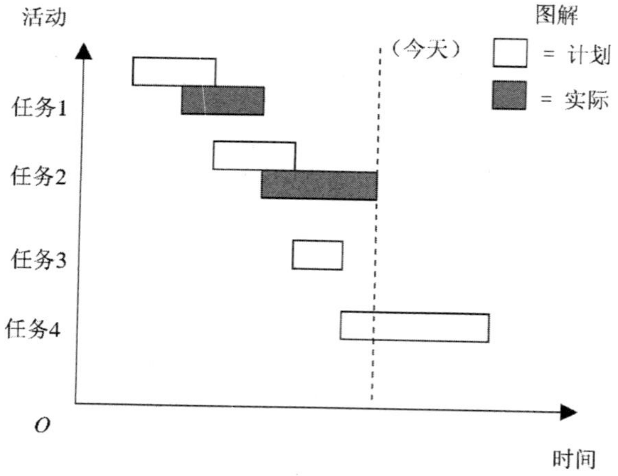

图 11-2　甘特图

2. 人员管理

人力资源是一个项目要成功的关键性资源。任何项目活动的管理中，归根结底还是对人的管理。人在信息系统项目开发的过程中既是成本，更是资本。这就要求我们站在项目全局的角度，尽可能地减少人力资本的投入，尽可能去发挥人力资本的价值，使其产出最大化。

（1）人力资源平衡

信息系统项目的开发过程中对人力资本的需求量并不是不变的，而是大致符合 Rayleigh-Norden 曲线的分布，如图 11-3 所示，呈现出前后所需人力资本较少，中间所需人力资本较多的不稳定需求状况。在开始阶段人力资本过剩，造成浪费。到开发后期需要人力时，又显得人手不足，以后再补偿又已为时过晚。这便要求在制订人力资源计划时，在基本按照 Rayleigh-Norden 曲线配备人力的同时，尽可能使各个阶段的人力资本稳定，并要确保整个项目期间人员的波动较小。

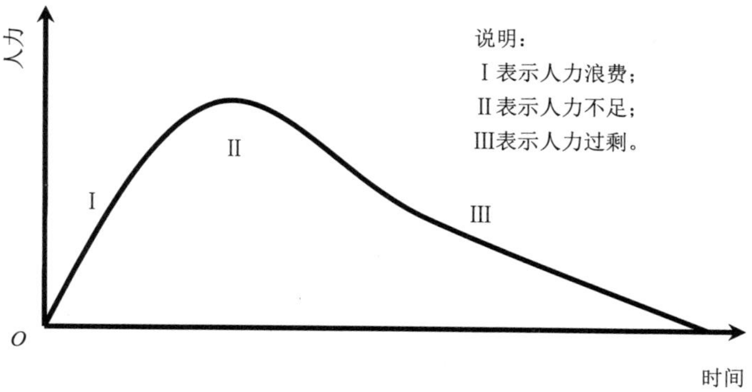

图 11-3　Rayleigh-Norden 曲线

（2）项目团队的组织管理

项目团队的分工要合理、明确。第一，系统开发领导小组。一般由企业的一把手与系统相关的高层领导一起组成领导团队，负责新系统开发的各项管理工作。该小组具有进行重大决策、资源分配、结构调整、人员配备、规章制度的建立等各种权力。第二，系统开发工作小组。他们主要负责系统开发的相应工作。该小组一般在系统开发领导小组的指挥和协调下，具体执行系统开发的工作。技术负责人在小组中具有重要的作用，主要负责系统分析、逻辑模型建立、总体设计和详细设计、系统实施与切换等重要的开发过程和环节。小组可以根据项目人员的构成情况和进程需要，进一步细化其内部结构。系统开发小组的主要人员组成及其职责如表 11-1 所示。此外，项目的开发工作可能会遇到各种问题。例如，系统设计员与用户之间的矛盾，二者可能基于出发点的不同，对系统和计算机的要求不同，在项目管理上应采取措施加强设计人员和用户之间的沟通和协调。

表 11-1　系统开发的人员组成及其职责

工作职务	相 应 职 责
系统分析员	同用户共同确定信息需求，编写系统分析说明书。应熟悉企业管理与信息系统开发过程，有较好的表达能力、与他人协作的能力
系统设计员	设计信息系统，定义硬件、软件要求。应精通计算机知识，有根据信息流和组织目标改变组织职能的能力
应用程序员	设计、调试计算机应用程序
程序维护员	维护现有程序

续表

工作职务	相 应 职 责
数据库管理员	管理和控制企业数据库
计算机操作员	操纵计算机设备
文件管理员	保存、收发计算机使用的文件，进行文件整理归档
控制员	记录各种控制信息，检查控制规程
规划员	规划信息系统的前景

3. 质量管理

信息系统项目的质量管理不仅是项目建设完成后的最终评价，更是在信息系统建设过程中的全面质量管理。也就是说，它不仅包括系统实现时的质量管理，也包括系统分析、系统设计时的质量管理；不仅包括对系统实现时软件的质量管理，还包括对文档、系统开发人员和用户培训的质量管理。

信息系统质量难于管理的重要原因之一就是其质量指标体系难以量化。由于信息系统的核心是其中运行的应用软件，软件的质量决定信息系统的生命，而软件质量的指标及其度量虽然有较多研究成果，但没有固定统一的标准。表 11-2 是软件质量的评价指标体系。

表 11-2　软件质量的评价指标体系

评价指标	具 体 内 容
正确性	系统满足规格说明和用户目标的程度
健壮性	在硬件发生故障、输入的数据无效或操作错误等意外情况下，系统能够做出适当响应的程度
效率	为了完成预定的功能，系统消耗计算机资源的有效程度
完整性	对未经授权的人使用软件或数据的企图，系统能够控制的程度
可用性	系统在完成预定功能时令人满意的程度
风险性	按预定的成本和进度把系统开发出来，并且让用户满意的概率
可理解性	理解和使用该系统的容易程度
可维护性	当环境改变或运行现场发现错误时，使其恢复正常运行的难易程度
灵活性	修改或改进正在运行的系统需要工作量的多少
可测试性	软件容易测试的程度
可移植性	把程序从一种硬件配置或软件环境转移到另一种配置或环境时的难易程度
可重用性	在其他应用程序中可以被再次使用的程度
互运行性	把该系统和另一个系统结合起来的难易程度

为了在信息系统的开发过程中实施全面的质量管理和控制，可以采取以下有效措施。

第一，实行工程化的开发方法。信息系统的开发是一项系统工程，必须建立严格的工程控制办法，要求开发组的每个人都要严格遵守工程规范，大型复杂信息系统的开发更要如此。

第二，实行阶段性冻结与改动控制。在信息系统建设的每个阶段末要“冻结”已经取得的成果。这些成果既是这个阶段的成果，更是下个开发阶段进行的基础和依据。冻结之后不是不能修改，其修改要经过一定的审批程序，并且涉及项目计划的调整。

第三，实行里程碑式审查与版本管理。里程碑式审查就是在信息系统生命周期的每个阶段结束之前，都要使用验收的标准对该阶段的冻结成果进行严格的技术审查。这样，如果发现问题，可在阶段内及时解决。版本管理的含义是指通过给文档和程序文件编上版本号，记录每次的修改信息，使项目团队的所有成员都了解文档和程序的修改过程。

第四，实行面向用户参与的原型演化。在每个阶段的后期，快速建立反映该阶段成果的原型系统，利用原型系统与用户交互，及时得到反馈信息，验证该阶段的成果并及时纠正错误，这一技术被称为“原型演化”。原型演化技术要有先进的 CASE 工具的支持。

第五，强化项目管理，引入外部监理和审计。要重视信息系统的项目管理，同时还要重视第三方的监理和审计的引入，通过第三方的审查和监督来确保信息系统项目的质量。

第六，尽量采用基于重用的方法进行系统开发。可以考虑面向对象、基于构建和网络服务（Web Services）的方法开发，提高软件的可重用性，将错误和缺陷局部化。

第七，进行全面测试。要采用适当的手段，对开发的信息系统进行全面测试。

11.3 信息系统文档管理

信息系统的文档是系统开发过程的“痕迹”，是系统维护人员的指南，是开发人员与用户交流的工具。规范的文档意味着系统是按照工程化方法开发的，意味着信息系统的质量有了形式上的保障。文档的欠缺、文档的随意性和文档的不规范，极有可能导致原来的系统开发人员流动后，系统不可以维护、不可以升级，从而变成一个没有扩展性、没有生命力的系统。所以，为了建立一个良好的信息系统，不仅要充分利用各种现代化信息技术和正确的系统开发方法，同时还要做好文档的管理工作。

11.3.1 信息系统文档的类型

信息系统的文档按照不同的标准可以有多种分类方法，主要包括以下几种。

① 按照产生的频率，信息系统文档分为一次性文档和非一次性文档。一次性文档是指在系统开发过程中只产生一次的文档，如系统分析报告、系统设计说明书等；非一次性文档是指在系统开发过程中产生多次的文档，如需求变更申请书、维护建议修改书、信息系统运行日志等。

② 按照信息系统生命周期的不同，信息系统文档可划分为系统规划阶段文档、系统分析阶段文档、系统设计阶段文档、系统实现阶段文档和系统运行与维护阶段文档。系统规划阶段文档包括系统可行性研究报告、项目开发设计书等；系统分析阶段文档包括系统分析说明书等；系统设计阶段文档包括系统设计说明书、需求变更申请说明书等；系统实现阶段文档包括程序设计报告、系统测试报告、开发总结报告等；系统运行与维护阶段文档包括用户手册、操作手册和维护修改建议书等。

③ 按照文档服务目的不同，信息系统文档可以分为用户文档、开发文档与管理文档。用户文档主要是为用户服务的，如用户手册、操作手册、系统运行日志、系统维修建议书

等；开发文档主要是为开发人员服务的，如系统分析说明书、系统设计说明书等；管理文档主要是为项目管理人员服务的，如可行性研究报告、项目开发计划、需求变更申请书等。

11.3.2　信息系统文档管理的主要工作

为了最终得到高质量的信息系统文档，在信息系统建设过程中须加强对文档的管理。

1. 文档管理的制度化、标准化

必须形成一整套的文档管理制度，其内容如下。第一，明确必须提供文档的种类、格式规范。第二，明确文档管理人员。第三，明确文档的设计、修改和审核的权限。第四，制定文档资料管理制度。根据这一套完善的制度最终协调、控制系统开发工作和过程，并以此对每一个开发成员的工作进行全方位评价。

2. 文档管理的人员保证

项目小组应设文档组或至少指定文档保管人员，负责集中保管本项目已有文档的两套主文本。两套文本内容应完全一致，其中的一套可按一定手续办理借阅。

3. 维护文档的一致性

信息系统开发建设过程是一个不断变化的动态过程，一旦需要对某一文档进行修改，要及时、准确地修改与之相关的文档；否则将会引起系统开发工作的混乱。而这一过程又必须有相应的制度和规范来保证。第一，项目成员可根据工作需要在自己手中保存一些个人文档。这些文档一般是主文本的复制品，并注意与主文本保持一致，在做必要的修改时，也应修改主文本。第二，项目开发结束时，文档管理人员应收回开发人员的个人文档。发现个人文档与主文本有差别时，应立即着手解决。第三，在新文档取代旧文档时，文档管理人员应及时注销旧文档，在文档内容有变动时，管理人员应随时修订主文本，使其及时反映已更新的内容。第四，主文本的修改必须特别谨慎。修改以前要充分估计修改带来的影响，并且要按照提议、评议、审核、批准和实施等步骤加以严格地控制。

4. 维护文档的可追踪性

由于信息系统开发的动态性，系统的某种修改是否最终有效，要经过一段时间的检验，因此，文档要分版本来实现，版本的出现时机及要求要有相应的制度来规范。

信息系统开发的产品是软件，即程序加文档。程序是供计算机执行的指令，对用户而言是“看不见、摸不着”的。程序执行对与错，用户只有检查结果才知道。程序主要是供计算机“读”的。当然，打印出来的程序，人也可以读，但效率太低。读一份风格独特、注释不充分的程序，犹如读“天书”。没有规范的文档，程序不可能维护。可以说，没有文档，就没有信息系统，文档是信息系统的生命线。

11.4　信息系统安全管理

11.4.1　信息系统安全概述

随着信息技术的飞速发展和广泛应用，人、组织和社会对于信息系统的依赖性越来越强，信息系统的安全性就显得尤为重要了。对于组织来讲，管理信息系统是一把双刃剑，一方面有利于组织更加有效地利用数据和信息，另一方面也使得组织面临更加严峻的信息安全问题。数据和信息是组织的重要资源，从而也使得信息系统的安全管理问题成为组织管理工作中的重要活动之一。

信息系统安全是一个系统的概念，它既包括信息系统物理实体的安全，也包括软件和数据的安全；既存在由于技术原因造成的安全隐患，也存在由于非技术原因造成的安全隐患，比如人的素质和道德等非技术原因。我们可以这样定义信息系统安全：信息系统安全是指组成信息系统的硬件、软件和数据资源受到妥善的保护，不因自然和人为的因素而破坏、更改或者泄露系统中的信息资源，信息系统能够连续正常运行。信息系统安全管理是一项复杂的系统工程，它的实现不仅是技术问题，还需要法律、制度、人的素质等诸因素的配合。具体来讲，信息系统安全的内容主要包括以下几个方面。

第一，硬件安全。主要是指信息系统的各种设备及环境设施的安全。具体主要包括场地环境、设备设施、供电、电磁屏蔽、信息存储介质等。硬件安全是信息系统安全的基础和前提。

第二，软件安全。主要是指操作系统、数据库管理系统、网络软件、应用软件等软件及相关资料的完整性和可用性。具体主要包括软件开发规程、软件安全测试、软件的修复与复制等。

第三，数据安全。主要是指防止数据被故意泄露、破坏、更改，保障数据资源的保密性、完整性、有效性和合法性等。具体主要包括数据的输入与输出、身份认证、存取控制、加密、审计与追踪等。

第四，运行与管理安全。主要是指系统资源和信息资源的合法使用。具体主要包括电源、环境条件、人事、机房管理、出入控制、数据与存储介质管理、运行管理和维护等方面。

11.4.2　信息系统安全的特性

信息系统安全的特性包括信息的真实性、完整性、保密性、可用性和不可否认性。具体内容如下。

① 真实性。要求对信息输入、输出和处理的全过程进行必要的识别和验证，确保信息的真实可靠。

② 完整性。要求信息没有在未授权的情况下被修改，确保信息在传输过程中保持一致。

③ 保密性。要求信息没有在未授权的情况下被泄露，只有经过认证的人员才可以获取保密的信息。

④ 可用性。要求合法用户及时、正确地取得所需的信息。

⑤ 不可否认性。要求信息的传输、处理和存储过程有据可查，不能否认过去真实发生的对信息的访问和操作。

11.4.3 影响信息系统安全的主要因素

通过上述对于信息系统安全相关内容的具体阐述，我们可以了解到能够影响信息系统安全的因素非常多。比如硬件、软件、安全管理制度、人员、环境等。具体内容如表 11-3 所示。

表 11-3 信息系统安全的主要影响因素

按照安全隐患产生的原因分	自然因素	自然灾害：地震、洪水、雷击、静电、失火、风暴等
		自然损坏：元器件老化、失灵或失效，设备故障、软件故障、保护功能差和系统不协调等
		环境干扰：高低温冲击、电压降低、过压或过载、震动冲击、电磁波和辐射干扰等
	人为因素	无意损坏：操作失误、错误理解、设计缺陷、软件漏洞及无意造成的信息泄露或破坏等
		有意破坏：破坏信息系统设备或设施、盗窃信息和资料、非法使用资源、释放病毒、篡改系统功能等
按照隐患来源分	外部因素	自然灾害、恶意代码、黑客或竞争对手的恶意破坏等
	内部因素	系统本身的安全漏洞，系统运行平台的漏洞，内部人员的错误、过失及恶意操作等

11.4.4 信息系统安全策略

1. 法律、法规保证

信息系统的法律法规主要包括两大类：社会规范和技术规范。社会规范是调整信息活动中人与人之间的行为准则。要结合专门的保护要求，定义合法的信息活动，不正当的信息活动要受到民法或刑法的限制和惩处。发布阻止任何违反保护要求的禁令，明确用户和系统人员应履行的权利和义务。技术规范是调整人与自然界之间关系的准则，其内容包括各种技术标准和规程，如计算机安全标准、网络安全标准、操作系统安全标准、数据和信息安全标准、电磁兼容性标准、电磁泄露极限标准等。这些法律和标准是保证信息系统安全的依据。

2. 安全管理制度

安全管理制度主要内容如下。第一，组织及人员制度。建立健全各种安全结构，加强人员的安全意识、安全教育、技术培训，严格操作守则，严格分工原则，杜绝工作交叉。第二，运行维护和管理制度。主要包括设备维护制度、软件维护制度、用户管理制度、密钥管理制度、出入门管理、值班守则、操作规程、行政领导定期检查和监督制度等。第三，计算机处理的控制与管理制度。主要包括编程流程及控制，程序和数据的管理，拷贝及移植、存储介质的管理，文件的标准化及通信和网络的管理。第四，机房保卫制度。机要机房应规定双人进出的制度，严禁单人在机房操作计算机。第五，环境安全制度。主要包括机房建筑环境、三防（防火、防盗、防水）、消防设备、供电线路等相应的管理制度。

3. 技术措施

技术措施是信息系统安全的重要保障。实施安全技术，不仅涉及计算机、外部设备、通信和网络等实体，还涉及数据安全、软件安全、网络安全。安全技术措施应贯穿于系统分析、设计、运行和维护各阶段。

11.4.5 信息系统安全技术

信息系统安全技术是在信息系统内部采用技术手段，防止对系统资源的非法使用和对信息资源的非法存取操作。下面简单介绍几种常见的信息系统安全技术。

1. 防火墙技术

"防火墙"是一种形象的说法，其实它是计算机硬件和软件的组合，在互联网与内部网之间建立起一个安全网关，从而保护内部网免受非法用户的侵入。所谓防火墙就是一个把互联网与内部网隔开的屏障。

防火墙有两类，标准防火墙和双宿主网关。标准防火墙系统包括一个 UNIX 工作站，该工作站的两端各接一个路由器进行缓冲。其中一个路由器连接外部世界，即公用网；另一个则连接内部网。标准防火墙使用专门的软件，并要求较高的管理水平，而且在信息传输上有一定的延迟。双宿主网关则是标准防火墙的扩充，它是一个单个的系统，但却能同时完成标准防火墙的所有功能。其优点是能运行更复杂的应用，可以确保数据包不能直接从外部网络到达内部网络。

随着防火墙技术的进步，在双宿主网关的基础上又演化出两种防火墙配置，一种是隐蔽主机网关，另一种是隐蔽智能网关（隐蔽子网）。隐蔽主机网关是当前一种常见的防火墙配置。顾名思义，这种配置一方面将路由器进行隐蔽，另一方面在互联网和内部网之间安装堡垒主机。堡垒主机装在内部网上，通过路由器的配置，使该堡垒主机成为内部网与互联网进行通信的唯一系统。目前技术最为复杂而且安全级别最高的防火墙是隐蔽智能网关，它将网关隐藏在公共系统之后使其免遭直接攻击。隐蔽智能网关提供了对互联网服务的访问，同时阻止了外部未授权访问者对专用网络的非法访问。一般来说，这种防火墙是最不容易被破坏的。

2. 数据加密技术

与防火墙配合使用的安全技术还有数据加密技术，它是为提高信息系统及数据的安全性和保密性，防止秘密数据被外部破解所采用的主要技术手段之一。随着信息技术的发展，网络安全与信息保密日益引起人们的关注。目前各国除了从法律上、管理上加强数据的安全保护外，分别在软件和硬件两方面采取措施，推动着数据加密技术和物理防范技术的不断发展。按作用不同，数据加密技术主要分为数据传输加密技术、数据存储加密技术、数据完整性鉴别技术及密钥管理技术四种。

（1）数据传输加密技术

数据传输加密技术的目的是对传输中的数据流加密，常用的方法有线路加密和端到端加密两种。前者侧重线路而不考虑信源与信宿，是对保密信息通过各线路采用不同的加密密钥提供安全保护。后者则指信息在发送端自动加密，并进入 TCP/IP 数据包回封，然后作为不可阅读和不可识别的数据穿过互联网，这些信息一旦到达目的地，将被自动重组、解密，成为可读数据。

（2）数据存储加密技术

数据存储加密技术的目的是防止在存储环节上的数据失密，可分为密文存储和存取控制两种。前者一般是通过加密算法转换、附加密码、加密模块等方法实现；后者则是对用户资格、权限加以审查和限制，防止非法用户存取数据和合法用户越权存取数据。

（3）数据完整性鉴别技术

数据完整性鉴别技术的目的是对介入信息的传送、存取、处理的人的身份和相关数据内容进行验证，达到保密的要求，一般包括口令、密钥、身份、数据等项的鉴别，系统通过对比验证对象输入的特征值是否符合预先设定的参数，实现对数据的安全保护。

（4）密钥管理技术

为了数据使用的方便，数据加密在许多场合集中表现为密钥的应用，因此，密钥往往是保密与窃密的主要对象。密钥的存储介质有磁卡、磁盘、半导体存储器等。密钥的管理技术包括密钥的产生、分配保存、更换与销毁等各环节上的保密措施。

3. 智能卡技术

与数据加密技术紧密相关的另一项技术则是智能卡技术。所谓智能卡就是密钥的一种媒体，一般就像信用卡一样，由授权用户所持有并由该用户赋予它一个口令或密码字。该密码与内部网络服务器上注册的密码一致。

网络安全和数据保护防范措施都有一定的限度。因而，一个内部网是否安全不仅要考察其手段，还要考察该网络所采取的各种措施，对其中的物理防范，还有人员的素质等其他“软”因素，进行综合评估，从而得出是否安全的结论。

11.5 信息系统外包管理

随着信息技术的广泛应用和经济全球化进程的加快，资源在全球范围内进行优化配置，组织的分工、协作越来越频繁和密切，专业化分工也越来越深入和细化。我们经常会听到“网络型组织”“虚拟组织”“业务外包”等各种有关组织方面的术语。然而，现在越来越多的组织选择将项目外包给第三方供应商，业务外包也正成为一种信息系统建设和管理的新模式。

11.5.1 信息系统外包的概念

信息系统外包是指企业把信息系统外包分配给开发商，企业对开发商的工作进行跟踪和验收的过程。信息系统外包为企业提供了个性化的企业经营模式的信息系统，同时也帮助企业解决了人力和财力缺乏的问题。因此，信息系统的外包成为众多企业进行信息化经营的首选方式。通过信息系统外包，可以整合利用外部优秀的信息技术资源，从而达到降低成本、提高资金利用率、充分发挥自身核心竞争力和控制经营风险的目的。

信息系统的外包由以下几部分组成。第一部分，其中的一个公司将部分或全部信息系统转给另一个公司；第二部分，外包公司与一个或多个承包商签署长期的合约，在有效期限内，承包商对合约公司提供不同信息系统外包服务；第三部分，企业将部分或全部的信息系统的业务转交给承包商去完成，其中包括系统的维护、网络通讯的运营、系统的规划与系统的开发；第四部分，企业将部分或全部的外包工作交由承包商完成。这里的外包分为硬件的外包和软件的外包。

11.5.2　信息系统外包的方式

根据外部力量在系统开发中的不同作用，信息系统外包可以分为三种。

1. 软件开发外包

在建设信息系统时，外部公司只负责应用软件系统的开发，信息系统的硬件、网络建设都由系统需求者自行完成。

2. 系统运行外包

系统运行外包指信息系统的使用者采用付费的方式向承包商购买信息系统的使用权，信息系统的运行、维护由承包商全权负责。此时，软件应用系统的开发、信息系统的建设、系统运行、系统维护都由承包商完成，信息系统的所有权归承包商所有。双方通过合作协议规定各自的权利和义务，承包商将保证系统运行稳定可靠，保证客户数据的安全。

3. 业务外包

业务外包指信息系统的使用者将特定的业务处理功能委托给承包商，由承包商完成特定业务处理功能有关的信息系统建设和业务处理操作。

11.5.3　信息系统外包关系的管理

信息系统的外包也是一把双刃剑，一方面存在诸多优势；另一方面也存在一定的风险。所以，企业必须要分析利弊，趋利避害，同时也要采取外包业务和关系的有效管理措施，从而使信息系统的外包关系与协作达到双赢的目的。

1. 外包关系管理的尺度与标准

外包关系管理既强调纪律又强调协作。客户希望承包商绝对遵守在合同中做出的履行义务的承诺，或者希望与承包商保持严格规范的合作关系，此外，由于外包合同在大多数情况下是不完善的，合同实施环境也是不断变化的，客户需要同承包商建立一种相互协作、相互理解的关系。

2. 外包合同管理

合同管理提供了行为的基础或规范。保持承包商行为规范的基本方法是监督和控制。监督是用来观察承包商是否在做他应该做的事情，如果监督分析表明承包商正在偏离预定的行为目标，此时就需要控制，控制就是使承包商回到正确的轨道上去。

3. 外包风险管理

对于企业来讲，任何的决策都存在风险和不确定性，信息系统外包也不例外。所以，企业进行信息系统外包业务，可以提高自身核心竞争力，同时也要进行风险管理。信息系统外包存在的风险主要来自企业内部和企业外部两个方面。企业内部的风险包括业务外包范围的界定、技术成本、责任义务和标准等；企业外部的风险包括外包市场的成熟度（法律制度、行业标准和职业道德等）、信息技术的风险和不确定性、知识产权、咨询顾问、合作伙伴等。

企业选择外包策略时能否有效控制外包带来的风险关系到信息系统外包的成功与否。外包中的风险管理始于外包过程的分析决策阶段。当风险不能消除但可预测时，可以通过合同将风险分散给客户或承包商，或者在合同中提供一个风险共担机制。

4. 承包商的选择

要使信息系统外包业务成功，提高企业自身竞争力，就必须选择一个优秀的承包商，也就是自己的合作伙伴，并对承包商进行全面的评价和考核。

① 承包商的业界经验。是否为业内相关的社会组织提供过类似的服务，如果有，则可以将他们作为备选对象。

② 承包商的信誉。如果承包商有不良信用记录，则要慎重考虑将其纳入合作对象的范围。

③ 承包商的专业能力。承包商的专业能力包括承包商的技术实力、人力、物力、财力及承包商的创新应变能力。

④ 外包费用。在质量、进度要求一致的情况下，要比较不同承包商之间管理费用和信息系统外包成本的差距。

本章小结

信息系统的开发是一项费时费力的艰巨复杂的系统工程，其难度要明显大于技术系统的开发。为了尽可能经济有效地按质按时开发好信息系统，我们应该重视信息系统的管理。信息系统的建设是通过一系列的项目来实现的。因而可以把项目管理的思想引入管理信息系统的建设过程中。本章介绍了信息系统运行管理的组织机构，如何运用项目管理思想指导管理信息系统建设，信息系统在整个建设过程中的文档及其管理，以及信息系统安全管理和信息系统外包管理。

复习思考题

1. 信息系统开发项目有什么特点？
2. 简述信息系统项目管理的内容。
3. 信息系统文档管理应从哪几个方面进行？
4. 信息系统安全主要包括哪些内容？
5. 试述信息系统外包方式。
6. 外包过程中对承包商的评价主要包括哪几个方面？